权威·前沿·原创

皮书系列为
"十二五""十三五"国家重点图书出版规划项目

浦东新区蓝皮书
BLUE BOOK OF PUDONG NEW AREA

上海浦东经济发展报告（2022）

ANNUAL REPORT ON ECONOMIC DEVELOPMENT OF
PUDONG NEW AREA (2022)

聚焦打造社会主义现代化建设引领区

主　编 / 高国忠　　雷新军
副主编 / 张武君　　张晓娣

社会科学文献出版社
SOCIAL SCIENCES ACADEMIC PRESS（CHINA）

图书在版编目（CIP）数据

上海浦东经济发展报告.2022：聚焦打造社会主义
现代化建设引领区／高国忠，雷新军主编. －－北京：
社会科学文献出版社，2021.12
（浦东新区蓝皮书）
ISBN 978 - 7 - 5201 - 9398 - 6

Ⅰ.①上…　Ⅱ.①高…②雷…　Ⅲ.①区域经济发展
－研究报告－浦东新区－2022　Ⅳ.①F127.513

中国版本图书馆 CIP 数据核字（2021）第 238822 号

浦东新区蓝皮书
上海浦东经济发展报告（2022）
　　——聚焦打造社会主义现代化建设引领区

主　　编／高国忠　雷新军
副 主 编／张武君　张晓娣

出 版 人／王利民
责任编辑／王　展
责任印制／王京美

出　　版／社会科学文献出版社·皮书出版分社（010）59367127
　　　　　地址：北京市北三环中路甲 29 号院华龙大厦　邮编：100029
　　　　　网址：www.ssap.com.cn
发　　行／市场营销中心（010）59367081　59367083
印　　装／天津千鹤文化传播有限公司

规　　格／开　本：787mm × 1092mm　1/16
　　　　　印　张：16　字　数：239 千字
版　　次／2021 年 12 月第 1 版　2021 年 12 月第 1 次印刷
书　　号／ISBN 978 - 7 - 5201 - 9398 - 6
定　　价／128.00 元

本书如有印装质量问题，请与读者服务中心（010 - 59367028）联系

主要编撰者简介

高国忠 中共浦东新区区委党校常务副校长、校务委员会副主任，区行政学院副院长，浦东新区党建研究会常务副会长，浦东区情研究中心主任，《浦东论坛》杂志主编、《上海浦东社会治理发展报告（2019）》主编、《上海浦东社会治理发展报告（2020）》主编、《上海浦东经济发展报告（2021）》主编。历任浦东新区洋泾街道办事处副主任、浦东新区教育局办公室主任、浦东新区教育局副局长、浦东新区区委组织部副部长、浦东新区社会工作委员会副书记等职。

雷新军 经济学博士，博士后，上海社会科学院经济研究所开放经济研究室主任，上海东方品牌文化发展促进中心副理事长。先后担任上海社会科学院经济研究所宏观经济学研究室副主任、企业发展研究室主任、人口资源环境经济学研究室主任。2008 年作为全国第九次博士服务团成员，赴中国延安干部学院担任教学科研部国情研究室副主任。长期从事产业经济研究，主要学术著作有：《日本经济发展过程中的政府作用》（日文）、《城市产业转型比较研究：上海市杨浦区与日本川崎市的产业转型经验》、《上海经济改革与城市发展：实践与经济》（合著）、《科学发展与城市国际竞争力》（合著）、《中国产业论归纳法的展开》（日文、合著）、《东亚地区经济发展与中小企业》（日文、合著）、《上海品牌发展报告》（执笔、主编）、《上海浦东经济发展报告（2021）》（主编）。

张武君　中共浦东新区区委党校副校长、校务委员会委员，区行政学院副院长。

张晓娣　经济学博士，博士后，上海社会科学院经济研究所副研究员，中国民主建国会会员，联合国工业发展组织伙伴专家。先后主持 1 项国家自然科学基金青年项目、1 项国家社会科学基金青年项目、1 项中国博士后科学基金项目及 2 项上海市决策咨询项目，近五年以第一作者发表 CSSCI 论文共 18 篇。2018 年获得上海市"三八红旗手"称号与"巾帼创新新秀奖"，2019 年入选上海市"青年拔尖人才"。《上海浦东经济发展报告（2021）》副主编。

摘　要

2021 年是浦东开发开放 31 周年，而立之年后的浦东再次肩负新任务、踏上新征程。根据 2021 年 7 月 15 日发布的《关于支持浦东新区高水平改革开放打造社会主义现代化建设引领区的意见》，确立了浦东新区新 30 年的发展目标。基于此，《上海浦东经济发展报告（2022）》围绕打造社会主义现代化建设引领区的新使命，设置总报告、分报告和专题篇三个板块，囊括 12 篇报告，分析浦东新区重点领域、区域或产业的发展前景。

总报告基于全球经济明显复苏和国内经济运行良好的宏观经济背景，指出 2021 年浦东新区经济增长走势总体呈现前高后稳特征，逐步从恢复性增长转向内生式增长。预估 2022 年浦东经济发展将实现平稳增长态势，第二、第三产业增长预期继续呈现双轮驱动、齐头并进的发展态势，经济高质量发展取得新进展。

分报告共有 5 篇报告，分别从生态环境优化、全球资源配置、政府服务和管理、科技成果转化以及国际金融中心核心区打造五个方面进行分析。着重提出了浦东新区通过优化环境治理体系和循环发展经济体系、培育公众生态素养等措施，构建和谐优美生态环境；指出浦东要利用并发展现有的科技资源、规则标准资源、平台资源和定价权资源；展望浦东新区建设数字政府、信用政府、法治政府、服务型政府和德治政府；指出浦东新区科技创新成果对长三角地区溢出效应显著，但是对外地科技创新成果吸收效果相对偏弱；也指出未来浦东新区要全力打造高水平制度开放高地，提升全球资源配置功能层级，进一步提升金融服务实体经济效率。

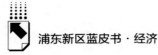

专题篇共有 6 篇报告，分别从养老产业、人工智能、长三角一体化发展、制度型开放体系构建、制度创新以及临港主城区人气聚集六个角度进行研究。报告聚焦浦东新区养老产业，提出重构数字时代养老产业发展管理机制、加快智能基础设施建设等建议；认为浦东新区应力争在人工智能基层研究与运用发展上成为全球人工智能产业高地与人工智能应用的全球样板；建议浦东新区从改革开放、创新驱动、全球资源配置和城市治理等方面入手，引领区带动长三角一体化发展；认为临港新片区需要对标 CPTPP 的各项高标准规则，建设成为具有国际竞争力的自由贸易园区；指出浦东应始终坚持以制度创新为主线、进一步加大科技创新力度、积极推动数字化改革、不断深化推进制造业转型升级；也指出临港今后应完善人才政策、商业配套设施，优化文旅配套服务、基本教育和医疗服务等，加快人气聚集。

关键词： 城市发展　社会主义现代化建设引领区　高质量发展

目 录 ⟍⟋

Ⅰ 总报告

Ⅱ 分报告

Ⅲ 专题篇

皮书数据库阅读**使用指南**

总 报 告

General Report

B.1
2021年浦东新区经济发展现状
及2022年预测分析

胡云华*

摘　要： 随着新冠肺炎疫苗接种的推广，2021年全球经济明显复苏增长，国内经济也呈现强势增长态势。根据相关数据，2021年浦东经济增速较上年历史新低显著上扬。综合各种因素推断，面对风险挑战和机遇并存的宏观环境，2022年，浦东将围绕打造社会主义现代化建设引领区这一新的核心使命，进一步加快高水平改革开放步伐，预期经济实现平稳增长，经济高质量发展取得新进展。

关键词： 浦东经济　改革开放　引领区

---

* 胡云华，经济学博士，中共浦东新区区委党校经济教研室主任，副教授，主要研究方向为区域经济发展、创新经济。

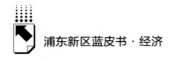
一 2021年宏观经济背景

（一）全球经济明显复苏

2021年全球仍处于新冠肺炎疫情阴云笼罩之下，尤其是德尔塔毒株感染困扰着全球经济复苏。全球感染新冠肺炎的确诊人数和死亡人数不断攀升，疫情何时到达拐点仍是未知数。根据世界卫生组织（WHO）的数据，截至2021年10月15日，全球新冠肺炎超过2亿人确诊，近500万人因此丧生，其中美国死亡人数超过71万。但总体来看，鉴于2020年全球疫情强大冲击所致的负增长运行态势，2021年全球经济增长率强力回升，呈现明显复苏态势。国际货币基金组织（IMF）2021年10月5日发布的《世界经济展望报告》预测2021年全球经济增长5.9%，较上年萎缩态势上扬回弹。

2021年的全球经济复苏分化明显。根据IMF预测，发达经济体预期实现5.2%增长，新兴经济体增长率为6.4%。从主要经济体来看，中美两国是支撑全球经济回弹的"发动机"。美国预期全年实现6%的增长，中国的增长率预测为8%。欧元区经济不断回暖，预期实现5%的增长；日本经济将增长2.4%。而其他地区的经济增长则不容乐观，以东南亚国家为例，IMF大幅下调东盟五国（印度尼西亚、马来西亚、菲律宾、泰国和越南）经济增速，将7月预测值4.3%下修至2.9%，幅度达1.4个百分点。①

全球经济走势分化的最主要原因是各国疫苗接种率分化明显。相对于欧美等发达国家的高接种率而言，发展中国家（除中国外）疫苗接种率远远不够，尤其是低收入国家情况更为严峻。根据牛津大学"用数据看世界"网站的相关数据，截至2021年9月底，全球有近45%的人口接种了至少一剂新冠疫苗，发达经济体和中国接种率约为58%，发展中国家和新兴经济

---

① 《IMF下调全球经济增长预期》，《参考消息》2021年10月7日。

体（除中国）接种率为36%，而低收入国家的接种率仅为2.3%。一方面，美英法德等主要发达经济体接种率普遍在60%以上，其中成年人接种率更是基本接近群体免疫水平。另一方面，为最贫穷国家提供的疫苗以及承诺用于新冠肺炎疫苗实施计划（COVAX）的资金远远少于实际需求①。

受制于疫情的反复肆虐，全球经济复苏进程面临新的挑战，首要威胁就是大宗商品价格不断攀升。2021年5月末，标准普尔GSCI指数同比上涨69.1%；9月底，全球大宗商品价格，包括原油、食品、金属、工业原材料在内，均已远超疫前水平。如欧洲洲际交易所数据显示，天然气价格超过60欧元/兆瓦时，创历史新高，较上年年中约6欧元的价格，飙升9倍以上。伴随能源价格飞速上涨，欧洲电价一路飙升。10月，英国每兆瓦时电价已涨到285英镑，创下自1999年以来的最高纪录，同比涨幅高达700%。②

全球大宗商品价格大幅上涨的因素可以从短期和长期视角来分析。短期来看原因有两点：一是供需矛盾。为应对疫情带来的严重冲击，各主要经济体政府纷纷出台大规模刺激方案，需求逐步回暖，全球贸易加快恢复增长。同时，疫情反复，尤其是德尔塔毒株传播力更强，全球供应链受阻，从供给端推动价格上涨。二是国际运输成本居高不下。受疫情冲击影响，全球各港口货船的装船、卸船时间延长，船舶周转率不断降低，港口拥堵严重，造成全球航运链断裂，集装箱运费大幅上涨，继而推动相关商品价格高位运行。长期来看原因也有两点。一是受金融环境影响。2008年国际金融危机以来，各主要经济体长期采用宽松的金融政策，资金环境降低了持有存货机会成本，同时全球投资增长又显乏力。二是受全球绿色发展影响。一方面，储能、电动车、太阳能板、风能等技术变革对基础商品长期需求形成支撑，也影响着市场预期；另一方面，部分高排放行业实施强制性减产，限制了供给，推动价格上涨。

---

① 《IMF下调全球经济增长预期》，《参考消息》2021年10月7日。
② 《2021年四季度宏观策略展望：类"滞胀"风险加大，政策发力高峰或延后》，https：//finance.sina.com.cn/roll/2021-10-09/doc-iktzscyx8729246.shtml？cref=cj。

大宗商品价格的连连走高导致全球产品进出口价格上涨，进而推高主要经济体的通货膨胀水平。伴随着美国复苏进程加快，其国内政策收紧是大概率事件，美联储未来加息预期明显提升，这将导致新兴市场和发展中经济体金融风险加大，而全球金融风险趋紧又给全球经济复苏带来不明朗的前景。

总而言之，2021年全球经济明显复苏，需求增加为中国经济运行提供了新的机遇，但疫情的反复导致全球大宗商品价格攀升、全球产业链供应链受阻、全球金融风险趋紧等，又给中国宏观经济运行带来风险。

（二）国内经济：良好开局

2021年对于中国来说是个特殊的年份，是"十四五"规划启动之年，是中国共产党成立一百周年，是全党全国顺利完成第一个百年奋斗目标、意气风发开启第二个百年奋斗目标新征程的一年。尽管全球疫情不断反复，外防输入压力加大，但国内在中国共产党的坚强领导下，始终坚持"人民至上"，取得了疫情防控的胜利，经济运行重新开启、强力复苏，结构调整稳步推进，经济高质量发展取得新进展，为"十四五"规划各项政策的实施和推进奠定了良好基础。

2021年全年中国经济呈现前高后低的运行轨迹，鉴于上年2.3%的低增长率，截至9月，根据国家统计局数据，前三季度GDP同比增长9.8%，两年平均增长率为5.2%，较上半年来看，两年平均增速回落了0.1个百分点。受上年基数影响，分季度增速有所减缓回落，尤其体现在下半年。具体来看：第一季度同比增长18.3%，两年平均增长5.0%；第二季度同比增长7.9%，两年平均增长5.5%；第三季度同比增长4.9%，两年平均增长4.9%。尽管下半年增速放缓，但全年实现6%初定目标没有问题，而且大概率能实现8%左右增长。中国无疑是全世界主要经济体中经济增长势头最强劲的国家之一，成为全球经济的"发动机"和"稳定器"。

2021年全年中国经济增长的两大动力来源于出口和消费。

首先，中国出口实现强劲增长。自2020年国内有力控制疫情以来，出口一直保持强劲增长势头。2021年伴随全球需求的回暖，中国出口延续了这一发展态势。一是总量增长创新高。1~9月，中国进出口总额为28.33万亿元，其中出口、进口总额分别为15.55万亿元和12.78万亿元，均创历史同期新高，同比分别实现22.7%、22.7%和22.6%的高增长，增速亦均为10年来最高水平。二是结构持续优化，集中体现为高技术、高附加值产品出口强劲。1~9月，机电产品出口实现23%的增长，对整体出口增速拉动效应达13.5个百分点。具体来看，汽车出口增长势头最猛，实现了107%的超高速增长；其次船舶出口增长达37.6%；手机、家用电器分别实现了14.4%、20.2%的增长。中国外贸的较快增长有力带动了相关产业的发展，助力就业稳岗，有利于居民增收和消费复苏，有力地促进了国内经济增长和经济高质量发展。与此同时，中国外贸增长为全球抗疫、产业链供应链畅通、带动全球贸易复苏发挥了重要作用。根据世贸组织数据，2021年上半年中国进口国际市场份额同比提升0.7个百分点至12%，贡献了全球15%的进口增量。[1]

其次，消费复苏回暖。尽管2021年国内疫情呈零星发生的特点，但总体疫情成功遏制。消费也逐步从上年负增长的区间回暖抬升，餐饮、旅游、影院等行业全面回暖。1~9月，社会消费品零售总额规模达318057亿元，同比增长16.4%，较2019年1~9月增长8.0%。其中，除汽车以外的消费品零售额为285992亿元，增长16.3%。按消费类型来看，餐饮增长最快，实现零售额32750亿元和增长29.8%；商品零售增势稳定，零售额为285307亿元，同比增长15.0%。[2]

因此，从国内宏观经济运行来看，全球经济复苏带来的需求回暖促进了中国出口的强力增长，而全球疫情冲击导致的产业链供应链受阻、大宗商品价格攀升又给中国经济带来下行风险，需要进一步发挥改革开放"关键一招"的作用，完整、系统、全面贯彻新发展理念，加快构建新发展格局，坚定不移地推动经济高质量发展。

---

① 《商务部：今年1-9月中国外贸增速达10年来最高水平》，https://3g.163.com/news/article/GMLNJO2204148ERR.html。
② 《前第三季度中国消费增长》，《经济观察报》2021年10月18日。

二 2021年浦东经济运行特征分析

2021年是浦东而立之年再出发的起始年，是浦东全面贯彻落实"十四五"规划各项举措的启动年。面对复杂的国际环境，浦东持续巩固拓展疫情防控和经济社会发展成果，全力做好稳增长工作，全面贯彻落实习近平总书记在浦东开发开放30周年庆祝大会上的重要讲话精神，凝心聚力，围绕着新的核心使命——打造社会主义现代化建设引领区——解放思想、深化改革、开放创新。7月15日，中共中央国务院《关于支持浦东新区高水平改革开放打造社会主义现代化建设引领区的意见》（以下简称《意见》）正式公布，浦东更是锐意进取，以《意见》为根本遵循，形成实施方案，加快深化高水平改革开放，助推经济高质量发展。较之2020年罕见的低位增长态势，全年经济强力复苏反弹，呈现出稳固向好态势。1～6月，实现地区生产总值7163.1亿元，增长13.7%，比全国平均水平高1个百分点。① 总体预判，2021年全年浦东新区经济增长率可达10.5%左右，会持续高于全国平均水平。

表1 2021年1～8月浦东主要经济指标情况

单位：亿元，%

指标	绝对值	增速
地区生产总值（第二季度）	7163	13.7
工业总产值	7527	15.5
全社会固定资产投资	1412	4.4
社会消费品零售总额	2468	28.1
商品销售总额（第二季度）	36119	25.5
外贸进出口总额（1～7月）	12928	14.7

资料来源：《浦东新区统计月报》。以下表格如无特殊说明，资料来源均为《浦东新区统计月报》，不再赘述。

---

① 本文中，浦东新区的数据如无特殊说明均来自《浦东新区统计月报》。

2021年浦东经济增长走势总体呈现前高后稳特征，逐步从恢复性增长转向内生式增长。

（一）工业强势增长

2021年浦东新区工业在上年较快增长基础上继续强势上行，成为保障全区经济增长的重要引擎，一直发挥着重要带动作用，体现出较强的韧性。工业增加值在第一季度和上半年分别为浦东GDP贡献了38.2%和34.7%的增长，贡献率保持第一。1~8月浦东规模以上工业总产值完成7528亿元，同比增长15.5%。其中8月当月，浦东规上工业产值创年内新高，完成产值1050亿元，同比增长8.5%。

1. 重点行业总体增长明显

1~8月，浦东重点行业完成工业总产值4641亿元，增长15.4%，占全区工业总产值的61.6%，拉动全区工业增长9.9个百分点。总体呈现"五增一降"发展格局。

表2 2021年1~8月浦东工业重点行业情况

单位：亿元，%

行业	产值	增速
电子信息	1197	−21.3
汽车制造	2084	57.2
成套设备	914	15.9
生物医药	424	8.0
新能源	71	7.6
航空航天	65	30.5

注：重点行业各子产业之间存在重复，计算总数时剔除重复，与各自行业相加不等。

一是汽车制造业强劲上扬，成为浦东工业增长的最重要动力。1~8月浦东汽车制造业实现产值2084亿元，增长57.2%，整车产量77.6万辆（汽车产量），较上年同期增加22.2万辆，其中新能源汽车产量为29.4万辆，占浦东整车总产量的37.9%，占比较上年提升23个百分点。从出口看，浦东汽车制造业出口交货值为328亿，增长2.4倍，涉及出口的汽车制造业企业67.2%实现出口同比增长。从出口贡献度看，增长主要由整车厂拉动，特斯拉（上海）占浦东汽车制造业出口总量的56.2%、上汽集团占25.4%，两家整车厂共完成出口交货值267亿元，同比增长10.5倍。

二是航空航天、成套设备、生物医药、新能源稳步增长。1~8月，航空航天制造业完成产值65亿元，增长30.5%，其中上海飞机生产继续提速，产值同比增长35.7%，1~8月累计交付ARJ21新支线飞机16架，较上年同期新增5架；成套设备制造业完成产值914亿元，增长15.9%，其中机器人企业ABB增长18.5%，实现工业机器人产量20496套，较上年同期新增5894套；生物医药制造业完成产值424亿元，增长8.0%；新能源完成产值71亿元，增长7.6%，增幅有所回落。

三是电子信息制造业下降趋势放缓。受昌硕科技减产影响，1~8月，电子信息制造业产值为1197亿元，同比下降21.3%。由上年同期强力支撑工业发展的行业转变为重点行业中唯一的负增长行业，但降幅自3月起逐月收窄，若剔除昌硕科技影响，电子信息制造业产值同比增长31.5%。其中集成电路制造业逐步成为主导行业发展的重要细分领域。1~8月，集成电路制造业完成产值336亿元，同比增长28.4%，占电子信息制造业的比重为28%，占比较上年同期提高11个百分点。从产品产量看，1~8月集成电路圆片产量达83.7亿块，较上年同期增加7.3亿块，其中12英寸集成电路圆片产量158.4万块，产量较上年同期提升59.1%。

2. 质量效益向好提升

一是企业效益稳步好转。1~7月，浦东规模以上工业企业实现营业收入6898亿元，同比增长15.2%。首先，单位费用保持下降，盈利能力提高。受益于减税降费政策的实施，1~7月，浦东每百元资产实现营业收入69.8元，同比增加5.8元；累计实现利润总额460亿元，同比增长21.5%。其次，资金使用效率继续提升，经营状况好转。1~7月，浦东人均营业收入为272.5万元，较上年末增加13.3万元；应收账款回收期为60.5天，同比减少10.7天，意味着资金回笼加快，企业经营活动的风险降低，有利于企业健康发展。

二是百强工业企业运营稳定。1~8月，浦东规模以上百强工业企业完成产值5812亿元，增长16.3%，占浦东工业总产值的77.2%，百强企业对浦东工业总产值的贡献率达81.5%，拉动浦东工业增长12.6个百分点。规模前十企业完成产值3557亿元，同比增长12.4%。三家整车制造企业（特斯拉、上汽通用、上汽集团）龙头地位稳固，实现产值1485亿元，拉动浦东工业增长11.2%。其中特斯拉（上海）拉动作用最为显著，累计生产规模全区第一，超600亿元，同比增长3.2倍，拉动浦东工业增长8.8%。

三是战略性新兴产业发展势头良好。1~8月，浦东新区战略性新兴产业实现工业总产值3543亿元，占浦东规模以上工业总产值的46.2%，占上海市战略性新兴产业产值的比重为35.8%，同比增长17.1%。

表3　2021年1~8月浦东战略性新兴产业发展情况

单位：亿元，%

行业	产值	增速
新能源	71	7.6
高端装备	582	14.1
生物医药	424	8.0
新一代信息技术	1146	-22.8
新能源汽车	781	300
新材料	385	30.0
节能环保	68	20.1
数字创意	86	51.3

（二）服务业稳步上行

服务经济作为浦东产业体系中的绝对主力军，是支撑浦东经济上行的重要稳定器。2021年伴随着浦东开发开放向纵深推进，在金融业快速增长的引领之下，浦东第三产业中大多数行业总体呈现稳步增长的向好态势。

1. 金融业健康稳定发展

金融业在上年高基数高拉动的基础上持续发挥压舱石作用，增加值增速逐季攀升，从2020年的8.5%增至2021年第一季度的9.3%，再增至2021年上半年的9.5%，实现增加值2274.75亿元，对浦东服务业增加值的贡献率为22.9%。

首先，机构数量持续增长。增强国际资源配置能力是浦东打造社会主义现代化建设引领区的重要任务之一，加快浦东金融业进一步开放的利好因素推动了金融机构加速集聚。截至2021年8月底，浦东监管类金融机构达1129家，年内新增19家。其中银行类289家，年内新增2家；证券类523家，年内新增11家；保险类317家，年内新增6家。

其次，机构经营状况良好。一是营业收入稳步增长。上半年金融机构实现营业收入5806.71亿元，增长8.5%。其中保险机构营业收入增长最快，增长19.8%，主要原因是增量市场有所拓展。如截至2021年6月30日，沪惠保实现累计保费8.26亿元，参保人数为718.13万人，参保率高达37.4%，创下城市定制性商业保险首年参保人数新纪录。二是经营利润向好。上半年金融机构实现营业利润2154.86亿元，增长11.1%。其中证券机构营业利润增长最快，增长15.5%，主要原因是2021年以来公募基金市场规模有所扩大，兴业全球基金、富国基金等企业的机构业务及电商业务实现两位数增长。

最后，各大市场全面稳定繁荣，实现"全要素、无短板"。从货币市场来看，上半年浦东11家重点银行人民币存贷款余额为52845.16亿元，增长23.3%。以上海银行为例，同业业务占据全部业务的53.1%，增长69.5%，拉动整体存贷款余额规模和增速扩大。从证券市场来看，1~8月，上海地区证券市场成交额达290.35万亿元，增长23.5%。其中股票成交额72.44万亿元，增长25.2%；基金成交额9.61万亿元，增长40.4%；国债成交额207.57万亿元，增长22.2%。从保险市场来看，上半年浦东重点保险机构累计实现原保险保费收入319亿元，增长14.1%，其中财产险同比增长18.3%、人身险同比增长13.5%。从要素市场来看，上海期货交易所1~8

月成交额为 115.07 万亿元，增长 84.8%；上海钻石交易所实现成交额 51.54 亿元，增长 2.2 倍。

2. 社会服务业基本面好转

1~7月，浦东规上社会服务业实现营业收入 5357 亿元，同比增长 28.9%。分重点区域来看，度假区、世博、临港、陆家嘴等 4 个区域增速高于全区平均水平。度假区受上年迪士尼封园低基数影响，2021 年呈现快速反弹。世博、临港集聚效应逐渐显现，增长势头迅猛。陆家嘴服务业体量最大，头部企业拉动区域整体保持较快增长。分行业来看，四大重点行业营收总体保持增长，行业走势呈现"两上扬、两收窄"。

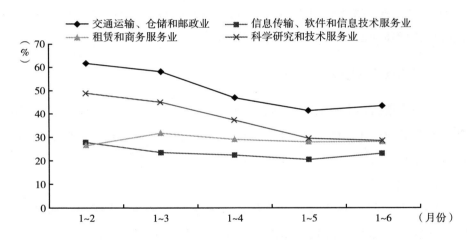

图1　2021 年 1~6 月浦东新区四大重点行业增长情况

首先，从"两上扬"来看。一是交通运输、仓储和邮政业增速继续扩大，实现营收 1475 亿元，同比增长 43.8%。主要增长点来自货运行业。货运的高需求和高运价叠加上年的低基数，推动营收指标快速增长，水上运输业、航空运输业、管道运输业、多式联运和运输代理业四个细分行业环比增幅均有扩大。规模最大的上海中远海运集装箱运输有限公司、全球国际货运代理（中国）有限公司两家公司收入持续增长。二是科学研究和技术服务业增速上扬，实现营收 600 亿元，同比增长 29.2%。医学研究及试验发展2021 年以来始终领跑科学研究和技术服务业，其中君实生物、药明生物技术高速增长，带动行业加速。

其次，从"两收窄"来看。一是四大重点行业中体量最大的信息传输、软件和信息技术服务业累计实现营收 1789 亿元，同比增长 19.8%。具体来看，电信、广播电视和卫星传输服务业逆转下降趋势，主要是由于咪咕视讯新增会务服务收入，提升了营收。软件和信息技术服务业增幅扩大，但由于上年同期基数较高，华为、宝信等头部企业增速出现较大幅回落，如华为基站业务上年同期增长 27.9%，1~7 月营业收入收窄，增速仅与上年同期持平。二是租赁和商务服务业表现比较平稳，实现营收 1065 亿元，同比增长 27.2%，增速较上半年小幅回落。分行业看，组织管理服务（总部）1~6 月增长 54.9%，持续对租赁和商务服务业起到拉动作用；广告业、咨询与调查环比增速向好，带动行业整体增速加快。

（三）商业贸易稳固回升

随着疫情防控取得阶段性胜利，国内需求逐步复苏，同全国面上情况类似，浦东商业同步回暖上扬，成为经济增长的有力支撑。进出口贸易同样总体表现亮眼。

1. 商业回暖上扬

1~8 月，浦东商业经济延续年初以来态势，消费市场需求加快释放，实现限额以上商品销售额（以下简称限上销售额）36120 亿元，同比增长 25.5%，两年平均增长 9.3%；实现社会消费品零售总额（以下简称社零总额）2469 亿元，同比增长 28.1%，两年平均增长 9.7%。

一是商品销售方面批发业压舱石作用突出。

首先，大宗商品价格上升拉动限上销售额持续增长。从 2014 年起，浦东大宗商品销售额占商销总额 50% 以上，在 2020 年达到最高点，占比达 60% 以上，近几年来，保持着 50%~55% 的比例，成为浦东商贸流通领域主要支撑点（见图 2）。受疫情影响，全球大宗商品价格高位震荡。1~8 月，浦东大宗商品实现销售额 20727 亿元，同比增长 25.3%，占限上销售额的比重从第一季度的 53.6% 上升至 57.4%。从四类主要商品来看，煤炭、有色金属和化工材料类需求良好，趋势与全国保持一致，销售额增速分别为31.7%、26.6%、28.3%；石油制品类实现销售额1407亿元，仅实现了同比增长5.8%。

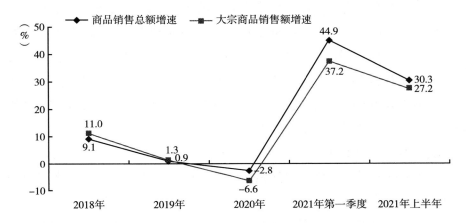

图2 2018~2021年上半年浦东商品销售总额和大宗商品销售额增速

其次，金属材料、通信设备和办公用品等领域龙头批发企业销售额持续快速增长。1~8月，排名前十的龙头企业实现销售额9008亿元，同比增长37.4%，占限上销售额的24.9%，高于商销平均增速11.9个百分点。其中，苹果电脑贸易实现销售额2278亿元，同比增长64.7%。

最后，生活资料类、生产资料类商品销售额实现双增长。消费生产市场供需求两旺。1~8月，生活资料类商品销售额为13179亿元，占商销总额的36.5%，同比增长27.1%。其中，粮油食品，饮料、烟酒类，金银珠宝，体育娱乐用品，中西药品，文化办公用品，通信器材等7类商品增速均高于平均增速9个百分点。

二是社会消费品零售额持续快速增长。

首先，零售新业态成为经济增长的新引擎。居民消费能级不断提升推动零售新业态快速发展。1~8月，网上零售额为496元，占社零总额的20.1%，同比增长54.9%，增速高于社零平均增速26.8个百分点。其中，联想上海电子科技网上零售额达30亿元，沃尔玛、迪卡侬、香奈儿、缙嘉科技、华润万家超市、利宝特食品等企业网上零售额均保持1倍以上增长。

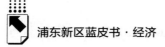

从企业个体情况看，盒马鲜生零售额同比增长 24.7%（网络零售额同比增长 45.5%），壹佰米网络科技（叮咚买菜）网络零售额同比增长 80%。

其次，汽车零售市场保持快速增长。虽然汽车行业仍面临"缺芯"问题，但各车型销量均有较大幅度增长。1～8 月实现零售额 412 亿元，占社零总额的 16.7%，同比增长 33.3%。豪华燃油车销量持续升温，宾利、玛莎拉蒂、捷豹、路虎、劳斯莱斯、林肯等品牌零售额增速均超过 45%。以特斯拉为代表的新能源汽车零售额创历史新高，达 117 亿元，比上年同期增长 91.7%，占汽车零售额的 28.4%。

2. 外贸增长持续加速

与主要行业增速回落的趋势相反，外贸进出口加速恢复，呈现"量稳质升"的势头。

1～8 月，浦东实现外贸进出口总额 15013 亿元，同比增长 13.9%，增速快于第一季度 5 个百分点左右，增长动能由上年的出口端转向进口端。进口总额规模为 10018 亿元，实现了 17.1% 的高增长；而出口总额规模为 4994 亿元，增长率仅为 8.1%。

从进口商品细目来看，26 类主要进口商品中，有 18 类商品增速为正，其中，17 类商品增速超过 10%，总体呈正增长轨迹。具体呈现出以下特征：一是消费领域进口持续回暖，与居民生活休戚相关的农产品进口高速增长；高档服饰、珠宝、机械手表等商品需求旺盛，进口额实现倍数增长；二是绝大多数生产资料进口加速扩张。伴随国内制造业景气指数的持续回升，部分大宗商品、通用机械设备等进口额呈现快速增长态势。

当然，同全国面上情况类似，浦东外贸企业也面临全要素成本上升，如海运价格连续刷新纪录、原材料价格持续高企以及人民币升值等，这些因素既抬高了出口企业的成本，也导致外贸企业利润空间的收窄与压缩。

（四）增长潜能稳速发展

紧扣社会主义现代化建设引领区的新使命，浦东注重以高质量发展和高水平开放为纲领，立足服务构建新发展格局，从长远入手，不断积聚经济稳增长的动能。

1. 固定资产投资稳速增长

浦东将加大固定资产投资力度作为推动经济稳增长的重要抓手，积极推进重点项目建设，着力扩大有效投资，全社会固定资产投资呈现稳速增长态势。1~8月，浦东实现固定资产投资1412亿元，比上年同期增长4.4%。

一是基础设施投资和社会事业投资持续发力。首先，基础设施投资对投资总额增长贡献突出。在两港大道快速化工程和世博文化公园等重大项目的推动下，1~8月浦东城市基础设施投资规模为284亿元，增长26.7%，占投资总额的22%，对浦东投资增长贡献率达到144.1%。其次，有效投资精准扩大，社会事业投资稳步推进。1~7月浦东社会事业投资55亿元，同比增长15.7%。其中教育业投资18亿元，增长67.4%；卫生和社会工作投资9亿元，增长1.8倍；文化体育业在上博东馆、上图东馆等重大项目带动下，投资26亿元。

二是房地产开发投资和工业投资增速有所下滑。首先，房地产开发投资小幅增长。1~8月，浦东房地产开发投资624亿元，同比增长1.8%，增幅比上半年有所收窄。房地产开发投资结构呈现住宅升、商办降的特点。1~7月住宅投资263亿元，增长6.6%，占房地产投资的49.6%；商办楼宇投资166亿元，下降14.2%，占房地产投资的31.3%。其次，受上年大项目基数影响，工业投资呈现下降态势。1~8月浦东工业投资342亿元，下降12.3%。分行业看，1~7月制造业投资241亿元，下降16.2%；电力、燃气及水生产和供应业投资36亿元，下降18.9%。

三是重点区域投资力度不减，对浦东投资形成支撑。1~7月，浦东重点区域实现投资856亿元，比上年同期增长14.6%，占投资总额的71.9%，占比同比提升6.4个百分点。临港地区（浦东部分）在特斯拉和商汤科技等重大项目带动下，实现投资364亿元，增长64.5%。随着世博文化公园、宋城演艺世博大舞台改扩建等一批项目的稳步推进，世博地区投资158亿元，增长47.3%，增速较第一季度扩大12个百分点。综合保税区以承昊实业现代仓储基地项目为主，投资25亿元，增长35.9%。

2. 引进外资提质增效

2021 年浦东着力在更高起点、更高层次上推进利用外资工作，让外资投向符合经济高质量发展要求的领域，更好地服务构建新发展格局，实际利用外资持续向好，吸引外资量稳质升。1~8 月浦东实到外资 68.88 亿美元，同比增长 8.3%，其中，服务业实到外资 64.82 亿美元，同比增长 15.9%，成为外资增长主引擎，带动了产业结构优化升级。

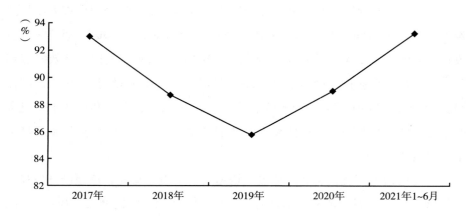

图 3　2017~2021 年上半年浦东实到外资第三产业占比变化

一是聚焦新兴产业。随着国家和上海市对互联网、物联网、云计算等数字经济、新能源产业的大力支持，国外投资者加快布局相关产业，如上半年投资超 8000 万美元的普洛斯投资（上海），大力发展国内科创产业园，布局新能源、数字新基建等领域，打造智慧物流生态平台。

二是体现高端产业引领。外资项目重点聚焦生物医药、集成电路、金融、数字经济等领域，占比达 70.2%，为浦东经济高质量发展注入新动能。其中，上半年约二成的实到外资项目投向了生物医药产业，投资总额达 6.8 亿美元。与此同时，高科技行业吸引外资能力不断增强，对产业强链补链起到重要的推动作用。如跨国医疗保健巨头葛兰素史克设立的全国商业营运中心，将整合 GSK 中国处方药的进口、采购、分销及结算等职能。

三是区域投资集聚明显。外商投资项目呈现明显的行业集聚。陆家嘴聚焦金融、现代商贸、管理咨询等行业，实到外资占区域的 72.9%；张江聚焦集成电路、生物医药、人工智能等行业，实到外资占区域的 64.7%；外高桥聚焦跨境贸易、融资租赁等行业，实到外资占区域的 54.7%；金桥聚焦高清视讯、汽车制造、智能制造等行业，实到外资占区域的 62.5%。

3. 功能建设不断强化

一是以功能建设带动服务业发展。浦东加快实施"全球营运商"（GOP）计划，推进全球机构投资者集聚计划（GIC）等，全力打造金融数据港，加快建设离岸转手买卖先行示范区，积极争取全球排名前十的国际船舶管理企业项目落地，从总部、金融、外贸、航运多领域入手，推动浦东服务业再发展。

二是瞄准扩大国内需求的典范引领。加快建设国际消费中心，培育消费新模式新业态，集聚高端消费品牌，依托强大的国内市场优势促进内需提质扩容，推进全球消费品牌集聚计划（GBC），引领带动国内消费升级需求。如前滩太古里项目和外高桥山姆会员店的开业，点燃了国庆长假期间消费热情。

三是持续打造一流营商环境。对标最高标准最高水平，以市场主体需求为导向，宽准入、稳预期、优服务、重保护，持续打造市场化、法治化、国际化的一流营商环境。2020 年 9 月 28 日，上海市十五届人大常委会第三十五次会议表决通过《上海市浦东新区深化"一业一证"改革规定》和《上海市浦东新区市场主体退出若干规定》，这两部浦东法规分别于 10 月 1 日和 11 月 1 日起施行，为浦东打造社会主义现代化建设引领区强化法治保障拉开了序幕。

三　2022年浦东经济发展预测分析与展望

（一）宏观背景预判

1. 全球经济继续复苏增长

展望 2022 年，全球新冠疫苗接种率预期持续提升，尤其是发达国家和中国等主要经济体将建立群体免疫的屏障，全球新冠肺炎疫情大概率将得到更为有效遏制，全球产业链和供应链阻隔局面预计有效改善，全球经济有望继续温和复苏。根据IMF2021年10月发布的秋季世界经济展望报告预计，世界经济有望实现4.9%的增长，这一增长速度远比疫情之前更高。此外，2022年全球经济延续较强复苏还将呈现以下特征：一是全球供应链的一些瓶颈问题有望得到进一步缓解；二是全球投资层面补短板预期显著，尤其是欧美将进一步扩大资本开支。

尽管2022年全球经济有望持续复苏，但是分化格局难以得到逆转。按照IMF的预测，发达经济体的总产出预计将在2022年恢复至疫情前的水平，在2024年将超出疫情前水平0.9%。相反，到2024年，新兴市场和发展中经济体（不包括中国）的总产出预计仍将比疫情前的预测值低5.5%，意味着这些国家在提高生活水平方面的进展将出现更严重的倒退①。导致2022年全球经济分化拉大的主要因素为当下的"疫苗鸿沟"和各经济体政策支持的巨大差异。当前，在发达经济体，为进一步有效控制疫情，有的国家正在启动接种加强针，但低收入国家连第一针接种率都不到10%。因此，疫情造成的断层似乎将持续更长时间。

因此，全球经济在预计实现持续增长的同时还面临着不容忽视的下行风险和压力，主要体现为两点。

一是新冠病毒加速变种可能导致更快传播速度、更高的重症率和死亡率，这种不可预知性将严重干扰全球疫情防控节奏，尤其是在全球疫苗没有广泛普及之前，在与病毒共存时代如何有效地为人类健康设置安全屏障将是全球共同应对的新课题。

二是疫情前景的不明朗预期会导致全球通胀风险偏向上行。当前全球供需矛盾或供需失衡可能较长时间难以明显改善，对全球供给潜力的破坏也可能进一步加剧，这也意味着全球已经显现的通胀风险可能愈演愈烈，成为最终的事实，将导致发达经济体以比预期更快的速度去推动货币政策收紧，回

---

① 《IMF发布全球经济展望报告》，《经济日报》2021年10月14日。

归常态。2021年10月IMF的《全球金融稳定报告》强调，金融市场的风险行为增加，非银行金融机构的脆弱性增加，这些将拖累全球经济增长。

因此，展望2022年全球经济，要有效克服断层加深、降低复苏不确定性和风险，全球经济治理体系必须随之调整和进一步优化，所有经济体要摈弃单边主义和利己主义，当务之急是加快推进全球疫苗普及。同时，各国还应推进全球协同创新，加大对治疗方法的研发投入力度。WHO提出只有2022年全球疫苗接种率达到70％，才能更为有效地应对传染性更强的变种病毒。各国共同置身于这场危机中，只有所有国家和地区的疫情结束，这场疫情才算真正结束。这应该成为所有国家的共识并为之携手前行。

2. 国内经济稳步增长

2022年是中国坚定朝着第二个百年奋斗目标进军的实质启动之年，是落实并推进"十四五"规划各项目标的关键一年，预计2022年中国经济在上年较高增长基数上能够实现稳步增长，尽管增速会有所回落，但经济长期向好面和经济发展韧性依旧不会改变。

从外部不利因素来看，尽管全球经济预计实现明显增长，但错综复杂的国际环境仍将给中国经济运行带来严峻的风险挑战。乐观地预估，伴随着全球疫苗接种率的提升，全球市场需求还将持续回暖。但鉴于上年较高的增长基数，中国出口贸易增速将大概率回调。加上虽然中美之间关系有所缓和，但美国将对华关系视为"竞争关系"定位不会改变，对中国的压制政策难有实质性的翻转。全球增长分化格局之下逆全球化的导向预期还将继续，这些都会给中国经济增长带来不利影响。

更为重要的是，自2021年第三季度以来，中国经济下行风险不断加大，经济深层次的结构性失衡，发展不平衡、不充分问题依旧不容忽视，国内经济发展制约因素增多，如投资、消费、工业等经济指标明显回落，PMI指数持续下滑，经济放缓压力进一步显现。年轻人失业率水平仍然比较高，教育培训行业政策调整在部分领域引发劳动力供需调整和重新配置，还需要时日消化和再平衡。CPI和PPI"剪刀差"明显，中下游行业特别是广大中小企业利润空间进一步收窄。国内供给和需求呈现双收缩的风险在加大。

尽管中国经济面临着严峻的风险和挑战，但机遇也是显而易见的，我们已经实现了第一个百年奋斗目标，习近平总书记在建党 100 周年庆祝大会重要讲话中指出"中华民族伟大复兴进入了不可逆转的进程"，所以接下来，在中国共产党的坚强领导下，中国将努力危中寻机、开新局。

预期 2022 年中央将进一步加强逆周期和跨周期政策的协调配合，加大新基建的投资力度，进一步加大减税力度，实行更为灵活的财政政策，各地方政府将按照既定的路线图和任务表扎扎实实地推进"十四五"各项任务尽快落地。中央层面宏观经济治理政策的实时调整和地方政府的有序跟进将有力保障中国经济实现平稳增长。

总而言之，综合国际国内宏观背景分析，可以得出如下结论，对于浦东来说，2022 年外部环境机遇与挑战并存。一方面，外部宏观环境的风险和挑战给浦东经济运行带来了不确定性和不稳定性。另一方面，经济发展中显现的机遇又能够保障经济实现平稳增长。尤其是在中央和上海市委的支持下，浦东打造社会主义现代化建设引领区将实质性地推进和落实，浦东将加快高水平改革开放步伐，贯彻习近平总书记的指示精神，努力成为全国高水平改革开放的开路先锋、全面建设社会主义现代化的排头兵、践行"四个自信"的实践范例，向世界展示"中国理念、中国精神、中国道路"！

（二）2022年浦东经济发展总体预估分析

1.2022年浦东经济实现平稳增长

从浦东自身发展来看，2022 年是浦东落实中共中央国务院《关于支持浦东新区高水平改革开放打造社会主义现代化建设引领区的意见》（下文简称《意见》）的第一个完整年份，也是"十四五"规划相关任务实施推进的关键之年。浦东将加快落实相关任务，加快落实习近平总书记在浦东开发开放 30 周年庆祝大会上的重要讲话精神，勇于啃最硬的骨头、挑最重的担子，完整、准确、全面贯彻新发展理念，推动经济高质量发展，为中国全面开启社会主义现代化建设发挥引领带头作用。

基于上述国内外宏观经济背景分析，结合浦东具体区情特点，我们结合定性分析与定量预测，预估 2022 年浦东经济将实现平稳增长，虽然增速较上年有所回落，但仍将实现高于全国和上海市平均水平的增速，继续充当上海市经济发展的发动机和增长极，经济增长率预计为 8% 左右，能够与疫情前经济增速持平或略高于疫情前水平。

从产业结构来看，第二、第三产业增长预期继续呈现"双轮驱动""齐头并进"的发展态势，继续支撑引领区域经济增长。先进制造业总体产业创新发展步伐加快，以"六大硬核产业"为代表的世界级创新产业集群加快培育，产业链供应链现代化水平不断提升；"六大服务经济"发展也不断取得新成效。从空间格局来看，重点区域继续引领全区经济发展，如张江科学城、临港新片区等区域会继续高开高走，表现亮眼。

2. 工业：稳步增长

虽然全球供需缺口短期内难以得到明显改善，大宗商品价格短期来看预计位于高位区间，但随着《意见》各项任务的推进落实，2022 年浦东工业在上年高增长的基础上将继续发力，呈现稳步增长的良好态势，高端产业引领功能培育取得新进展。

从重点行业发展来看，首先，一个较为明显的改观体现为电子信息制造业的降幅将进一步收敛并逐步走出负增长区间，加快恢复上行，成为工业稳定发展的重要稳定器。电子信息制造业增长轨迹逆转支撑因素来自龙头企业订单的增长，也来源于新项目、新投资陆续开工带来的利好。如集成电路产业 2021 年新建产能及扩产的项目有 11 个，是浦东集成电路行业后续增长点。其中 6 个项目正处于试生产阶段，2 个项目预计 2022 年试生产；中芯国际的 8 英寸生产线扩产项目，预计于 2022 年 3 月投产；安集微电子的集成电路 CMP 抛光材料增加产能项目，预计于 2022 年中期试生产。其次，汽车制造业尤其是新能源汽车制造业仍将保持良好发展态势，支撑因素来源于市场需求的回暖和全球供应链的恢复。此外，航空航天、成套装备、生物医药、新能源大概率将实现稳步增长。

3. 第三产业：快速增长

占浦东产业结构绝对主导地位的第三产业在金融业的快速增长下实现较

快增长，继续发挥稳定器和压舱石的作用。

首先，金融业总体延续平稳上扬发展态势。进一步扩大金融业的开放是中央支持浦东打造引领区文件的重要亮点，预期相关政策的利好将助力金融业健康平稳发展，金融机构尤其是高端金融机构、头部金融机构将进一步加快集聚浦东。新型金融机构也将进一步加快发展。预计货币政策稳健和结构性宽松政策导向仍将继续，市场流动性预期仍将处于相对充裕区间。浦东作为上海国际金融中心核心区建设在引领区建设相关文件的指引下加快推进、浦东对国际资金等资源配置功能的逐步优化都将是浦东金融业健康平稳发展的有力因素。

其次，社会服务业预计延续回暖态势。伴随中美之间贸易摩擦局面的逐步和缓，浦东相关龙头企业业务及营收预计将逐步止跌回暖，与此同时，在线新经济、集成电路设计、大数据、云服务以及生物医药研发等相关新兴产业加快培育，也将进一步促进相关软件信息服务业的发展，提供新的增量和动能。

4. 消费贸易：回暖上扬

从内需来看，随着国内构建新发展格局战略的进一步加快实施和推进，尤其是随着浦东国际消费中心建设任务的逐步落实，高品质产品供给和服务供给的进一步发展，消费新模式、新业态的加快培育和相关项目的引进，以及疫情的有效防控，预计居民消费进一步被激活，浦东消费增速将加快上行。

从外需来看，全球疫苗接种率提升和全球经济增长向好的预期是浦东进出口贸易实现增长的有利因素，尤其是浦东制度型开放步伐的加快，将进一步提升浦东开放水平，因此，浦东进出口贸易预计将实现平稳增长。

（三）2022年浦东经济发展指标预测

基于前述的定性分析，经过定量分析工具测算，2022年浦东主要宏观经济指标的实际增长结果如下：

2022年浦东新区GDP增长率（实际）8%；

GDP（现价）15685.6亿元；

第二产业增加值增长率（实际）7.2%；

第二产业增加值总量（现价）3602.4亿元；

其中：工业增加值增长率（实际）9.5%；

工业增加值总量（现价）3646.4亿元；

第三产业增加值增长率（实际）8.5%；

第三产业增加值总量（现价）12064.1亿元；

其中：金融业增加值增长率（实际）10.0%；

金融业增加值总量（现价）4992.6亿元；

社会消费品零售总额增长率（实际）6.6%；

社会消费品零售总额总量（现价）4318.3亿元；

固定资产投资增长率（实际）6.5%；

固定资产投资总量（现价）2718.8亿元；

外贸进出口总额增长率5.3%；

外贸进出口总量（现价）24841.5亿元。

（四）前景展望：聚焦联动发展，加快打造社会主义现代化建设引领区

打造社会主义现代化建设引领区是党中央的重大战略决策，是推动全面建设社会主义现代化国家的战略选择，是加快构建新发展格局的关键一招，更是踏上新征程的浦东承担的一项核心使命。《意见》明确提出浦东打造社会主义现代化建设引领区的发展目标分两步实现："第一步，到2035年，浦东现代化经济体系全面构建，现代化城区全面建成，现代化治理全面实现，城市发展能级和国际竞争力跃居世界前列。第二步，到2050年，浦东建设成为在全球具有强大吸引力、创造力、竞争力、影响力的城市重要承载区，城市治理能力和治理成效的全球典范，社会主义现代化强国的璀璨明珠。"[1]

---

[1] 《中共中央、国务院支持浦东新区高水平改革开放打造社会主义现代化建设引领区意见》。

因此，浦东下一个 30 年的重中之重就是打造社会主义现代化建设引领区。

根据《意见》，浦东打造社会主义现代化建设引领区的重要战略使命是"为更好利用国内国际两个市场两种资源提供重要通道，构建国内大循环的中心节点和国内国际双循环的战略链接，在长三角一体化发展中更好发挥龙头辐射作用，打造全面建设社会主义现代化国家窗口。"① 具体体现在五个方面：一是更高水平改革开放的开路先锋，二是自主创新发展的时代标杆，三是全球资源配置的功能高地，四是扩大国内需求的典范引领，五是现代城市治理的示范样板。因此，浦东在未来推进工作中，要抓住关键领域和重点环节，实现创新发展引领、改革系统集成引领、制度型开放引领、功能提升引领、城市治理引领，其实质就是实现高水平改革开放。

2022 年是浦东正式推进社会主义现代化建设引领区各项任务落实的第一个完整年份。因此，浦东要对照《意见》的各项任务要求，聚焦联动协同发展，紧密结合浦东经济社会发展实际，让中央的重要部署在浦东抓紧落实。

1. 聚焦"双自联动"，实现科创中心制度创新引领

自贸区和自主创新示范区的"双自联动"，是以自贸区为平台的制度创新推进以自主创新示范区为平台的科技创新，是自贸区和科创中心建设的联动。在"双自联动"推进下，浦东新区已经率先成功试点药品上市许可持有人制度、医疗器械注册人制度、集成电路保税产业链试点等重大突破性举措，带动了全国的产业制度创新。在下一步打造社会主义现代化建设引领区进程中，浦东要继续推动自贸试验区和国际科创中心核心区建设联动发展，努力打造新时代自主创新标杆。一是围绕"大国重器"和强化国家战略科技力量，推进重大科技制度创新。如加快建设张江综合性国家科学中心，推动世界级大科学设施集群落户，积极参与、牵头组织国际大科学计划和大科学工程，开展全球科技协同创新，研究实行国家实验室新型建设运行管理体

---

① 《中共中央国务院关于支持浦东新区高水平改革开放打造社会主义现代化建设引领区的意见》。

制。二是以制度创新和政策支持，加快打造世界级集成电路、生物医药、人工智能等产业集群，带动上海、长三角相关产业链和产业集群发展。三是以税收、土地、投资政策支持，发挥企业在技术创新中的主体作用。如对有关集成电路、人工智能、生物医药、民用航空等关键领域核心生产研发企业，自设立之日起五年内实行企业所得税税率15%优惠。

2. 聚焦"双区联动"，实现制度型开放引领

《意见》提出，"在浦东全域打造特殊经济功能区，支持洋山特殊综合保税区政策在浦东具备条件的海关特殊监管区域的特定区域适用"。因此，"双区联动"即自贸试验区和海关特殊监管区的联动，通过统筹推进，来推进浦东制度型高水平开放。一是洋山特殊综合保税区和浦东海关特殊监管区的联动。更好发挥临港新片区作用，"支持洋山特殊综合保税区政策在浦东具备条件的海关特殊监管区域的特定区域适用"。如可复制推广到率先实行"区港联动"的外高桥综合保税区和浦东机场综合保税区，推进国际中转集拼、转口贸易、多式联运等制度创新和政策联动，有利于上海航运中心建设在航运交易、航运服务、数字航运、航运制度创新上进一步深化。二是保税区和自贸的联动。临港新片区具备条件的可享受洋山特殊综合保税区的通关便利化相关政策，把海关特殊监管区域的保税功能向自贸区延伸，试点保税研发、全球维修、保税加工等。

3. 聚焦"双城联动"，实现"金融＋创新"引领

着力推动陆家嘴金融城和张江科学城的"双城联动"。建设陆家嘴金融城作为金融开放创新的主场，集聚全球资管、融资租赁、离岸金融等产业，在张江科学城集中建设金融数据港和长三角金融资本市场服务基地，率先形成金融科技和科技金融的应用场景，实现"金融＋科技"融合发展，提高服务和引领实体经济的全球资源配置能力。一是以离岸金融加强对总部企业跨境运作便利化的服务。离岸金融的发展不仅有利于银行开放发展相关离岸业务，而且有利于发挥高能级总部企业全球营运商功能。按照《意见》要求，浦东将构建与上海国际金融中心相匹配的离岸金融体系，支持金融机构开展相关产品创新和业务创新。二是以金融要素平台加强对实体经济投融资

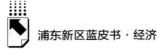

的服务。以金融要素平台建设提升服务实体经济的能力和水平。浦东要在现有的要素平台基础上，落实《意见》要求，进一步集聚国际金融资产交易平台、航运指数期货、全国性大宗商品仓单注册登记中心、国际油气交易中心、再保险登记清结算平台等。三是以金融开放增强全球资源配置能力。如支持浦东率先探索资本项目可兑换的实施路径，建设海内外重要投融资平台，完善金融基础设施和制度。创新面向国际的人民币金融产品，扩大境外人民币境内投资金融产品的范围，促进人民币资金跨境双向流动。

参考文献

《2021 中国宏观经济形势分析与预测年中报告》，上海财经大学高等研究院，2021年 7 月 12 日。

《浦东新区国民经济和社会发展第十四个五年规划和二〇三五远景目标纲要》，2021年 4 月。

《浦东新区统计月报》，2021 年 1～8 月。

《习近平总书记在浦东开发开放 30 周年庆祝大会上的讲话》，2020 年 11 月 12 日。

《中共十九届五中全会公报》，2020 年 10 月。

《中共中央国务院关于支持浦东新区高水平改革开放打造社会主义现代化建设引领区的意见》，2021 年 7 月 15 日。

分 报 告

Topical Reports

B.2

高质量发展下浦东生态环境的优化研究[*]

南剑飞^{**}

摘　要： 构建和谐优美生态环境，是新时代社会主义现代化建设引领区浦东生态文明建设的重要内容，是提高城市治理现代化水平和城市软实力的根本依托，是浦东高质量发展与可持续发展的坚实基础。本文阐述了浦东构建和谐优美生态环境的背景意义，分析了浦东构建和谐优美生态环境的现状问题，着重提出了浦东构建和谐优美生态环境的对策建议，主要涉及：贯彻落实好生态环境保护"十四五"规划、聚焦双碳加快构建生态环境治理体系、建立健全绿色低碳循环发展经济体系及显著提升浦东新区公众生态环境素养等四个方面，为新征程上社会主义现代化建设引领区浦

＊ 本文系 2021 年度上海市党校行政学院系统课题（编号：2021SHB006）和浦东新区党校行政学院校级课题（编号：202105）阶段性研究成果。

＊＊ 南剑飞，教授，四川大学管理学博士，上海交通大学博士后，上海市习近平新时代中国特色社会主义思想研究中心研究员，西南石油大学硕士研究生导师，浦东新区党校行政学院高层次引进人才，主要研究方向为生态文明建设、城市经济管理、文化遗产管理。

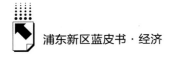
东高质量发展与可持续发展提供重要参考。

关键词： 生态环境　浦东新区　高质量发展

一　背景意义

生态环境是关系党的使命和宗旨的重大政治问题，也是关系民生的重大社会问题。进入新时代，和谐优美生态环境，已成为人们对美好生活向往的重要内容，也是我们党的奋斗目标和执政使命所在。2020年11月12日，习近平在浦东开发开放30周年庆祝大会上的讲话中指出："要构建和谐优美生态环境，把城市建设成为人与人、人与自然和谐共生的美丽家园。"这是关于"浦东构建和谐优美生态环境问题"的第一次正式提出。2021年1月19日，时任浦东新区区委书记翁祖亮在政协"提升水环境治理工作质量，构建和谐优美生态环境"专题会上强调：浦东新区始终把生态环境保护作为重要工作常抓不懈，始终坚持绿水青山就是金山银山的理念，把水环境治理作为创造高品质生活的重要抓手。2021年7月15日，《中共中央国务院关于支持浦东新区高水平改革开放打造社会主义现代化建设引领区的意见》公开发布，立足生态环境保护主线，主要从制度保护体系、企业生态信用、法制改革、海洋红线、垃圾分类资源化再利用、绿色低碳出行、绿色交通体系等方面阐述了浦东构建和谐优美生态环境问题，掀开了新征程美丽浦东绿色低碳循环发展的新篇章。2021年8月27日，浦东新区区长、区生态文明建设领导小组组长杭迎伟强调，要以更高的政治站位、更强的责任担当、更实的工作举措，持续提升生态环境质量，努力打造生态环境治理体系和治理能力现代化的浦东样板，为打造社会主义现代化建设引领区贡献积极力量。

无疑，构建和谐优美生态环境，是新时代社会主义现代化建设引领区浦东生态文明建设的重要内容，是提高城市治理现代化水平和城市软实力的根本依托，是夯实浦东高质量发展与可持续发展的坚实基础。因此，开展本研究，具有重大意义，事关浦东夺取污染防治攻坚战胜利，事关浦东生态文明建设水平，事关"十四五"和全面建设社会主义现代化国家新征程浦东高质量发展，事关浦东人民获得感、幸福感和安全感，事关卓越的全球城市上海建成令人向往生态之城建设实效。

二 成效问题

（一）取得成效

党的十八大以来特别是近五年来，面对更为复杂严峻的外部环境，浦东新区区委、区政府在党中央和上海市委、市政府的坚强领导下，始终以习近平新时代中国特色社会主义思想为根本指导思想，全面深入贯彻习近平总书记考察上海重要讲话精神特别是总书记在浦东开发开放 30 周年庆祝大会上的重要讲话精神，坚定不移吃改革饭、走开放路、打创新牌，团结带领全区人民全力推动改革开放再出发，全面实施"四高"战略，全方位推进"五大倍增行动"，积极应对各种风险挑战特别是新冠肺炎疫情的严峻冲击，顺利完成"十三五"规划目标任务。在生态环境领域，"十三五"以来，浦东新区深入贯彻落实习近平生态文明思想，坚定不移走生态优先、绿色发展之路，加快生态空间的拓展、修复与保护，全面打响污染防治攻坚战，生态环境质量明显提升，生态安全屏障更加牢固，美丽浦东建设迈出坚实步伐，人民群众对生态环境改善的获得感、幸福感、安全感显著增强，为打造社会主义现代化建设引领区奠定了坚实的生态环境基础，主要表现在以下八个方面①。

一是浦东新区生态空间布局持续优化，森林覆盖率从 14.94% 上升至 18.21%，河湖水面积率达到 11.34%。

---

① 黄静：《新区生态文明建设再上新台阶》，《浦东时报》2021 年 8 月 30 日。

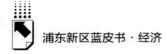
二是浦东新区生态环境质量持续改善，主要污染物排放总量大幅削减，2020 年空气质量指数（AQI）优良率达到 89.1%，较 2017 年上升 12.4 个百分点，细颗粒物（$PM_{2.5}$）年平均浓度为 30 微克/米³，较 2017 年下降 16.7%；全区劣 V 类水体基本消除，2 个国考、37 个市考断面水质考核达标率为 100%；美丽庭院、美丽街区建设让环境更加宜人，黄浦江东岸贯通加速向"生活秀带"升级，人民生活品质持续提升。

三是浦东新区环境基础设施不断完善，城镇污水处理率从 92.63% 提高到 95%，污水厂污泥无害化处理率达到 100%，生活垃圾无害化处理率达到 100%。

四是推动浦东绿色低碳发展取得明显成效，能源综合利用效率逐年提高，单位增加值能耗累计下降 16.43%。

五是浦东新区产业结构进一步升级，2020 年第三产业增加值占全区生产总值的比重提高至 76.9%。

六是浦东新区生态环境治理水平加快提升，区委、区政府设立区生态文明建设领导小组，生态环境保护"党政同责、一岗双责"责任体系不断健全完善。

七是浦东新区全面实行了排污许可证管理制度，基本实现了固定污染源排污许可证全覆盖。

八是浦东新区推进生活垃圾监管、河湖综合监管等应用场景建设，提高环保智慧监管水平。

（二）存在问题

在回顾实践、总结工作、看到成绩的同时，我们也要清醒地意识到：浦东作为上海"五个中心"建设的核心区，要率先成为国内大循环的中心节点和国内国际双循环的战略链接，在构建和谐优美生态环境、加强生态保护、推动绿色发展、建设生态文明、建成美丽浦东过程中还存在一些薄弱环节。例如在生活垃圾分类方面，存在着居民养成源头分类习惯难、生活垃圾全程分类实施难、垃圾分类基础设施建设落地难等问题；还存在土地、资源对高质量发展的约束更为趋紧等难题，需要加大突破攻坚力度；从人民群众对美好生活的需求看，更有序、更安全、更干净的城乡环境和水、气、绿等生态环境期盼越来越高，虽然浦东"三个滞后"的问题得到有力缓解，但是离人民群众的更高期待还有差距。通过对浦东新区生态环境问题的排摸，结合生态环境管理实际，经梳理，浦东生态环境工作主要存在以下五个问题：一是现有生态空间规模品质与引领区城市目标定位特别是人民群众的期盼仍存在较大差距，二是生态环境质量改善成效尚不稳固亟需规划强力支撑，三是生态环境基础设施存在短板特别是企业绿色发展能力有待提高，四是生态环境治理体系尚未完全建立，五是公众生态环境素养有待持续提升。

三　对策建议

（一）贯彻落实好生态环境保护"十四五"规划

构建和谐优美生态环境，是中共中央、国务院赋予新征程上社会主义现代化建设引领区浦东新区的一项重任。要高质量完成好此项任务，浦东作为引领区需要站得高、望得远，最重要的是要贯彻落实好《浦东新区生态建设和环境保护"十四五"规划》，以此引领浦东生态环境工作、提升浦东生态文明建设长效。《中共中央国务院关于支持浦东新区高水平改革开放打造社会主义现代化建设引领区的意见》赋予浦东五大战略定位，就是要打造更高水平改革开放的开路先锋、自主创新发展的时代标杆、全球资源配置的功能高地、扩大国内需求的典范引领、现代城市治理的示范样板。对照中央和上海市的要求，浦东生态环境与城市目标定位、广大市民期盼相比还有较大差距，生态环境改善从量变到质变的"拐点"还没有到来。面对矛盾和挑战，迫切需要浦东抓住引领区文件出台实施的历史机遇，拉高标杆，从战略和全局的高度加强生态文明建设，将文件中有关生态环境和城市治理的要求尽快付诸行动、落地见效，早日把浦东建设成为人与自然和谐共生的美丽家园，以生态环境的软实力增强引领区的吸引力和竞争力。无疑，《浦东新区生态建设和环境保护"十四五"规划》正是对这一意见在五年中的科学设计与整体安排。2021年9月正式公布的《浦东新区生态建设和环境保护"十四五"规划》显示："十四五"期间，浦东将持续优化生态空间布局，深入打好污染防治攻坚战，促进经济社会发展全面绿色转型，加快推进环境治理体系和治理能力现代化。到2025年，力争实现碳排放达峰、生态环境持续改善、生产生活绿色转型成效显著、资源利用效率更高、生态安全屏障更加牢固、生态系统服务功能增强、人与自然和谐共生的美丽浦东建设取得积极进展，加快形成"生态宜居、安全高效、功能复合、彰显魅力"的人民城市绿色发展新格局。应该说，《浦东新区生态建设和环境保护"十四五"规划》的公布，为浦东新区"十四五"期间生态环境工作指明了方向，有助于浦东新区"十四五"期间生态环境工作科学推进、行稳致远。然而，规划设计再好、宏伟蓝图再精美，如果没有落实，就等于零。因此，务必落实落细落好此规划，而当务之急是要做好规划的讲解、宣传工作，以便更有效地推动生态环境工作。对此，建议借助生态环境资源经济等领域包括党校系统的专家和习近平生态文明思想、绿色低碳循环经济、生态环境法律法规等领域师资力量，对浦东党政机关、企事业单位等展开宣讲。当然，规划执行中难免遇到这样或那样的问题甚至阻力，只有保持战略定力，才能取得长效。

（二）聚焦双碳加快构建生态环境治理体系

构建和谐优美生态环境，是碳达峰碳中和背景下浦东加强生态环境治理、推动生态文明建设、建设美丽浦东的重要任务。适应双碳目标要求特别是上海市2025年碳达峰要求，浦东应加快构建生态环境治理体系，不断提升生态环境治理体系现代化水平，着力补齐生态环境短板。生态环境治理体系是国家治理体系和治理能力现代化的重要内容。构建浦东新区生态环境治理体系是一项系统工程，涉及构建思想、基本原则、主要目标、重点任务等。无疑，习近平新时代中国特色社会主义思想、习近平生态文明思想是推进构建现代环境治理体系的根本遵循。因此，浦东新区生态环境治理体系的构建思想为：始终坚持以习近平新时代中国特色社会主义思想为根本指导，全面深入贯彻新时代习近平生态文明思想与党的十九大和十九届二中、三中、四中、五中、六中全会精神，牢牢紧扣统筹推进"五位一体"总体布局和协调推进"四个全面"战略布局，自觉贯彻党中央、国务院、上海市决策部署，切实保持生态文明建设定力，牢固树立绿色发展等新发展理念，以深化企业主体作用为根本，以更好动员社会组织和公众共同参与为支撑，以强化政府主导作用为关键，以坚持党的集中统一领导为统领，实现政府治理和社会调节、企业自治良性互动，完善体制机制，强化源头治理，形成工作合力，为推动生态环境根本好转、建设生态文明和美丽中国提供有力制度保障。[①] 浦东新区生态环境治理体系的基本原则，首先是务必坚持党的领导这一基本原则，其次是务必坚持多方共治的基本原则，再次是务必坚持市场导向的基本原则，最后是务必坚持依法治理的基本原则。这些基本原则彼此影响、相互制约。浦东新区生态环境治理体系的主要目标：到 2025 年，建立健全环境治理的领导责任体系（包括各级领导的主体责任、领导责任、监督责任等）、企业责任体系（包括依法实行排污许可管理制度、提高治污能力和水平、推进生产服务绿色化等）、全民行动体系、监管体系、市场体系、信用体系、法律法规政策体系，落实各类主体责任，提高市场主体和公众参与的积极性，形成导向清晰、决策科学、执行有力、激励有效、多元参与、良性互动的环境治理体系。[②] 应指出，在精准、科学、依法治理生态环境的过程中，浦东新区各级党委和政府要从实际出发，务必落实好构建现代环境治理体系的目标任务和政策措施，务必确保重点任务产生功效，包括浦东新区纪检监察机关牢牢抓住首要职责，充分发挥监督保障执行、促进完善发展作用，为生态环境治理体系与治理能力现代化提供坚强纪律保障。

---

① 《关于构建现代环境治理体系的指导意见》，2020 年 3 月。
② 《关于构建现代环境治理体系的指导意见》，2020 年 3 月。

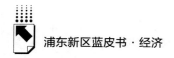

（三）建立健全绿色低碳循环发展经济体系

构建和谐优美生态环境，意在高水平保护浦东生态环境、提升浦东生态文明建设水平，但是这无法脱离也必然要求妥善处理好其与高质量发展主题的关系问题，而最为关键的举措在于建立健全绿色低碳循环发展经济体系。绿色低碳循环发展，代表着当今时代科技革命和产业变革的方向，是未来最具潜力、最有前途的发展领域，是构建我国现代化经济体系的题中应有之义。

2021 年 2 月，国务院发布了重磅文件《关于加快建立健全绿色低碳循环发展经济体系的指导意见》（下文简称《意见》）①，《意见》强调指出："建立健全绿色低碳循环发展经济体系，促进经济社会发展全面绿色转型，是解决我国资源环境生态问题的基础之策；"《意见》明确要求："统筹推进高质量发展和高水平保护，确保实现双碳目标（中国 2030 年前碳达峰、2060 年前碳中和，是习近平主席 2020 年联大承诺且被列入'十四五'规划与 2021 年八项重点任务之一，简称双碳目标），推动我国绿色发展迈上新台阶。"基于此，我们认为：如何统筹处理经济社会发展与生态环境保护之间的关系，推动经济社会发展全面绿色转型，是超大城市核心承载区浦东贯彻新发展理念、构建新发展格局、建设社会主义现代化引领区的必答题。面向第二个百年目标，推动绿色低碳循环发展，是浦东新区经济转型升级的重要方向，是实现双碳目标的战略之举，是推动高质量发展、实现可持续发展的必由之路，是顺应国际绿色发展潮流、积极应对气候变化、构建人类命运共同体的必然选择。故，建立健全浦东绿色低碳循环发展经济体系，意义重大且紧迫。把绿色发展、低碳发展、循环发展的理念和模式贯穿于经济发展的各个环节、层面和领域，并形成有机联系的整体，就构建形成了浦东新区的绿色低碳循环发展经济体系。依据《意见》所阐明的建立健全绿色低碳循环发展经济体系的基本要求、发展目标、实施路径和重点任务，可以界定浦东绿色低碳循环发展经济体系的内涵——新征程中的浦东要坚定不移贯彻新

---

① 《关于加快建立健全绿色低碳循环发展经济体系的指导意见》，2021 年 2 月。

发展理念，全方位全过程推行绿色规划、绿色设计、绿色投资、绿色建设、绿色生产、绿色流通、绿色生活、绿色消费，形成绿色低碳循环发展的生产体系、流通体系、消费体系，加快基础设施绿色升级，使浦东经济社会发展建立在高效利用资源、严格保护生态环境、有效控制温室气体排放的基础上。一句话，可以这样简单地理解：浦东绿色低碳循环发展经济体系就是通过在生产、流通、消费等领域贯彻绿色低碳循环发展理念形成的资源节约型、环境友好型、能源低碳型的经济发展模式。

一是针对绿色低碳循环发展经济体系做出系统部署。二是强调结构性调整、重点突破和创新引领。三是加强绿色发展、低碳发展和循环发展的协同等三方面，尽快建立健全浦东绿色低碳循环发展经济体系的顶层设计，包括制定并实施迈向碳达峰碳中和目标愿景的全面绿色转型路线图、时间表与优先序，筑牢相关制度基础，引领中长期政策导向，投资布局零碳未来，不断积累经验，优化和创新发展路径，诸如进一步形成政府引导、央地互动、企业主体、市场调控、公众参与的发展机制；加快形成绿色低碳循环发展的法治轨道，形成有利于全面绿色转型的法律法规、标准和政策体系；全面完善绿色低碳循环发展的市场激励机制，加强绿色投融资机制建设，加快构建浦东绿色金融体系，为金融机构、绿色企业、绿色项目提供信息和服务平台。四是提升浦东全域企业绿色低碳循环发展能力，包括持续加大政策支持力度。例如出台新一轮工业挥发性有机物治理专项扶持政策、积极搭建碳普惠运营平台，开发碳普惠示范项目，提供碳普惠减排量的价值激励渠道，积极开展气候投融资试点和各类碳金融产品创新，开展环保"领跑者"制度试点；强化科技创新支撑，激发环保行业市场主体创新活力，推动绿色低碳技术成果转化应用和示范推广，有序引导环保产业和环保服务市场健康发展；优化环境监测社会化服务机构管理，鼓励和支持生态环境治理模式创新，持续推进生态环境导向的开发（EOD）模式试点和综合治理托管服务模式试点；在园区、企业、街镇、社区（村居）、楼宇等不同层面和不同领域积极开展现代环境治理体系试点示范，培育、支持一批具有突出亮点和特色的实践案例，积极做好服务指导、宣传推广。

（四）持续提升浦东新区公众生态环境素养[①]

构建和谐优美生态环境，归根结底是为了实现浦东可持续发展、建成人与自然和谐共生的现代化，最终只能依靠浦东人民或公众生态环境素养的持续提升。所谓公众生态环境素养，主要涉及两个方面：一是公众对生态环境问题和环境保护的认知水平和程度，即"知"；二是公众的保护环境行为取向和具体行动，即"行"。公众生态环境素养更多强调公众对生态环境的知行合一、一以贯之。持续提升公众生态环境素养，事关浦东人民获得感与幸福感，事关社会主义现代化建设引领区浦东优美和谐生态环境建设成效，事关浦东治理体系和治理能力现代化。持续提升浦东新区公众生态环境素养，基本路径包括四条。一是深入学习贯彻习近平生态文明思想，不断铸牢生态环境保护意识，持续增强公众保护生态环境的责任感和紧迫感。二是自觉端正生态环境保护态度，积极行动起来履行职责。对政府来说，行动体现在执政理念的转变上；对企业来说，行动体现在社会责任的担当上；对公众来说，行动体现在生活方式的转变上。三是生态环境保护相关部门特别是机关、企业、社区、学校、军队等机构应当不断加强公众生态环境保护知识宣传、教育、技能培训工作，不断提升公众生态环境保护能力。四是自觉践行《公民生态环境行为规范（试行）》，在关注生态环境、节约能源资源、践行绿色消费、选择低碳出行、分类投放垃圾、减少污染产生、呵护自然生态、参加环保实践、参与监督举报、共建美丽中国等方面下大功夫[②]。无疑，生活垃圾分类，就是在兑现公众的生态环境行为规范，就是在践行公众的生态环境文明素养。新定位、新奇迹、新气象，需要新作为、新担当、新贡献，建设美丽浦东，我们责无旁贷！作为社会主义现代化建设引领区生态文明建设的主体——浦东公众，责无旁贷！

---

① 南剑飞：《浦东生态文明建设的现状与方向》，载《上海浦东经济发展报告（2020）》，社会科学文献出版社，2019。

② 南剑飞：《谈谈公众生态环境素养》，《光明日报》2018年9月8日。

参考文献

黄静：《让浦东天更蓝地更绿水更清》，《浦东时报》2021 年 8 月 30 日。

黄静：《新区生态文明建设再上新台阶》，《浦东时报》2021 年 8 月 30 日。

南剑飞：《绿色发展理念下油气城市循环经济发展研究》，经济管理出版社，2019。

南剑飞：《浦东生态文明建设的现状与方向》，载《上海浦东经济发展报告（2020）》，社会科学文献出版社，2019。

南剑飞：《实现油气资源型城市绿色发展》，《经济日报》2018 年 8 月 23 日。

南剑飞：《谈谈公众生态环境素养》，《光明日报》2018 年 9 月 8 日。

中宣部：《习近平新时代中国特色社会主义思想学习纲要》，人民出版社，2019。

《关于构建现代环境治理体系的指导意见》，2020 年 3 月。

《关于加快建立健全绿色低碳循环发展经济体系的指导意见》，2021 年 2 月。

《关于支持浦东新区高水平改革开放打造社会主义现代化建设引领区的意见》，新华网，2021 年 7 月 15 日。

B.3
浦东新区全球资源配置的现状与趋势

郭海生　张国梁　郑　宸*

摘　要:　规则标准资源、科技资源、平台资源和定价权资源是全球资源配置中的重要资源。浦东新区未来要打造成为全球资源配置的高地,就要利用并发展现有的规则标准资源、科技资源、平台资源和定价权资源,实现全球资源在更高水平的配置。本研究从上述四种全球资源出发,总结了浦东新区全球资源配置的现状:①在规则标准资源方面,浦东新区参与ISO/IEC国际标准资源的分配方兴未艾;②在科技资源方面,集成电路、生物医药、人工智能三大领域的科技资源正在不断兴起;③在平台资源方面,制度设计、基础建设和国际要素市场正在不断完善;④在定价权资源方面,航运中心建设、金融中心建设、人民币国际化进程不断加速。本研究还通过与国内比较分析梳理了浦东新区全球资源配置发展中存在的问题:①在规则标准资源方面,浦东新区的话语权不足;②在科技资源方面,其创新能力不足;③在平台资源方面,其经营成本过高,政府监管难度大;④在定价权资源方面,其资源发展仍然存在进一步发展的空间。本文通过国际比较分析阐述了浦东新区全球资源配置发展的未来趋势,并从比较优势、"一带一路"、创新活力、平台监管、投资生态、航运中心、人民币国际化七个方面提出了相应的政策建议。

* 郭海生,上海社会科学院经济研究所人口、资源与环境经济学博士研究生,主要研究方向为城市经济学;张国梁,上海社会科学院经济研究所人口、资源与环境经济学硕士研究生,主要研究方向为资源环境经济学;郑宸,上海社会科学院经济研究所硕士研究生,主要研究方向为产业经济学。

关键词： 全球资源配置　浦东新区　科技　定价权

2021 年 7 月 15 日《中共中央国务院关于支持浦东新区高水平改革开放打造社会主义现代化建设引领区的意见》发布，明确指出，浦东新区要在全球资源配置上拓展"辐射度"。浦东新区要在未来打造成为全球资源配置的高地，对全球资源配置的现状、问题和趋势进行研究就显得尤为重要。

现阶段，全球资源的定义尚不明晰，需要构建一个较为完善全面的体系对全球资源进行概括。全球资源一定是促进经济增长、引领未来发展方向、符合全球化特征的资源，因此，本研究将全球资源定义为规则标准资源、科技资源、平台资源和定价权资源四种资源。

一　全球资源配置的现状

（一）全球资源配置的主要领域

1. 规则标准资源的发展现状

截至 2020 年底，浦东新区企业及科研院所主持制修订的已发布 ISO/IEC 国际标准共 17 项，占上海市总量的 17.89%，占全国总量的 2.33%；在研国际标准共 17 项，占上海市总量的 21.79%，占全国总量的 3.93%。

表1　浦东、上海、全国主持制修订的国际标准数量对比

单位：项

地区	已发布国际标准数量	在研国际标准数量
浦东	17	17
上海	95	78
全国	731	433

资料来源：上海市市场监督管理局。

从上海主持制修订的已发布 ISO/IEC 国际标准分布领域看，各领域分布相对比较均匀，主要集中于高端制造、中医药、电子、化工行业，其中高端制造业特别是船舶及海洋工程装备制造领域具有比较大的优势，占比最高，达到 26%，其余中医药、电子、化工行业占比相差不大。此外，在纺织、密封胶等领域，也有一批由上海主持制修订的国际标准。

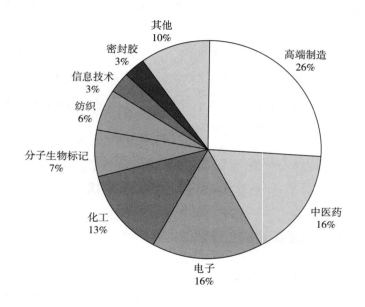

图 1　上海市主持制修订的已发布 ISO/IEC 国际标准分布领域

浦东新区主持制修订的已发布 ISO/IEC 国际标准继承了上海的整体优势，同样主要集中于中医药、船舶与海洋技术领域，但重点更加突出，中医药领域的国际标准占据绝对优势，占比高达 76%，其他领域则比较薄弱。浦东新区依托上海中医药大学以及道生医疗科技有限公司，在中草药、中医治疗方法、中医治疗设备等方面已主持发布中医药领域国际标准 13 项，占上海中医药领域国际标准的 86.67%，极大地推动了中医药产业国际化。此外，浦东新区在船舶及海洋技术领域做出了独到贡献。不同于上海主持的船舶及海洋领域的国际标准集中于具体装备的制造，浦东新区则更多倾向于技术领域，特别是材料处理方面，如沪东中华造船（集团）公司主导的磨料喷射清理及涂层保护与检查方法，对上海主导的高端制造领域的国际标准进行了很好的补充，有益于将上海的先进船舶及海洋技术推广至全世界。

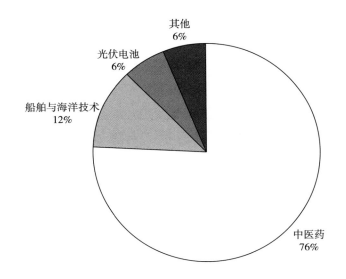

图 2　浦东新区主持制修订的已发布 ISO/IEC 国际标准分布领域

（1）规则标准资源的空间分布

如表 2 所示，截至 2020 年底，从上海市主导的已发布国际标准的分布来看，徐汇区具有绝对的优势地位，占上海总量的 34.74%，浦东新区位居第二位，占比为 17.89%，仅约为徐汇区的一半。从在研国际标准的数量来看，情况又有不同，浦东新区与徐汇区在研国际标准数量并列第一，各占21.79%；杨浦区在研国际标准数量位列第二，三地数量相差不大。说明浦东新区目前虽然在国际标准总量上落后于徐汇区，但二者在未来国际标准制定上有着相近的潜力。作为未来的全球资源配置高地，浦东新区在主导国际标准制定上有着更好的前景。

表2 上海市主持制修订的已发布、在研 ISO/IEC 国际标准空间分布

单位：项，%

地区	已发布国际标准数量	占比	在研国际标准数量	占比
徐汇区	33	34.74	17	21.79
浦东新区	17	17.89	17	21.79
普陀区	12	12.63	7	8.97
杨浦区	8	8.42	16	20.51
黄浦区	8	8.42	2	2.56
宝山区	5	5.26	5	6.41
静安区	5	5.26	5	6.41
闵行区	2	2.11	0	0
长宁区	4	4.21	8	10.26
崇明区	0	0	1	1.28

注：资料来源于上海市市场监督管理局，表中所示占比为占上海市总数的比例，国际标准所属地区为该标准牵头单位所在区。

（2）规则标准资源的领域分布

如表3所示，截至2020年底，浦东新区仅有5家单位拥有已发布国际标准，有7家单位拥有在研国际标准。其中上海中医药大学以及上海道生医疗科技有限公司两家制定的国际标准更是占全区总数的76.47%，在研国家标准数量占全区的58.83%，说明目前浦东新区在参与国际标准化竞争中仅依靠少数企业或单位，且过度集中于单一领域（中医药领域），并未呈现"百花齐放"的格局，在标准国际化进程的各参与主体中存在明显的不平衡现象。

表3 浦东新区主已发布、在研 ISO/IEC 国际标准的单位

单位：项，%

单位	已发布国际标准数量	占比	在研国际标准数量	占比
上海中医药大学	7	41.18	7	41.18
上海道生医疗科技有限公司	6	35.29	3	17.65
沪东中华造船(集团)公司	2	11.76	1	5.88
晶科能源有限公司	1	5.88	0	0
上海出入境检验检疫局	1	5.88	0	0
国网上海市电力公司	0	0	3	17.65

单位	已发布国际标准数量	占比	在研国际标准数量	占比
上海唯视锐光电技术有限公司	0	0	1	5.88
上海众材工程检测有限公司	0	0	1	5.88
上海中升科贸有限公司	0	0	1	5.88

注：资料来源于上海市市场监督管理局，表中所示占比为占浦东新区总数的比例。

2. 科技资源

2021 年 8 月 26 日，《浦东新区产业发展"十四五"规划》和《浦东新区促进制造业高质量发展"十四五"规划》正式发布，"十四五"期间，浦东将发展"3 + 6 + 6"产业体系，打造集成电路、生物医药、人工智能三大世界级产业集群，以中国芯、未来车、数据港、创新药、智能造、蓝天梦六大硬核产业引导先进制造业集群发展。截至 2020 年底，浦东已培育产生 21 家科创板上市企业，占全市总数的 56.76%，超过 80% 的上市企业聚焦集成电路、生物医药、人工智能等硬核产业领域。

（1）集成电路

经过 20 多年的发展，浦东集成电路产业已覆盖设计、制造、封装测试、装备材料等各环节，浦东是我国集成电路产业链最完备、综合技术水平最先进、自主创新能力最强的地区之一。2020 年，上海集成电路产业规模达 2071.33 亿元，同比增长 21.4%，已实现连续七年同比两位数增长，产业规模占全国比重为 23.41%，浦东集成电路产业规模为 1471 亿元，增长 20.5%，占全市的比重为 71.02%，占全国的比重为 16.63%，张江占浦东比重约为 87.38%。张江集成电路产业销售规模达 1285.4 亿元，同比增长 22.9%。

表 4　2020 年集成电路产业规模

单位：亿元，%

地区	产业规模	占上海的比重	占全国的比重
浦东	1471.00	71.02%	16.63%
上海	2071.33	/	23.41%
全国	8848.06	/	/

资料来源：中国半导体行业协会。

与此同时，张江集成电路产业已形成了完整的产业链。张江已经成为国内集成电路产业链最完整的地区，聚集了产业链各环节众多龙头企业：全球芯片设计企业十强中 7 家在张江设立总部、研发中心；全球晶圆代工排名前五的企业有 2 家总部设在张江；全球半导体装备厂商十强有 6 家在张江设立总部、研发中心。2021 年第一季度张江集成电路产业营业收入为 267.61 亿元，同比增长 21.15%，占上海比重为 61.17%，其中集成电路设计产业营业收入 96.66 亿元，同比增长 17.51%，占上海比重为 54.32%。①

（2）生物医药

浦东生物医药产业经过 20 多年的发展和积累，初步形成了以全球制药前 20 强跨国公司为支撑点，以国内知名医药企业为支撑面，以中小创新企业为基本面，以国内外一流大学、研发机构等为研发支柱的生物医药产业格局，有生物医药企业及各类研发机构超过 500 家，产生了强大的企业集聚效应。

浦东生物医药产业涵盖化学药、医疗器械以及生物药三大子行业，并不断发展壮大。在生物医药新兴领域，浦东优势明显。在 Car-T 细胞免疫治疗领域，聚集了诺华、药明巨诺、复星凯特、恒润达生生物等细胞治疗产业链企业超过 50 家，覆盖药物研究、病毒生产、CMO/CDMO 服务、细胞储存等多个领域。截至 2019 年 2 月，全国共有 15 个 Car-T 临床试验批件，浦东有 9 个。

在重大新药创制领域，2018 年 10 月，和记黄埔医药的一类新药呋喹替尼上市，是首个国内自主研发的抗肿瘤新药；12 月，君实生物的一类新药重组人源化抗 PD-1 单克隆抗体获批上市，成为首个上市的国产 PD-1 产品。截至 2019 年 4 月，浦东新区已有 7 个一类新药获批上市，约占全国的 20%，排名全国第一。

在医疗器械领域，逐渐形成以微创医疗器械、凯利泰医疗器械为代表的产业集群。截至 2019 年 4 月，新区共有 6 个获批上市创新医疗器械

① 数据来自中国半导体行业协会。

产品，占全国11%，占上海市2/3。同时，有20个三类医疗器械产品获批注册证。

表5　浦东新区生物医药产业主要创新指标

单位：个，%

指标	数量	占全国比重
Car－T临床试验批件	9	60
获批上市一类新药	7	20
处于临床试验的一类新药	超30	／
获批上市创新医疗器械	6	11

注：数据截止时间为2019年4月。
资料来源：上海市浦东新区人民政府。

（3）人工智能

2021年7月，浦东新区发布《浦东新区人工智能产业地图》，展现了浦东人工智能产业"一核、五中心、多领域"的"1＋5＋N"立体化新格局。"一核"指张江科学城人工智能核心区；"五中心"指金桥、保税区、世博、陆家嘴和临港新片区等人工智能产业和应用集聚中心；"多领域"指在制造、交通、金融、医疗、娱乐、教育、商业等多个领域开展深度应用示范，实现场景驱动人工智能产业能级跃升。在上海首批人工智能创新产品名录中，浦东有21项产品入选，占全市的35%[①]。

截至2021年7月，浦东人工智能企业数量已达到600家以上，相关产业规模达910多亿元，未来将进一步呈现集聚和引领发展态势，以人工智能技术驱动社会经济高质量发展变革的效应也将逐步显现。力争到2023年，建成100个有影响力的典型应用场景，推出100个领先的创新型技术和产品，吸引超过1000家人工智能企业高度集聚，实现人工智能相关产业规模突破2000亿元，成为国际领先的人工智能自主创新策源地、应用赋能先行

---

① 数据来自浦东新区科经委。

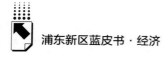

地、全产业链集聚地①。

3. 平台资源配置

（1）制度

浦东打造保税区制度，提升大宗商品平台供应链体系效率。为简化大宗商品交易流程，浦东新区建立了外高桥港综合保税区制度，大宗商品仓库在上海浦东外高桥港综合保税区内免税、保税，实现了同一库区内期货现货、国内国际市场流通。在保税区内，即使分为四个市场，货物本身并不需要移动，这一制度在节省物流成本的基础上进一步打通大宗商品的国际国内双循环。同时，这一制度服务于在岸和离岸两个市场，逐步推动上海大宗商品期货价格成为国际市场指导价格，持续提高我国在大宗商品市场上的影响力和话语权。除大宗商品外，海关还将跨境电商 B2B 出口和跨境电商进出口退货纳入通关服务保障范围。通过保障 B2B 出口通关时效，海关进一步支持企业拓展电商批量出口业务，帮助中小微企业降低成本。

（2）基础设施建设

面对新兴消费业态，浦东新区政府加大政策支持力度，加快智能快件箱等智能末端配送设施布局建设。压实企业责任主体，协调邮政、卫健、教育、民政、规资及商务部门，浦东新区政府引导叮咚买菜、每日优鲜等生鲜电商企业，优化前置仓空间布局和建设规模，推进冷链物流体系建设。除此之外，浦东新区政府为日上免税行等以跨境零售为主要业务的商品销售平台企业搭建了上海跨境电子商务公共服务平台，为进出口电商和支付、物流、仓储等企业提供数据交换服务，为海关、税务、外管等政府部门提供信息共享平台，实现"审查放"一次完成，提高口岸监管便利化程度。

（3）国际要素市场

浦东新区政府积极推动"上海价格"以打响国际知名度。除了"上海金"（以人民币计价的黄金现货基准价格）和"上海油"（中国原油期货）

---

① 来自"浦东发布"官方微信。

外,"上海价格"还包括一系列价格指数,比如中国外汇交易中心的同业拆放利率、人民币汇率指数、上海关键收益率指标等。此外,沪伦通和中日ETF互通的启动、中资美元债系列产品的成功发布、中央结算公司与欧清银行签署合作备忘录、以"上海金"为基准的衍生品在芝加哥商业交易所上线为跨境资金互联互通提供了产品和渠道。

4. 定价权资源

（1）航运中心

目前,上海已经基本建成航运资源高度集聚、航运服务功能健全、航运市场环境优良、现代物流服务高效,具有全球航运资源配置能力的国际航运中心。从2012年至2020年,在联合国《航运年度评论》中,上海的全球连通度排名第一。上海现代航运货运量不断上升。从2010年至2019年,上海市国际标准集装箱吞吐量重量从27992万吨上升至42314万吨,10年里上升了51.16%。上海现代航运服务业营收持续上升。从2017年到2019年,现代航运服务业营业收入从9102.54亿元上升到11018.12亿元,上升了21.04%。

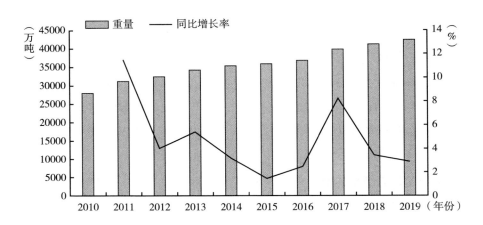

图3　上海市国际标准集装箱吞吐量重量及同比增速

资料来源:上海市统计局。

（2）金融市场

从2017年至2019年,上海期货交易所成交额从89.93万亿元上升至

112.52万亿元,上升幅度为25.12%;中国金融期货交易所成交额从24.59万亿元上升至69.62万亿元,上升幅度为83.12%;银行间市场成交额从996.77万亿元上升至1454.31万亿元,上升幅度为45.90%;上海黄金交易所成交额从9.76万亿元上升至14.38万亿元,上升幅度为47.34%。上海市金融市场建设水平不断提升。2021年3月,在英国智库Z/Yen集团发布的全球金融中心指数(GFCI)排名中,上海继续居全球第三位。

在大宗商品交易方面,上海期货交易的全球地位不断提升。2021年8月《关于上海国际金融中心建设情况的报告》显示:"上海黄金交易所场内现货黄金交易量位居全球第一。上海期货交易所中,螺纹钢、白银、锡、天然橡胶等多个期货品种交易量位居同类品种全球第一,原油期货市场已成为全球第三大市场。"

在行业价格指数制订方面,上海的金融地位不断提升。上海银行间同业拆放利率(Shibor)、贷款市场报价利率(LPR)等基准利率市场化已经初具规模。CFETS人民币汇率指数成为人民币汇率水平的主要参照指标。国债上海关键收益率(SKY)是债券市场重要定价基准。"上海金""上海油""上海铜"等全球价格影响力正逐步扩大。

人民币国际化推动上海融入国际经济金融体系。人民币国际化进程进一步推进。根据中国人民大学国际货币研究所发布的《人民币国际化报告2021》,2020年底,人民币国际化指数为5.02,同比大幅增长54.20%。

上海最早就人民币自由使用进行探索。2021年7月中国央行宣布,将支持上海率先自由使用人民币,并在上海临港新片区内探索资本自由进出和货币自由兑换。这意味着,上海将借助人民币进一步国际化的趋势,深化改革,扩大开放,促进我国融入国际经济和金融体系之中。

(二)全球资源配置的主要特征

1. 规则标准资源:平台与制度保障促进标准国家化

浦东新区深度参与全球经济合作,积极按照"一带一路"倡议走出去,"走出去"既是地理意义上的,也是规制和标准意义上的,以标准"软联通"打造合作"硬机制"。

浦东依托核电等重大装备制造合作、特高压等援外工程建设及进出口贸易，在推动产业走出去的同时，积极推动相关标准走出去，不断扩大上海标准的海外应用范围。如以色列 Chariot 公司与浦东新区奥威科技开发有限公司合作，将中国的超级电容公交车技术引入以色列，以色列方面将以奥威为主起草的中国行业标准，直接转化为维护当地超级电容公交车运营的以色列国家标准。随后，这种模式成功推广到更多"一带一路"沿线国家，白俄罗斯等国家在与奥威技术合作的过程中，也同样基于以奥威为主起草的标准，建设超级电容公交车及配套超级电容系统的本土标准，上海制订的标准实现了事实意义上的国际化。

上海历来重视标准国际化工作，致力于为国际标准化工作营造良好环境，也为浦东新区创建全球资源配置高地创造了条件。从 2010 年以来，对国际标准化工作起到重要作用的举措有以下三项（见表6）。经国家标准委批准，上海率全国之先成立国际标准化协作平台，有利于集中上海资源，更好地参与国际标准化合作交流；出台《上海市标准化条例》为国际标准化工作提供制度保障；举办第83届 IEC 大会，有利于提升中国在国际标准化工作中的影响力。

表6　上海促进标准国际化的措施

措施	时间	作用/内容
成立国际标准化协作平台	2011 年	①依托平台，上海标准化行政主管部门集聚资源、建立机制，为广大企业、科研院所及专家参与国际标准化工作提供政策支持、服务指导 ②依托平台，上海积极增进国际标准化合作交流，与 BSI（英国标准协会）、ANSI（美国国家标准学会）、DIN（德国标准化协会）以及 IHS 等国际知名标准信息技术服务机构都建立了良好的合作交流关系。其中，ANSI、SAE 等国际组织直接参与上海新能源汽车和智能网联汽车标准化工作 ③依托平台，上海鼓励各方承办各类国际标准化活动，每年都有相关技术领域的国际标准化年会、培训等在上海举办，国际标准化工作的影响力不断扩大

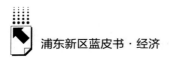

措施	时间	作用/内容
出台《上海市标准化条例》	2019 年	①鼓励本市优势领域参与国际标准制定,支持企业、社会团体和教育、科研机构积极参与国际标准化双(多)边活动,推动更多标准成为国际标准,提出要根据本市的优势和特色,推动提出国际标准新工作项目、新技术工作领域等方面的提案建议 ②为上海国际标准化工作做出了明确制度安排,为进一步推进上海国际标准化工作提供了制度保障
举办第 83 届 IEC 大会	2019 年	大会期间,有 1100 多名中国技术专家参会,向 IEC 贡献了 79 项国际标准提案,两项合格评定体系扩展与推广建议,中国青年专家连续第三年当选 IEC 青年专家领袖,中国已经成为参与 IEC 国际标准化活动最积极的国家之一。同时,发布了首个中文版 IEC 国际标准,对于深化中国与 IEC 的合作、促进 IEC 国际标准在中国的广泛推广使用具有里程碑式的作用

资料来源:上海市政府官网、《解放日报》、国家市场监督管理总局官网。

2.科技资源配置:产业空间集聚

浦东新区的科技创新资源聚焦"一带两廊一环"产业布局,推进特色产业园区建设,即打造外高桥、金桥、张江、临港"南北科技创新带",打造陆家嘴、世博等沿江产业走廊,打造外高桥港、外高桥保税区、浦东国际机场空港及联动区域、洋山港、洋山保税港区沿海产业走廊,持续推进"金色中环"建设和相关产业发展。

浦东新区着力打造集成电路、生物医药、人工智能三大世界级产业集群,聚焦关键技术、关键材料、关键零部件,做大做强中国芯、未来车、数据港、创新药、智能造、蓝天梦六大硬核产业;紧抓对外开放机遇,以资产管理、融资租赁、总部经济、大宗商品、文化创意、专业服务六大服务经济推动现代服务业高质量发展。

3.平台资源:全球性的,关乎民生的

平台经济①是基于数字化网络技术迅速发展,逐渐演变出的一种由平台联通虚拟和现实交易的经济形态。平台的出现在一定程度上降低了交易成

---

① 本报告的平台经济专指受互联网、云计算和大数据等一系列数字技术驱动的平台型新兴经济业态。

本，消除了用户信息不对称的障碍。通过整合多种要素资源，平台可以大幅提升整体资源的利用效率。与传统实体经济相比，平台经济生产模式是利用大数据技术整合、分析、挖掘大数据为用户提供新型服务。

一方面由于数据要素转移成本极低，平台新增投入成本几乎为零；另一方面，互联网平台用户数量越大其对用户的价值越大。两种特征的叠加下，平台企业拥有无限的扩展倾向，使得平台经济的发展天然就是全球性的。

平台经济把分布在全球各地的生产行为和个人生活，都以数字的形式联系起来，构建起一个全球范围内资源优化配置和动态分工协作的社会生产和再生产体系。在平台经济主导的第三次全球化过程中，浦东要成为全球资源配置的功能高地就必须掌握平台经济的主导权。

4. 定价权资源：具有很强的贸易属性、金融属性，关乎核心利益

定价权具有很强的国际贸易属性，必须依托商品和服务的国际贸易。成熟、发达的大宗商品市场价格往往由著名的期货交易所标准期货合同的价格所决定。以石油为例，多数国际石油交易以期货价格为基准。欧洲石油以英国国际石油交易所的原油期货价格为基准，北美石油贸易则以美国纽约商品交易所的原油期货价格为基准。非成熟的、未被市场广泛接受的大宗商品价格往往由买卖双方的市场地位所决定。以铁矿石为例，其价格是以买卖双方每年达成的交易价格所确定的。

定价权资源是核心利益的体现，往往决定了企业、行业、国家贸易之间的利益分配。掌握定价权资源的企业往往具有很强的市场垄断地位，掌握了行业话语权。全球四大粮商，即美国 ADM、美国邦吉（Bunge）、美国嘉吉（Cargill）和法国路易达孚（Louis Dreyfus），一共掌握了世界 80% 的粮食交易量。这些公司通过不同的方法形成并巩固其在行业内的垄断地位，长期控制着全球粮食的生产、贸易和定价。在资本运作层面，这些公司收购兼并，挤压其他厂商的生存空间；在业务运作层面，这些公司通过提供种子、化肥、收购、销售、储存、运输、加工、进出口和咨询服务等活动，将粮食相关业务关联，实现纵向一体化，控制了整个利益链条；在

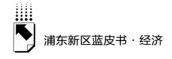

行业规范方面，这些公司通过召开商务会议、制订行业标准不断增强自身在行业内的话语权。

二 浦东新区全球资源配置的问题与瓶颈

（一）规则标准资源配置：话语权不足

国际标准组织专业技术机构是国际标准化工作的核心力量，在促进科技成果转化、协调专业技术问题、争取国际标准话语权等方面具有举足轻重的作用。因此，国际标准组织专业技术机构秘书处落户数是衡量一个国家一个城市国际标准化能力水平的重要指标，一定程度上也是一个国家一个城市综合竞争力和国际影响力的体现。上海凭借坚实深厚的产业基础、科研能力、创新精神，以及海纳百川的人才集聚效应，国际标准化能力一直处于国内领先水平。

由表7可知，截至2020年底，落户上海的ISO/IEC专业技术机构TC/SC秘书处共6个，占全国总量的近8%，在长三角地区仅次于江苏省。主要涉及造船和海洋技术、内燃机、传统中医药等领域，分别由中船重工第七〇四研究所、上海内燃机研究所、上海市中医药研究院等单位承担。其中，上海市中医药研究院是唯一一家位于浦东的TC/SC秘书处。

表7 长三角地区TC/SC秘书处数量及承担单位

地区	TC/SC 名称	秘书处承担单位
上海	舾装与甲板机械	中国船舶重工集团公司第七〇四研究所
	建筑与土木工程/密封胶	上海橡胶制品研究所有限公司
	内燃机	上海内燃机研究所
	服装尺寸系列和代号	上海市服装研究所/国家服装质量监督检验中心
	传统中医药	上海市中医药研究院
	架空电导体	上海电缆研究所

地区	TC/SC 名称	秘书处承担单位
江苏	蜂产品	南京老山药业股份有限公司
	纺织品	江苏阳光集团有限公司
	纺织品/有色纺织品和染料的试验	盛虹集团有限公司
	纺织品/纤维和纱线	江苏省纺织产品质量监督检验研究院
	钢丝绳	法尔胜泓昇集团有限公司
	人体测量的服装尺寸系列代号及虚拟试衣	波司登股份有限公司
	工业水回用	南京大学
	饲料机械	江苏牧羊控股有限公司
	儿童乘用车辆项目	好孩子儿童用品有限公司
浙江	海洋技术	自然资源部第二海洋研究所
	食品/茶	中华全国供销合作总社杭州茶叶研究院/浙江省茶叶集团股份有限公司
	电子商务交易保障	杭州国家电子商务产品质量监测处置中心
安徽	制冷压缩机的测试和评定	合肥通用机械研究院有限公司
	物理气相沉积涂层	安徽工业大学
	工业车辆可持续性	安徽合力股份有限公司

资料来源：国际标准化上海协作平台。

由表 7 可知，长三角三省一市主导制定的国际标准主要集中于制造、服装、中医药、纺织等传统产业，浦东新区制定的国际标准更是以中医药领域为绝对主导，因此浦东新区国际规则标准资源配置的最大问题就是在第三产业（特别是金融业）以及新兴产业国际标准制定上仍处于弱势。要想建设浦东全球资源配置高地，打造上海经济、金融、航运、科创、贸易中心，必须掌握制定金融业以及新兴产业国际标准的话语权。

在金融产业上，2020 年，浦东金融业增加值达到 4164.7 亿元，同比增长 8.5%，占新区 GDP 的比重为 31.5%，占上海全市金融业增加值的比重为 58.1%，对浦东经济增长的贡献率超过六成。[1] 2021 年 3 月 17 日发布的

---

① 资料来源于第一财经网。

"第 29 期全球金融中心指数（GFCI 29）"显示，上海仅次于伦敦、纽约，位列全球第三。然而，目前浦东与成熟金融中心还有一定差距，比如各类金融市场国际化产品的规模仍与国际顶尖金融中心存在明显差距；头部机构投资者数量和资产规模远低于成熟金融中心；金融市场开放力度不足，境外投资者仅占投资主体的 1.2%。

在新兴产业上，上海在城市精细化管理和智慧城市建设方面有一定的基础和经验，重点推进发展的人工智能、集成电路、生物医药、航空航天、智能制造等领域已经形成了一定的产业规模或技术优势。但与发达国家相比，在核心技术领域仍有差距，仍需进一步的技术突破应用积累，争取在新一轮全球社会治理和科技变革中拥有更多话语权。

（二）科技资源：创新能力不足

从 2019 年世界 R&D（研究与开发）投入 100 强企业的分布来看，中国共上榜 10 家企业，其中北京有 5 家，深圳有 3 家，而上海只有 1 家，且是排名第 81 位的上汽集团；从世界 PCT 专利产出 100 强企业的分布来看，北京有 5 家，深圳有 2 家，上海一家也没有。上海创新产出与深圳和北京比也差距较大。2019 年，深圳市的 PCT 专利申请量为 17870 件，北京为 6439 件，东莞为 2888 件，上海位列全国第四，仅 2743 件。根据世界知识产权组织发布的《2020 年全球创新指数》，在 2020 年科技集群前 100 名城市中，上海排名从 2017 年的第十九位提升到 2019 年的第十一位，2021 年首次跻身前十，排名第九，但仍落后于深圳与北京。

表 8　北京、深圳、上海科技创新指标

指标	北京	深圳	上海
世界 R&D 投入 100 强企业拥有量（家）	5	3	1
世界 PCT 专利产出 100 强企业拥有量（家）	5	2	0
PCT 专利申请量（件）	6439	17870	2743
2020 年全球创新指数排名（位）	4	2	9

资料来源：《解放日报》、世界知识产权组织《2020 年全球创新指数》中文版。

《2020 年全球创新指数》对科技城市集群的排名依据有两个：PCT 专利申请量和 SCIE 科学出版物数量。上海的科学出版物（SCIE 论文）数量排名世界第六；PCT 专利申请量排名世界第十一，两者差距较为明显。一方面，这说明上海高校、科研院所的高水平论文产出量在全球名列前茅；另一方面，则说明上海有志于进行国际市场布局的创新型引擎企业不够多。浦东新区虽然高新技术企业、科技小巨人企业蓬勃发展，但至今缺少像华为、腾讯、大疆、海康威视、科大讯飞那样具有国际化视野和强大创新能力的本土科技企业。缺乏创新龙头企业已成为制约浦东新区进一步提升自主创新能力的最大障碍。

（三）平台资源发展瓶颈：经营成本过高，政府监管难度大

土地作为上海最稀缺的资源极大地影响着企业成本和企业经营决策。浦东作为"带动全国产业链升级，提升全球影响力"的先行区与示范区，推动头部和初创平台企业集群发挥创新主体作用刻不容缓。上海浦东新区作为经济集聚快速发展的引领区，企业经营成本位居全国前列。根据福布斯中国发布的经营成本最高的 30 个城市榜单，上海仅次于北京，居第二位；上海的劳动成本指数居全国第三位、办公成本指数居全国第二位、能源成本指数居全国第一位、税收成本指数居全国第二位。而初创企业往往存在轻资产、重成本的特征，如何支持鼓励中小企业发展成为浦东平台经济面对的主要问题。

平台经济作为一种开放协作的新型经济体系，其展现着平台规模与效率共进的特点，主要原因为平台具有网络效应①和边际成本递减的特征。因此，使用者越多，平台价值越大，资源配置效率越高，平台经济领域垄断问题也非常突出。上海市政府制定实施《中国（上海）自由贸易试验区临港新片区强化竞争政策实施试点方案》，在经营者集中反垄断审查等方面细化了 11 条具体举措。2020 年，围绕平台经济、社会民生等重点领域，对 69 件垄断线索开展核查，查处垄断案件 12 件，纠正滥用行政权力排除、限制

---

① 网络的价值等于网络节点数的平方，随着网络使用者数量增加，网络价值呈指数级增加。

竞争行为 12 件。不同于传统工业经济，平台经济的应用场景十分复杂，垄断行为的形式和内容都发生了重大变化，数据与算法的联合导致的"大数据杀熟问题"使得识别垄断行为成本提高。

尽管平台经济发展速度惊人，但其跨行业跨区域跨界运作的特点对传统的政府管理也是挑战。目前浦东新区在率先完成"证照分离"改革任务的基础上，把企业进入一个行业涉及的多张许可证，整合为一张综合许可证，这极大地减少了跨行业的平台企业在初创期由于其创新性，在工商注册时遇到的经营范围和审核时间限制。但在更多的行业政策优惠上还有问题待解决。例如平台企业在成长期由于行业归属不明，往往享受不到行业性财税政策；由于轻资产而容易面临融资难题；在成熟期，则会面临跨区域整合资源的难题。

（四）定价权资源存在的问题：航运、金融市场和期货品类定价权仍有待进一步增强

上海港与周边地区联动不足，联运体系不完善，集疏运效率有待提高。整体来看上海港与周边地区通达水平不高。目前周边地区与洋山港和外高桥港对接，仍以公路运输为主要货运方式，铁路和内河运输仍较薄弱。根据《中国港口年鉴》的数据，2017 年，上海港海铁联运箱合计 7537TEU，而宁波港达到了 367047TEU；上海港水水中转箱合计占比为 84%，广州港占比为 93%。

上海港与周边港口联动统筹协调不够，尚未形成区域错位竞争、联动发展的良性格局。宁波港的主要货物为煤炭及其制品、石油及其制品、金属矿石、钢铁、水泥、化工原料及其制品等，与上海港的主要货物有着大量的重叠，导致两者存在同质化竞争的现象。

期货市场建设受制于中国金融改革步伐。相比于国内其他地区，浦东新区金融市场改革处于领先地位，但是仍然存在一些不足。例如，人民币自由兑换仍处于起步阶段，这使得外汇市场创新一定程度上受阻；SHIBOR 所包含的币种仍然有限，只有人民币。

金融产品品类较少。上海期货交易所（SHFE）目前上市交易的有黄金、

白银、铜、铝、锌、铅、螺纹钢、线材、燃料油、天然橡胶、沥青等 11 种期货合约。而大连商品交易所（DCE）上市交易的有玉米、玉米淀粉、黄大豆 1 号、黄大豆 2 号、豆粕、豆油、棕榈油、鸡蛋、纤维板、胶合板、线型低密度聚乙烯、聚氯乙烯、聚丙烯、焦炭、焦煤、铁矿石共计 16 个期货品种，还有豆粕期权。相比之下，上海期货交易所品种相对较少，期权产品也有待增加。

三 浦东新区全球资源配置的趋势

（一）规则标准资源配置趋势：新兴产业标准先行

进入 21 世纪以后，经济全球化的快速发展把国际标准推向空前的高度。发达国家认识到，控制国际标准是应对市场竞争的有力武器，开发标准同开发产品一样具有战略意义。标准化战略已成为国家利益在技术、产业、经济等领域中的体现及实施技术和产业政策的重要手段。因此，发达国家都把国际标准化战略作为其标准化工作的重中之重，力图将本国的利益和要求通过国际标准的形式表现出来，控制和争夺国际标准化制高点。近年来，欧盟、美国、日本等主要发达经济体纷纷加强了标准化战略的研究，如表 9 所示。

表 9　欧盟、美国、日本标准化战略

国家	特征	核心内容
欧盟	控制型战略	建立强大的欧洲标准化体系,进一步增加欧洲标准化体系的参加国;充分利用与 ISO、IEC 签订的合作协定,对国际标准化产生更大的影响,控制国际标准的制高点;无论是 ISO、IEC 还是 ITU,欧洲都居于主导地位;将环境保护纳入标准化工作中
美国	"控制 + 争夺"型战略	加大美国参加国际标准化活动的力度;承担更多的 ISO、IEC/TC、SC 秘书处,控制并争夺国际标准制高点;推进标准与科学技术发展相适应,提高标准化的创造力和有效性,增强美国的国际竞争力;将健康、安全、环境、贸易以及产业基础技术等方面的标准化作为标准化战略的重点领域

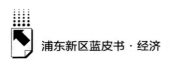
续表

国家	特征	核心内容
日本	重点争夺型战略	加强国际标准化活动,特别是加大产业界参加国际标准化活动的力度;建立适应国际标准化活动的技术标准体系,争夺重点领域国际标准的制高点;在环保标准化方面建立循环型经济社会体系

国际标准向社会生活领域扩展。在标准化战略实施上发达国家比较关注与社会生活相关的领域,将信息技术、环境保护、资源循环利用、制造技术和产业基础技术等领域作为战略的重点之一。

新兴产业标准受到高度重视。如智慧城市、智能制造、电动汽车等,发达国家对此高度关注。德国提出了"工业4.0",要成为"工业4.0"标准的推动者,要在欧洲甚至全球推行这些标准,以确立德国作为全球制造业领导者的地位。

新兴产业往往标准先行,以求在竞争中占据主动权。在传统大规模工业化生产中,是先有产品后有标准。在知识经济时代,往往是标准先行。譬如在互联网应用前,就有了IP协议。技术标准的竞争,说到底是对未来产品、未来市场和国家经济利益的竞争。

(二)科技资源配置:向通信与信息技术产业、医疗健康产业以及汽车产业倾斜

由表10可知,2019年各国研发投入高度集中在ICT(通信与信息技术)产品、医疗健康、ICT服务、汽车及其他交通四大产业。2019年投入最大的领域是ICT产品,共投入2085亿欧元,包括半导体、通信设备、电脑硬件、电子和电气产品零部件等。华为、苹果、三星、台积电、英特尔等巨头都在这个领域。投入第二大的领域是医疗健康产业,共投入1856亿欧元,包括生物制药、医疗器械、制药业等。排名第三的是ICT服务业,共投入1528亿欧元,以互联网公司为主,如谷歌、脸书、阿里、腾讯等。排名第四的是汽车及其他交通产业,共投入1473亿欧元,包括特斯拉、上汽、奔驰、奥迪都在这个行业里面。其他研发投入较高的产业还有工业、化学、航空及国防,但是量级完全无法和上述的四个产业相比。

表10　2019年全球企业研发投入领域分布

单位：亿欧元，%

领域	研发投入	占比
ICT产品	2085	23.05
医疗健康	1856	20.52
ICT服务	1528	16.89
汽车及其他交通	1473	16.28
工业	494	5.46
化学	231	2.55
航空及国防	206	2.28
其他	1172	12.95
合计	9047	100

资料来源：欧盟《2020全球企业研发支出2500强》。

从投入领域看，中美日欧这四大地区的侧重又各有不同：美国ICT产业占比54.7%，其次是医疗健康26.4%，再次是汽车及其他交通6.4%；中国也是ICT产业占主导（47.5%），汽车及其他交通占10.0%，医疗健康占5.5%；欧盟则是以汽车及其他交通为主（34.8%），其次是医疗健康（19.2%），ICT产业占21.2%；日本与欧盟较为类似，也是以汽车及其他交通为主（31.3%），ICT产业占23.6%，医疗健康占12.5%。欧盟和日本在汽车及其他交通产业上的研发支出比例明显高于中美，全球的汽车品牌和技术，欧洲和日本占据了最高端，而中美在ICT产品和ICT服务领域的研发支出比例明显高于欧日（见图4~图7）。

（三）平台资源：反垄断

最近几年，随着全球平台经济的快速发展，为保证平台经济市场的健康有序，美、欧、日、中等全球主要经济体的反垄断司法机构对平台经济领域的垄断行为频频出手，掀起了一股反垄断的热潮。2017~2019年，欧盟委员会先后以滥用购物方面权力、滥用安卓方面权力及滥用广告方面权力对谷歌处以三次累计超90亿美元的罚款。中国针对美团滥用其市场支配地位，限制相关市场竞争的行为做出了34.42亿元的处罚。从欧美针对平台经济采

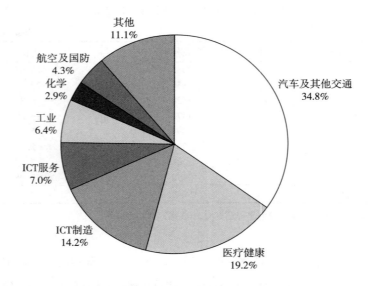

图 4　欧盟研发投入各领域占比

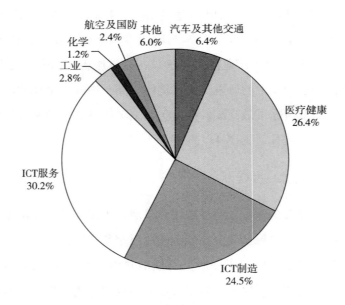

图 5　美国研发投入各领域占比

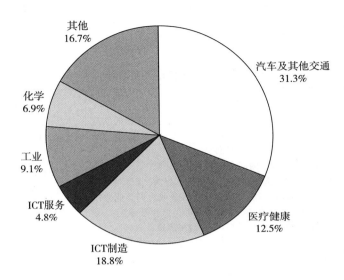

图6 日本研发投入各领域占比

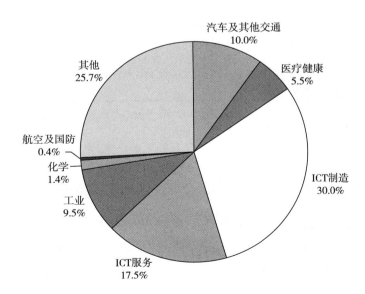

图7 中国研发投入各领域占比

资料来源：欧盟《2020 全球企业研发支出 2500 强》。

取的最新举措可以看出（见表11），全球平台经济的反垄断举措呈现出监管常态化与执法严厉化的全球趋势。

表11 全球平台经济反垄断新动向

国家	法律实践	趋势
美国	①2019年，美国司法部宣布对技术行业进行广泛的反垄断调查。美国众议院开始调查谷歌、脸书、苹果、亚马逊等四家科技巨头公司的垄断行为 ②2020年10月，美国国会众议院司法委员会反垄断小组委员指出这四大科技巨头存在垄断行为，应该对其实行"结构性分离"，比如：强迫企业拆分或者调整业务结构、禁止其经营与自己占主导地位的类似业务等 ③该报告还提出应把持续收集和滥用消费者数据作为认定企业在互联网相关市场具有市场力量的重要指标	将反垄断调查的重心放在平台头部企业上
欧盟	①2015年，欧盟执委会通过《一般数据保护条例》（GDPR）。GDPR要求对数据信息泄露企业处以2000万欧元甚至更高的处罚。该法案于2018年5月25日全面实施 ②2020年12月，欧盟推出《数字服务法案》及《数字市场法案》草案，旨在应对整合来自不同服务平台的用户个人信息，对平台自身的产品和服务给予优惠待遇。对于使用平台商家产生的数据来开发竞争性服务等行为，《数字市场法案》提出了最高可达年营业额10%罚款的严厉处罚措施	加强对头部平台企业数据使用的监管

资料来源：宗良、徐田昊、叶银丹：《平台经济：全球反垄断新动向与中国健康发展路径》，《新视野》2021年第3期，第25～30、44页。

（四）定价权资源：浦东新区有望在未来掌握部分商品定价权

定价权资源的金融属性不断增强。全世界商品期货市场的金融化程度在不断增强。从1986年美国商品研究局在纽约期货交易所编制发布全球首个商品指数期货，到现在，发达国家与商品有关的交易型开放式指数基金已经有50多个，涉及黄金、白银、石油、铜和玉米等多种大宗商品。定价权资源金融属性的不断增强，进一步巩固了国际巨头们的价格控制权。在铁矿石产品定价体系上，供应商正试图推出指数化季度定价（如TSI指数、普氏指数、MBIO 指数）或更短期合同以取代现货定价体系。

整体上，国际巨头的定价权地位进一步巩固。一方面，垄断厂商通过资本运作、业务运作、行业运作等方式将定价权牢牢把控在自己手中。另一方面，国际投资巨头们往往运用丰富的经验、获取信息更方便的优势，以及其他各种资源影响短期期货及其金融衍生品的价格，从而影响大宗商品的最终价格。

浦东新区有机会向发达国家发起挑战。虽然西方发达国家掌握了大量的定价权资源，但是随着亚洲地区国家的崛起，新加坡、日本也开始掌握了定价权资源。新加坡凭借其成功的航运中心建设和广阔的国际市场，掌握了燃料油贸易的定价权，新加坡普氏公开市场价格已经成为定价基准。日本三井物产从 20 世纪 60 年代开始布局铁矿石产业，通过全球资本运作，收购兼并了大量矿山的部分股权，掌握了铁矿石的供应和定价权资源。随着上海航运中心建设、人民币国际化进程加速、金融体制深化改革，浦东新区有望掌握部分核心产品的定价权资源。

四　政策建议

（一）发挥比较优势，重点突破

我国目前用于标准化工作的经费与国际上先进国家有较大的差距。虽然在局部领域我国已取得了世界领先的地位，但科研能力参差不齐，在绝大多数领域处于落后的地位。所以浦东新区参与国际标准化竞争无法实施全面突破策略，在与世界上其他国家争夺标准的参与权、制定权的时候，必须有一个重点策略问题。实施重点突破可以集中发挥我国物力、财力和科技人才力量，发挥自身的优势特色或寻找竞争空白点先声夺人，集中优势力量提高国际竞争力。浦东新区真正有优势的大企业，要在优势领域（如中医药、茶叶、中文编码等）和重点新兴产业（大数据、人工智能、集成电路等）积极参与国际标准的制定，并在其他领域积蓄能力，为未来标准化做准备。

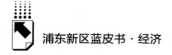

（二）合理调整资源分配，激发民营企业创新活力

一方面，要继续坚持对外开放。浦东新区要进一步利用开放这一最大优势，充分利用国际创新资源，把关键、核心技术牢牢掌握在自己手里。另一方面，要坚持以本土企业和创新机构为主体，着力壮大本土科技企业规模，提高本土科技企业创新能力，增强本土科技企业对全球创新活动的主导性和掌控力。

培育本土引擎企业，从小微企业抓起，给予小微企业足够的生长空间和更多的优惠政策。着重提升创新环境的包容性和创新政策的普惠性，使创新政策更多体现公平、普惠和实用的原则。要大力弘扬包容性的创新文化精神，要鼓励"精英创新"，更要激励"草根创新"，还要包容"草莽创新"。要更加重视民营科技企业的发展，抓紧制定加快民营企业创新发展的相关激励措施，使民营企业逐步成为上海科技创新发展的主力军。

（三）规范平台企业经营行为，创造健康公平有序的竞争环境

深入开展平台经济的反垄断工作，整顿互联网平台经济秩序，鼓励行业充分竞争，对于行业未来的长远发展至关重要。一方面，要加强限制平台对于数据的无限制使用以及平台对自身产品的保护，防止平台通过自身优势与平台上中小企业进行恶行竞争，通过"价格战"等方式挤压普通企业的生存空间。另一方面，应加大力度鼓励平台企业更加注重平台自身业务的发展与优化。浦东新区政府应鼓励并帮助平台企业建立行业自律准则，减轻垄断监管滞后带来的市场压力，既能弥补市场监管的缺漏，又能营造政府与平台企业良好互动的氛围，推动平台经济行业健康可持续发展。

努力创造条件，积极推进一批有效的激励和扶持新经济新业态发展的相关创新性政策落实。一方面，营造宽松、友好的平台企业发展环境，综合考虑影响和制约浦东新区平台经济发展的关键因素。降低科技园区的进入资金门槛，打造小型平台企业孵化基地，为小微企业的创新活动提供生长空间。

在金融领域增强小微企业融资能力，实施小微企业贷款延期还本付息政策和信用贷款支持计划。另一方面，细化产业行业管理分类，重点关注跨行业平台企业的政策归属问题，明确财税优惠政策的实施范围；创新平台经济统计方式方法，完善新经济统计核算制度并打造完善的跨部门财政科技项目统筹决策和联动管理制度。

（四）丰富金融国际化产品资源，构建机构投资者集聚的生态圈

推出全球机构投资者集聚计划（GIC）和主要的要素市场联合行动，通过更有针对性的服务进一步增加国际化交易品种数量，提升要素市场国际化水平，进而吸引更多从事全球投资的知名机构投资者在浦东开展业务，扩大机构投资者投资规模、提升境外机构投资者在要素市场的持仓占比，让浦东成为各类金融机构和资金的集聚高地，成为全球金融要素资源配置的重要节点。

通过"全球资产管理伙伴计划"重点引进全球资管规模靠前、各主要国家和经济体排名靠前、资产管理细分领域排名靠前的资管机构、国际机构投资者、国际知名的资管服务机构，同步推动资管上下游机构落地，强化资管链条。聚焦"三中心两高地"（全球顶级资产管理中心、全国性融资租赁中心、国际保险和再保险中心、持牌类机构集聚高地、金融科技高地）提升金融发展能级。

提升上海期货交易所、中国金融期货交易所、上海能源交易中心的全球市场地位，吸引更多的投资者参与浦东新区期货市场建设，全面优化设计期货交易品种，在扩大"上海金""上海铜""上海油"影响力的基础上，积极引入、开发、设计出新的期货品种，参与全球大宗商品价格指数的制订。

（五）加快航运中心建设，掌握定价权资源

依托航运建设，遵照航运资源资本化、航运资产资本化、航运未来收益及产权资本化原则，以航运业为平台，将航运产业、金融产业、政府监管相

连接，形成良好的融资、投资、金融服务平台。逐步发展以航运金融为依托的相关产业集群和全产业链集聚体系。推动开展资金融通、货币流通和信用活动等一系列经济活动，逐步拓展至融资、投资、信托、保险等金融服务，形成以商业银行保险、证券、基金信托、租赁、船舶担保、期货等为核心的全球航运中心、商贸中心和金融中心。

（六）积极推进人民币自由兑换，深化资本账户改革

推动临港新区自由港建设，推进人民币跨境支付系统、大宗商品的人民币计价结算系统、离岸人民币清算系统，以促进人民币的汇率形成机制。深化资本项目改革，完善沪港通机制，增加人民币的投资渠道，提高人民币流动性。夯实 SHIBOR 的基准利率，结合 LPR 和 CFETS 利率，推动利率市场化进程，促进内地资本市场建设。

参考文献

洪银兴：《科技创新与创新型经济》，《管理世界》2011 年第 7 期。

黄河、谢玮、任翔：《全球大宗商品定价机制及其对中国的影响：结构性权力的视角——以铁矿石定价机制为例》，《外交评论》2013 年第 2 期。

李昌浩、徐琪：《基于平台经济的服务创新模式研究——上海"四新"产业平台经济发展的国际比较》，《上海经济研究》2014 年第 12 期。

王先林、方翔：《平台经济领域反垄断的趋势、挑战与应对》，《山东大学学报》（哲学社会科学版）2021 年第 2 期。

易宪容、陈颖颖、于伟：《平台经济的实质及运作机制研究》，《江苏社会科学》2020 年第 6 期。

中国人民大学国际货币研究所：《人民币国际化报告 2020》，中国人民大学出版社，2020。

中国人民银行：《2021 年人民币国际化报告》，652d7b67eb94463f925be3985fcdb860. pdf。

B.4
浦东新区创新政府服务和管理的探索

李双金*

摘　要： 创新政府的服务和管理是浦东引领区建设的重要保障，也是引领区建设的题中应有之义。近年来，围绕政府服务和管理的创新，浦东新区进行了大量卓有成效的探索与实践。围绕引领区建设的各项要求和任务，未来浦东新区应进一步创新政府的服务和管理，应坚持全局性、系统集成性以及"以人民为中心"的原则，开展理念创新、手段创新、目标创新、模式创新等多种形式的创新，建设数字政府、信用政府、法治政府、服务型政府和德治政府。

关键词： 政府服务和管理　系统集成性　数字政府　法治政府

全面推进高水平改革开放、打造社会主义现代化建设引领区，是中央赋予浦东的新任务新使命。深刻领会引领区的内涵是浦东新区各级政府、各部门开展各项工作的前提。2021 年 7 月，党中央和国务院出台了《关于支持浦东新区高水平改革开放打造社会主义现代化建设引领区的意见》，引领区的内涵被具体阐述为"更高水平改革开放的开路先锋"、"自主创新发展的时代标杆"、"全球资源配置的功能高地"、"扩大国内需求的典范引领"以及"现代城市治理的示范样板"。由此可见，浦东的引领涉及经济、社会、

---

* 李双金，经济学博士，上海社会科学院经济研究所副研究员，主要研究方向为企业发展、市场经济理论。

科技等多个领域，是全面的引领、全局性的引领。未来浦东要成为全面建设社会主义现代化国家的排头兵，成为彰显四个自信的实践范例，成为更好向世界展示中国理念、中国精神、中国道路的窗口。

无论是高水平改革开放，还是打造社会主义现代化建设引领区，都对政府的履职能力提出了更高的要求。创新政府的服务和管理是浦东引领区建设的重要保障，也是引领区建设的题中应有之义。浦东建设引领区需要政府积极有为、有进有退的引导，更重要的是政府在自身改革与服务管理创新上的引领。

深刻领会引领区的内涵，围绕引领区的各项要求和任务，创新政府的服务和管理应坚持全局性、系统集成性以及"以人民为中心"的原则，开展理念创新、手段创新、目标创新、模式创新等多种形式的创新，不断探索与实践，全面提升政府在经济调节、市场监管、社会管理、公共服务和生态环境保护等领域的履职能力，为进一步深化改革开放提供新动能，为更高质量的社会主义现代化建设保驾护航。

一 浦东创新政府服务和管理的基本原则

创新政府的服务和管理首先需要明确创新的原则，把握创新的方向，明晰创新的目的。创新政府的服务和管理不是盲目的创新，不是为了完成任务而创新，也不能为了创新而创新。

浦东的社会主义现代化建设是将浦东作为一块实验田，向世界展示中国理念、中国精神和中国道路。这种展示是全面、综合、系统的展示，是能够体现中国特色社会主义制度优越性的集中展示。因此，政府服务和管理的创新一方面要在顶层设计上体现全局性、系统集成性原则；另一方面要在工作实践中尊重基层人员的首创精神，紧密围绕各类需求，多方积极参与，珍视每一个细小的、局部的、分散化的创新成果，充分体现"以人民为中心"的原则。

近年来，中央高度重视政府服务和管理方式的创新。2020 年 5 月出台的《关于新时代加快完善社会主义市场经济体制的意见》提出，要"创新政府管理和服务方式，完善宏观经济治理体制"。2021 年 7 月出台的《关于支持浦东新区高水平改革开放打造社会主义现代化建设引领区的意见》则要求创新政府服务和管理方式。从"创新政府管理和服务"到"创新政府服务和管理"，文字表述上的细微差别蕴含深义，凸显出党和国家对浦东新区率先实现政府职能转变、建设服务型政府、全面提升治理能力的殷切期望。强调服务和管理，服务在前，管理在后，表明政府首先应当要服务市场主体和社会大众，要在服务中实现有效管理，寓管理于各项服务之中。服务型政府才是政府应有的样子，是老百姓更期待更需要的政府。这是政府职能转变的重要内容，也是浦东需要率先探索和实现的目标。以政府职能的充分转变为基础，其他各项工作才能更好地展开。

（一）全局性

党中央支持浦东新区建设社会主义现代化建设引领区，是对浦东开发开放 30 多年所取得的巨大成就的肯定，是对浦东新区政府整体能力和实力的肯定。应当看到的是，中央赋予浦东这一光荣历史使命具有特定的历史背景和时代背景。一方面，当今世界正经历着"百年未有之大变局"，中国正在加快构建以国内大循环为主体、国内国际双循环相互促进的新发展格局。另一方面，中国正处于中华民族伟大复兴的历史进程中，建设现代化的、共同富裕的社会主义强国是这一伟大复兴战略的重要内容。浦东今后的作为关乎全球格局的变化，关乎中华民族伟大复兴的进程，引领区的建设可谓任重而道远。

因此，浦东不仅仅是上海的浦东，更是全国的浦东。浦东建设引领区，就是要在全国率先探索出一条将新的发展理念、新的发展格局在现实中转化出来的路径，必须坚持全局性原则。坚持全局性，就必须将浦东的发展置于中华民族伟大复兴战略的全局中、置于全国乃至全球经济发展的整体格局中考虑和谋划。坚持全局性原则，创新政府服务和管理必须勇于打破地区利益和部门利益，整体把握高水平改革开放的目标、定位和任务，不能就浦东一地、就上海一地而论改革论创新。

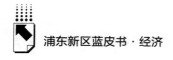

（二）系统集成性

浦东肩负着时代赋予的重大历史使命。与以往聚焦浦东一地、上海一地的各类改革创新活动不同，今后浦东创新政府服务和管理必须具有全局意识。同样，与以往聚焦单个领域、单个部门的改革不同，今后的改革创新要更多地在多领域合作、多部门联动上下功夫，打破部门利益阻隔，实现政府创新的系统集成性。

早在 2019 年，中央经济工作会议就指出，要从系统论出发优化经济治理方式，在多重目标中寻求动态平衡。随着改革开放的持续深入，中国社会主义现代化建设面临的环境越来越复杂，任务越来越艰巨，单一线性的、条块分割式的工作方式和工作思路已经不能适应新形势、新任务的要求。坚持系统集成性才能持续在复杂的环境和艰巨的任务中实现创新，实现改革创新的收益。

创新的系统性具体体现在各部门各领域的协同上，体现在"放、管、服"三者的有效衔接上、体现在目的与手段的一致与相互促进上。2020 年 11 月，习近平总书记在浦东开发开放 30 周年庆祝大会上提出了"三个全"的总体思路，即从"事物发展全过程"、"产业发展全链条"以及"企业发展全生命周期"出发谋划设计改革。坚持创新的集成性，就是要深入贯彻"三个全"总体思路，在系统集成、协同高效上先行先试，放大改革综合效应。

坚持创新的系统集成性还要求政府创新其服务和管理要考虑整体效应，不局限于一时一地、不局限于单一的部门和领域。例如要平衡好短期与长期的政策效应，把握好经济政策与社会政策、生态政策之间的交互影响，考虑到政策对于本地区和其他地区的综合影响，例如溢出效应、资源虹吸效应等。

（三）以人民为中心

"以人民为中心"是凸显中国特色社会主义制度优越性的重要基础，是完善我国宏观经济治理体系的根本导向，也是创新政府服务和管理的基本原则。当前，我国社会的主要矛盾已经转化为人民日益增长的美好生活需要与不平衡不充分的发展之间的矛盾。政府的各项工作，包括宏观上经济社会治理体系的建设以及微观上具体的服务和管理都必须适应这一转变。"人民城市人民建、人民城市为人民"的发展理念，需要在政府服务和管理活动的具体实践中得到体现。浦东新区肩负着国家重托，要率先努力探索出一条具有中国特色、彰显社会主义制度优势的超大城市发展之路。

因此，浦东建设引领区，创新政府服务和管理必须紧紧围绕"以人民为中心"的根本原则。"以人民为中心"包含两方面的内容，一是创新依靠人民，二是创新为了人民。创新依靠人民，要尊重人民群众的首创精神，更重要的是要发动最广泛的人民群众参与创新。创新为了人民是指创新的出发点和根本目的是满足人民群众对美好生活的向往，是为人民群众谋福利。政府各项职能活动的展开，无论是实施经济调节还是市场监管，无论是提升社会管理能力还是公共服务水平，最终都是为了提升人民的获得感、安全感和幸福感，造福于全体人民。

二　浦东创新政府服务和管理的主要目标与形式

无论何种形式的市场经济体系，政府都是重要的活动主体。所不同的是，不同国家或地区因其历史文化传统的不同、所处的发展阶段以及所具备的内外条件不同，政府所承担的职能也有所不同。在我国当前的现代化市场经济体系建设中，政府主要承担着经济调节、市场监管、社会管理、公共服务和生态环境建设等方面的职能。创新政府服务和管理就是为了从根本上提升政府的履职能力，促进政府更好地履行其各项职能。

在开展服务和管理创新的具体工作中，浦东新区应根据政府在不同领域的不同职能树立具体的工作目标。具体而言，在经济调节领域，要以塑造改革开放新动力为目标；在市场监管领域，要以持续优化营商环境为目标；在社会管理领域，要以打造高效的社会治理体系为目标；在公共服务与生态环

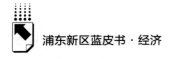

境建设领域，要以建设宜居宜业的人民城市为目标。瞄准这些目标，具体的创新形式包括理念创新、手段创新、目标创新和模式创新。

（一）创新政府服务和管理的主要目标

1. 以塑造改革开放新动力为中心，提升经济调节能力

就当前所处的发展阶段而言，经济调节仍然是政府的首要职能。我国正在加快建设现代化经济体系，当前所面临的内外经济压力持续增加，不确定性因素依然较多。这些都需要政府审时度势，促进市场更好地发挥其资源配置决定性功能，创造更适合市场发挥其功能的环境，进而实现政府高质量的经济调节职能。政府为市场机制更好地发挥资源配置功能创造更优的环境，归根结底是要塑造改革开放的新动力。

对此，围绕塑造改革开放新动力创新政府的服务和管理，要更加关注竞争政策，强化产业政策与竞争政策的协同，优化产业结构与企业构成，提高产品和服务质量，满足人民群众更多元化、更高水平的需求。

2. 以持续优化营商环境为中心，完善市场监管体系

世界银行的营商环境年度报告显示，过去几年我国的营商环境指数排名持续提升。作为权重最大的样本城市，上海市、区两级政府在服务和管理上的创新实践功不可没。

在前期各类优化营商环境的具体措施基础上，今后上海尤其是浦东新区要将工作重心更多地放在营商环境可持续制度化改进领域。作为制度供给的重要主体，政府在促进制度改进、优化营商环境中的作用无可替代。通过持续的制度化改进，政府为营商环境的持续深入优化提供制度保障乃至法律支持，使得优化营商环境成为常态化工作。以此为抓手，市场监管体系的不断完善将会自然发生。

3. 以打造高效的社会治理体系为中心，提升社会管理水平

在社会管理领域，创新政府服务和管理的目的在于建设更加高效、精细化的社会治理体系。高效社会治理体系的打造涉及两个方面：一是通过优化政府机构、明确职责职能，不断凝聚共识优化执政理念，促进社会治理能力

提升；二是具体办事效率的提升，即通过服务和管理手段的创新、服务模式的创新，提升社会治理的效率和精细化程度。

进一步强化安全机制也是未来浦东打造高效社会治理体系的重要内容。安全感的提升，是人民群众美好生活的重要基础。围绕强化安全机制，浦东新区要加快建立健全经济、社会、生态安全的多重防护机制，保障和谐、稳定的社会环境。

4. 以建设宜居宜业的人民城市为中心，加强公共服务和生态环境保护

公共服务和生态环境保护是体现城市现代化水平和文明程度的重要指标。随着经济社会的发展，人民群众对公共服务的要求不断提高，对美好生态环境的要求也不断提高。政府是公共服务的主要供给者，也是生态环境保护的重要参与方。建设宜居宜业的人民城市，要充分发挥政府的主导作用。

政府在公共服务和生态环境保护中的主导作用体现为密切关注人民群众的实际需求，引导服务和管理创新的方向，积极与其他供给主体合作，为人民群众提供更优质的公共服务、创造更安全更优美的生态环境，提升人民群众的安全感、获得感和幸福感。

建设人民城市，还需要坚持人民群众在城市建设和发展中的主体地位，充分发挥人民群众的积极性和智慧，不断完善民生发展格局，强化城市特色文化，增进人民群众的认同感和自豪感，提升人民群众的满意度。

（二）创新政府服务和管理的主要形式

创新政府服务和管理的主要形式主要包括理念创新、手段创新、目标创新和模式创新四大类。在具体工作中，不同形式的创新往往会相互融合、相互促进。

1. 理念创新：知进知退，有所为有所不为

面对新形势新任务，创新政府服务和管理必须首先在思想上形成统一认识，凝聚改革共识与力量，实现理念上的创新。浦东肩负着历史使命和国家的殷切期望，理念创新意味着要进行一次思想解放，其主要内容涉及在新的

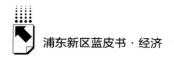

历史条件下对政府与市场关系的再认识。

在传统经济学理论中，作为两种经济调节手段，政府与市场各司其职，也各有其作用领域。只有在市场失灵的领域，政府才应介入干预，弥补市场机制的不足。市场能够解决的问题市场做，市场不能够解决的问题，政府想办法做。这种认识对于确立市场主体地位，推进市场化改革具有重要意义，却存在一种将政府与市场关系简单化甚至对立化的倾向。一方面，市场失灵的领域，也可能有政府失灵，这就需要政府与市场合作，或者关注诸如社会组织这类第三方力量；另一方面，理论上市场机制能够做的事情，可能在特定条件下一定时空范围内政府做会更有效率，这就需要政府在具体事项上有所作为，但同时又必须把握好作为的度，要以最终促进市场机制更好地实现其功能为度。

因此，在市场机制不完善、市场主体发育不充分以及政府职能转变还不到位的条件下，政府与市场关系的复杂程度远远超过理论所描述的状态。政府既要有为又要无为，既要知进又要知退，从而更好地履行服务与管理的各项职能，让政府和市场都能更好地发挥作用。

在对政府与市场关系的认识上，政府不是简单地退出然后放手不管，而是要从政府亲自做转变为为市场发挥作用创造更好的条件。尤其是在市场机制还不完善、市场主体发育还不充分的领域，政府不能局限于消极无为的定位，还应有积极有为的担当，并在市场机制逐渐成熟的过程中逐渐将相关职能转移给市场，做到知进知退、有所为有所不为。

2. 手段创新：全面应用大数据

在当前技术和经济发展格局下，手段创新主要是指全面应用大数据技术，实现政府服务和管理的数字化转型。这也是上海城市实现数字化转型的重要基础和内容。

一直以来，政府获取各类信息主要依靠纵向的行政官僚体系，通过由下而上层层填报汇总相关数据，或者通过组织各种调研获取信息，难免出现数据失真、数据代表性不足、数据时效性差等问题。大数据是扁平结构的数据，能够较好地弥补传统数据的不足。不仅如此，大数据技术还能对海量数据进行多维整合，通过所谓的"交叉复现"，多维度多角度地展现事件真相，提升了数据信息的决策价值，保障了决策质量。

依托先进信息化技术实现手段创新，将在今后一段时期成为政府创新其服务和管理的重要形式。在各种服务和管理平台技术改造的边际收益递减之后，如何进一步提升服务和管理的温度，避免出现数字化鸿沟将是浦东新区政府需要考虑的重要课题。

3. 目标创新：围绕具体情境，细化小目标

这里所谓的目标创新是指在顶层设计总体目标一定的条件下，结合基层工作的具体情境，树立局部的、细小的、分散化的小目标，以更好地实现既定的总体工作目标。

聚焦高水平的改革开放以及打造社会主义现代化建设引领区，是浦东新区政府创新服务和管理的总体目标。基层政府实践中的具体工作情境千差万别，许多创新就是一线工作中的灵感迸发。目标创新不是变更原有的既定目标，而是对总体目标进行分解或者树立一些中间目标。这就需要基层政府密切联系群众，不断发现问题，细化小目标，使得具体的工作更好操作更好评估，最终促进服务和管理水平的提升。

（三）模式创新：多元化主体与多元化信息的碰撞

浦东打造社会主义现代化建设引领区，在政府服务和管理的创新上必须把握全局性、系统集成性以及"以人民为中心"的原则，需要充分发挥基层政府的创造力和主动性。这样一种全局的、系统的创新必然需要多个领域、多个部门的共同努力，在具体模式上也应多种多样，既可以是单个政府部门的创新，也可以是政企之间的合作创新；既可以是多级政府的纵向联动创新，也可以是部门与部门之间的横向联合创新。

总之，服务和管理模式的创新是多元化主体与多元化信息的碰撞。围绕共同的目标，分享共同的理念，依托共享的数据平台，在实践中经由多种形式的交流与碰撞，就可能生发不同模式的创新活动，解决各类千差万别的具体问题，形成快速应对解决的方案。

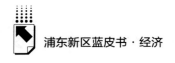
三　浦东创新政府服务和管理的具体实践

中国特色社会主义现代化建设中，政府与市场各在其位，政府有为、市场有效。政府与市场不是相互对立的两端，而是分工明确、充分合作、相互促进的两种调节手段，在根本目标上具有一致性。十八届三中全会以来，我国在推动政府服务和管理创新方面出台了一系列政策举措。在相关政策精神指引下，浦东新区政府进行了一系列卓有成效的大胆探索，在"一网通办"优化政府服务、"一业一证"推动审批制度改革、"城市大脑"提升城市精细化治理水平、打造全生命周期监管服务体系、推行"家门口"服务体系等方面深入实践，形成了多项可推广、可复制的经验和做法。

（一）不断完善"一网通办"功能，提升政务服务能力与效率

2020年6月以来，浦东新区率先在全国开展了人工智能辅助审批的研发与试点，通过人工智能、核心算法、知识图谱等技术构建了智能化的"审批大脑"，极大地完善了政务服务功能。

构建"审批大脑"的初衷是方便企业办事，节省企业的办事成本，从根源上解决审批难、审批烦的问题。目前，"审批大脑"系统已百分百覆盖涉企审批事项，率先实现了高频事项的"零材料填报"，极大地缩减了企业办事时间和成本。浦东还率先在全国打造了首个集政策咨询、业务办理于一体的复合型移动端企业专属网页，为企业提供定制化政务服务，使企业足不出户就能咨询办理相关业务。

在线下服务的优化上，针对传统多窗口服务模式的弊端，浦东积极探索综合窗口服务模式，推进所有服务从"只进一门"向"只找一窗"升级，所有涉企审批事项都集中在区行政服务中心，并且都集中在单个窗口。

作为政务服务的创新先锋，浦东新区"一网通办"方面的经验得到了国家的高度肯定。2021年4月，国家发改委下发《关于推广借鉴上海浦东新区有关创新举措和经验做法的通知》。该通知在浦东已有的300多项自贸

区改革试点经验的基础上，进一步梳理了共 25 项 51 条创新举措和经验做法，包括"一网通办"、"找茬"机制、"窗口无否决"机制等新举措新办法都在浦东行政服务中心的实践中可见①。

2021 年 3 月，上海市委、市政府发布了《深化"一网通办"改革构建全方位服务体系的工作方案》，指出"一网通办"要进一步拓展个人全生命周期和企业全发展周期的服务场景应用，并且提出了"三步走"战略，即实现从"可用"向"好用"、"好用"向"爱用"、"爱用"向"常用"的"三步走"，到 2023 年底建成全方位立体化服务体系。

（二）持续深化"一业一证"改革，推动审批制度改革

2019 年 7 月，为进一步推进"照后减证"，破解企业"准入不准营"难题，浦东率先探索、先行先试，推出了"一业一证"改革试点，简化审批手续，提升行业的准入便利度。2020 年 11 月，国务院正式批复《上海市浦东新区开展"一业一证"改革试点大幅降低行业准入成本总体方案》，将浦东新区的试点进一步推广至全国。这是自"证照分离"改革后，国家对浦东新区首创性改革的再次肯定与支持。

目前，浦东新区在首批包括便利店、小餐饮（堂吃）、宾馆、体育健身场馆、烘焙店、药店、饭店、酒吧和咖啡馆等 10 个行业试点的基础上，实现区级审批事项的 43 个行业全覆盖，共发出 19 个行业 101 张综合许可证，总体实现了审批时限压减 88%、审批事项压减 76%、填表要素压减 60%、申请材料压减 67%。②

"一业一证"改革是"证照分离"改革的进一步深化，在具体推进过程中，浦东从仅涉及区级事权的行业着手，对企业市场准入审批服务探索全流程再造。一是明确行业牵头协同部门，探索一个行业由一个部门牵头、多个部门协同的企业全生命周期服务机制。二是实行"一单告知""一表申请"。

---

① 《政务服务数字化转型，浦东有这步"先手棋"》，海外网，2021 年 5 月 1 日。
② 《一业一证：从浦东走向全国》，《中国改革报》2020 年 11 月 26 日，第 10 版。

对一个行业涉及多个许可证的审批条件进行合并，形成一张准确、清晰的告知单。同时，将一个行业涉及的多个审批申请表合并为一张申请表，系统从已填报的相关申请材料中自动抓取数据进行填写。三是统一行业审核程序，最大限度地提高审批效率。四是实现"一证准营"，重塑行业准入方式。通过审批服务的流程再造，企业的获得感和满意度得到极大的提升。

（三）打造全生命周期监管服务体系，强化市场监管的系统集成

通过"一业一证"改革大幅降低行业准入成本，持续深化审批制度改革，浦东新区政府放权的力度越来越大。与此同时，政府在服务和管理上持续发力，确保"放"的效果能够最大限度地实现。通过"放管服"相结合，打造全生命周期监管服务体系，强化市场监管的系统集成，使市场更加公平有序、企业更有活力更富创造力。

在具体措施上，一是完善监管体制，编制监管清单。根据国民经济行业分类，编制监管清单，逐个行业明确牵头部门以及监管方案，把"谁主管、谁监管"的责任落到实处。二是不断探索新型监管方式，以"六个双"综合监管机制为核心，推进以信用、风险、动态、分类为特征的"四个监管"。三是丰富监管场景，实现智能监管。针对"一业一证"改革行业，充分应用大数据、物联网和人工智能等新兴技术构建行业监管场景，推动监管流程再造，实现监管的可视化、协同化和精准化。

（四）不断升级"城市大脑"，提升治理精细化水平

与政务服务平台中的"审批大脑"类似，浦东新区的城市运行智慧化管理平台被称为"城市大脑"。借助新一代信息技术，通过对接物联网、视联网、数联网等基础设施，"城市大脑"实现了公共安全、建设交通、应急管理、综合执法等领域的全面、高效、智能化治理。

依托智慧化管理平台，全区实有人口、安全隐患、轨道交通、消防电力等信息一应俱全，真正实现了"一网观全城""一网管全城"的目标，形成了全天候、全覆盖、全过程的城市运行综合治理体系，实现了全面治理。

目前，浦东新区的这一智慧化管理平台联结了多层级、多区位的多方治理力量，不仅延伸至村居一线，还整合了基层干部、志愿者、楼组长等多方力量，打通了部门、层级间的阻隔，确保发现问题、上报问题和处置问题都可通过一部手机迅速完成，实现了高效治理。

作为"城市大脑"，这一智慧化管理平台不仅能迅速发现问题，还能及时推送解决方案。例如系统能够智能判断违法违规经营情况、智能发送电力能源指数预警等。目前，该系统已由 2018 年的 1.0 版升级演化为功能更为完善的 3.0 版，城市运行体征由原来的 43 项拓展至 100 项，形成了 57 个应用场景，具有更强的智能比对和系统推算能力，实现了智慧治理①。

（五）全面推行"家门口"服务体系，强化基层服务能力

"城市大脑"在宏观综合的层面上实现了精细化社会治理。在微观基层的层面上，浦东新区全面推行的"家门口"服务体系，极大地强化了基层政府的服务和管理能力。

村居委会是社会治理的最基层，是政府创新服务与管理的前沿阵地。2020 年，浦东所有村居委会都建立起"家门口"服务体系，推动村居委会干部下楼办公、共享工位，腾换出大量空间用以提供医疗卫生、议事协商、文化活动等公共服务。同时，各类村居委会办理的相关业务集中至前台，居民群众在家门口就能办成事，强化了基层服务能力，极大地提升了群众的满意度。浦东新区还在所有"家门口"服务中心配备了扫描枪、高拍仪、打印机、摄像头、读卡器等"五件套"智能设备，使得 118 项社区服务能够远程办理，在便民、防疫等方面都发挥了重要作用。

目前，"家门口"服务中心已遍布浦东全区 1308 个村居委会。2021 年，这一服务体系又进一步实现了从"家门口"到"指尖上"的升级，大量服务事项只需要居民动动手就可以在家办理完成，服务和管理的效率进一步提升。

---

① 《上海浦东——争当现代城市治理新样板》，《人民日报》2021 年 8 月 15 日，第 1 版。

"家门口"服务体系方便了居民，也为基层干部减了负。"家门口"服务操作系统可实现语义分析、模糊搜索等功能，多项日常信息可实现多事项之间的共享，使得基层干部从重复填表、人工统计的重负中解脱出来。这一创新使得基层政府能够有更多的精力去发现居民的诉求，为居民解决千差万别的各类问题，创造更加安定和谐的社会环境。

表 1　浦东新区创新政府服务和管理的具体实践

实践项目	实践特点	实践绩效
"一网通办"	百分百覆盖涉企审批事项，率先实现了高频事项的"零材料填报"；复合型移动端企业专属网页为企业提供定制化政务服务	极大地缩减了企业办事时间和成本，受到国家的高度肯定
"一业一证"	探索企业全生命周期服务机制，实行"一单告知""一表申请"，统一行业审核程序，实现"一证准营"	优化审批服务流程，重塑行业准入方式，极大地提升了企业的获得感和满意度；审批时限压减88%，审批事项压减76%，填表要素压减60%，申请材料压减67%
全生命周期监管体系	编制监管清单，落实"谁主管、谁监管"的责任；以"六个双"综合监管机制为核心，推进信用、风险、动态、分类"四个监管"；不断丰富监管场景，实现智能监管	"放管服"相结合，强化市场监管的系统集成，使市场更加公平有序、企业更有活力更富创造力
"城市大脑"	"一网观全城""一网管全城"；建成全天候、全覆盖、全过程的城市运行综合治理体系	城市运行体征拓展至100项，形成了57个应用场景，智能比对和系统推算能力不断增强，实现了全面、高效、智慧治理
"家门口"服务体系	村居委干部下楼办公、共享工位，腾换出大量空间提供公共服务；相关业务集中至前台，强化基层服务能力	覆盖全区1308个村居委会，118项社区服务能够远程办理；居民得方便，基层干部减负

四　浦东创新政府服务和管理的政策建议

从 2005 年的综合配套改革到 2013 年中央在浦东设立全国第一个自贸试验区，再到 2021 年 7 月开始引领区建设的新征程，浦东新区肩负着越来越重大的国家使命，政府的服务与管理必须与时俱进，不断创新。

回顾开发开放 30 多年的历程，浦东走的是一条解放思想、深化改革之路，是一条面向世界、扩大开放之路，是一条打破常规、创新突破之路。习近平总书记总结的"三个之路"既是对浦东过去 30 年工作的高度肯定，也为未来浦东继续勇挑重担指明了方向。创新政府服务和管理，就是要继续解放思想，继续扩大开放，大胆试大胆闯，聚焦理念创新、手段创新、目标创新和模式创新，实现政府服务和管理水平的提升，完善政府宏观治理体系。

政府自身的全面改造与革新是政府实现服务与管理创新的根本前提。未来的历史征程中，浦东新区政府进一步创新服务和管理需要实现政府自身的全面革新，建设数字政府、信用政府、法治政府、服务型政府和德治政府。

（一）持续关注高新技术发展，建设数字政府

当前，新型信息技术仍在持续深化、持续发酵进程中，浦东新区率先建设数字政府，适应经济社会的数字化发展趋势迫在眉睫。数字政府建设是推动政府治理体系和治理能力现代化的重要抓手，是创新政府服务和管理的关键突破口。

一是持续关注高新技术的发展。一方面率先在政府相关领域采购和应用新型技术产品和服务，形成示范效应。另一方面持续促进新一代信息技术在智能分析、可视化服务标准确立以及服务管理绩效评估等领域取得突破性进展，最终达到提升政府服务和管理水平的目的。

二是提升各级政府工作人员的数字化工作能力。随着新型信息技术平台的建立，政府部门工作人员的数字化服务能力要全面跟进。首先是树立数字化思维，建立健全用数据说话的决策体制机制。其次是加强顶层制度设计，持续优化政府机构，借助数字化的绩效评估机制不断强化对公权力的管理能力，提升政府服务能力。

三是要率先实现数据开放。当前"信息孤岛"现象仍然普遍存在，部分政府系统数据的整合利用程度滞后于一些大的企业和社会组织。浦东新区建设数字政府应在数据开放领域率先垂范，打破部门之间的数据分隔，使用

统一格式的数据平台，促使不同部门的数据形成结构相同、完整一体的数据集，最大限度地发挥大数据的作用。

（二）完善社会信用体系，建设信用政府

完善社会信用体系，是浦东打造社会主义现代化建设引领区需要重点关注的问题，也是浦东创新政府服务和管理的重要支撑。信用经济的发展呼唤信用政府。完善社会信用体系，信用政府责无旁贷。

完善社会信用体系，一方面需要政府全力推动，另一方面需要政府自身积极塑造诚信形象，建设信用政府。政府是社会信用体系中重要的信用主体，政府首先要树立起诚信形象，防止出现朝令夕改等严重影响社会经济秩序、透支政府信用的短期行为、投机性行为。政府诚信对其他社会主体诚信建设发挥着重要的表率和导向作用。

社会信用体系的建设需要多方力量共同参与。当前，浦东新区出现了一些新型征信管理企业。这些企业与张江园区共同建设了信用数据平台，集成了80%以上的园区企业信用数据，形成了"信用张江"模式。在该模式下，专业的信用评级机构出具动态信用报告，中小企业可在线上方便快捷地与各类金融机构进行对接，获得直接或间接的金融支持，打造了园区信用生态圈。目前，该模式已被全国多个高新技术园区采纳使用。

建设信用政府，浦东有开发开放30年的丰富经验积累，有国家和上海的全力支持，可以大胆试大胆闯，在信用品牌、信用服务、信用产业等不同层面上共同发力，共同营造良好的信用氛围，让守信主体更有获得感，形成信用政府推动社会信用体系建设的良好局面。

（三）持续探索新型监管机制，建设法治政府

建设法治政府的根本目的在于保障高水平改革开放以及社会主义现代化建设各项事业在法治的轨道内进行。市场监管机制的创新需要法治的保障，需要法治政府的保驾护航。法治政府的建设将促使政府的服务更加规范，管理更加精准有效。持续探索新型监管机制不仅是今后浦东新区营商环境建设

的重要抓手，也是法治政府建设的重要抓手。

建设法治政府意味着将政府行为全面纳入法治轨道。法治政府的建设不仅在目标上要明确，还应当具体体现在政府的各项职能中。新型监管机制建设是法治化营商环境建设的重要内容，也是法治化政府建设的重要内容。对于浦东新区来说，今后要重点强化信用监管，充分发挥信用在创新监管机制、提高监管能力和水平方面的基础性作用。

具体而言，加强信用监管需要进一步探索信用承诺制度、开展准入前诚信教育、拓展信用报告应用、推进信用分级分类监管、开展失信联合惩戒以及探索信用修复机制，完善事前、事中、事后贯穿市场主体全生命周期新型监管机制。以信用监管为抓手，促进信用政府、法治政府建设。只有在此基础上才能不断创新政府服务和管理，才能真正起到服务市场主体、服务人民的作用，不越位也不缺位，知进知退，公正高效。

浦东未来的改革征程需要法治政府的参与，一方面是要用法治约束政府自身，另一方面是政府要提升利用法治化手段治理各项经济社会事务的能力。持续探索新型监管机制，将在这两个方面持续促进法治化政府的建设。

（四）持续提升公共服务水平，建设服务型政府

浦东新区以深化"放管服"改革为抓手，在深化行政审批制度改革、探索商事登记确认制、市场准入制度改革等方面取得了有目共睹的成就，积累了大量经验，服务型政府建设不断加速。

未来浦东新区服务型政府建设除了要持续在经济领域发挥作用外，还要更加关注社会民生、生态环境保护等领域的综合发展，不断提升公共服务水平，促进均衡发展、精准保障与品质提升相结合，优化公共服务设施网络，提升服务标准化、均等化水平，增强人民群众获得感，建设更加宜居宜业的人民城市。

对此，除了要在认识上明确服务型政府建设目标、在实践上积极探索外，还需要在政府服务绩效评估上下功夫，以评估促发展，从需求侧促进服务型政府建设。政府的投入与产出无法精确量化、政府的目标具有多元性，

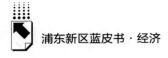

这些都使得政府的绩效评估面临较大的挑战。对此，可通过建立群众参与评估机制、创新技术化评估机制、完善标准化评估流程，实现指标考核、过程评估、公众评议、明察暗访相结合，完善政府绩效评估机制，促进服务型政府建设。

（五）弘扬优秀传统文化，建设德治政府

政府的善政善治不仅需要技术的支撑、法治的精神，需要诚信的形象和服务的姿态，更需要深厚的德行。中华民族优秀传统文化中蕴含着大量的善政善治理念，对于今天的政府实现德治仍然具有重要价值。

弘扬中华民族优秀传统文化，建设德治政府，有利于浦东新区深化高水平改革开放，打造社会主义现代化建设引领区。德治政府建设将协同数字政府、信用政府、法治政府和服务型政府建设，成为创新政府服务和管理的根本保障，成为浦东建设引领区的重要基石。

参考文献

江小涓：《进一步创新政府管理和服务方式完善宏观经济治理体制》，《经济日报》2020 年 5 月 23 日，第 2 版。

刘旭涛：《创新政府管理和服务方式更好发挥政府作用》，《时事报告》2020 年第 8 期。

张数军：《数字法治政府迈向未来》，《中国纪检监察报》2021 年 8 月 17 日，第 2 版。

《何万篷解答"引领区"七问》，"浦东发布"官方微信，2021 年 7 月 19 日。

B.5
浦东新区科技成果转化的问题与对策

张伯超 *

摘 要： 全力做强创新引擎，打造自主创新新高地，加速科技成果向现实
生产力转化，是浦东新区未来科技创新工作的主攻方向。本报告
研究发现，浦东在科技成果转化方面具备雄厚的财力保障和基础
条件，目前其科技创新成果对长三角地区溢出效应显著，但是对
外地科技创新成果吸收效果相对偏弱，针对上述现象和问题，在
充分借鉴全球科技创新成果转化有益经验的基础上，提出浦东推
动科技成果转化的对策建议，主要包括：全面加强企业技术创新
能力和成果转化承载力，打造链接两端的科技成果转化平台体
系，促进高校院所形成市场需求导向的高质量科技供给，打造独
具浦东特色的技术转移人才队伍，以"新型举国体制"保障浦
东科技成果转化向纵深推进。

关键词： 浦东 科技成果转化 长三角 发明专利

一 研究背景与意义

习近平总书记在浦东开发开放 30 周年大会上指出，浦东要加强基础
研究和应用基础研究，打好关键核心技术攻坚战，加速科技成果向现实生

---

* 张伯超，经济学博士，上海社会科学院经济研究所助理研究员，主要研究方向为数字经济与
企业创新发展。

产力转化，提升产业链水平，为确保全国产业链供应链稳定多做新贡献。2021 年 7 月 15 日，中共中央国务院《关于支持浦东新区高水平改革开放打造社会主义现代化建设引领区的意见》正式发布，明确要求浦东全力做强创新引擎，打造自主创新新高地，要加强基础研究和应用基础研究，打好关键核心技术攻坚战，加速科技成果向现实生产力转化，提升产业链水平。

近年来，浦东新区通过"1+4"模式推动技术创新与成果转化。"1"是建设上海市浦东新区产业创新中心，积极推动创新性项目培育，加速优质成果产业化。"4"是推进四大研发与转化功能型平台建设，包括上海市生物医药产业技术功能型平台、上海市集成电路产业创新服务功能型平台、上海市智能制造研发与转化功能型平台及上海市工业互联网研发与转化功能型平台，促进技术研发与转化、培育发展创新型企业，取得显著成绩。但是浦东新区在推进科技成果转化以及疏通基础研究、应用研究和产业化双向链接快车道方面仍然存在一些短板和不足，本报告将聚焦浦东科技成果转化发展现状，深入分析浦东科技成果转化存在的主要问题和不足，最终提出进一步提升浦东科技成果转化效率的对策建议，探索国家战略、区域战略交织的浦东如何更好地利用制度改革优势、创新资源禀赋优势，更好地服务科学与技术、产业的链接。

二 浦东新区科技成果转化发展现状

（一）浦东推动科技成果转化的基本保障优势明显

根据 2020 年相关数据，浦东新区科技财政拨款金额达到近 50 亿元，占财政支出的比重接近 30%，相比上海其他各区遥遥领先，表明浦东新区在推动科技创新和成果转化方面拥有较为雄厚的财政支持基础，为进一步推动浦东提升科技创新以及成果转化效率提供了坚实财力保障。

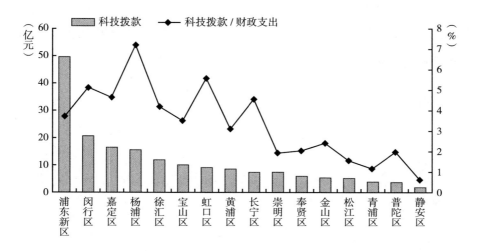

图1 2020年上海各区科技拨款及其占财政支出比重

资料来源:《上海统计年鉴》《上海浦东新区统计年鉴》。

(二)浦东技术创新成果产出居全市首位

2015~2019年,浦东发明专利申请量从11353件增长到18066件,年均增速达到12.32%,占上海发明专利申请量的1/4。发明专利授权量从4654件增长到7388件,年均增速达到12.25%,占上海发明专利授权量的近1/3,体现了浦东强大的技术创新供给能力,为科技成果转化提供了重要基础。

表1 2015~2019年浦东新区专利申请量

单位:件

类型	地区	2015年	2016年	2017年	2018年	2019年
发明专利申请量	上海	46976	54339	54633	62755	71398
	浦东	11353	14245	15412	17161	18066
发明专利授权量	上海	17601	20086	20681	21331	22735
	浦东	4654	5904	6188	6726	7388

资料来源:国家知识产权局。

2019 年浦东技术合同成交额达 580.78 亿元，约占上海技术合同成交额的 1/3，体现了浦东具有良好的技术创新溢出效应，科技成果为地方经济社会发展提供了强大的策源能力。

图 2　2015～2019 年浦东技术合同成交额及其占上海的比重

资料来源：《上海统计年鉴》《上海浦东新区统计年鉴》。

（三）浦东创新成果溢出效应支撑长三角区域创新发展

从上海市和浦东对长三角地区专利出让数量情况来看，上海市对江苏、浙江和安徽三省的专利出让数量占到其专利出让总数的 35.15%，其中对江苏省出让数量最多，为 1072 件，占其专利年度出让总数的 14.4%；对浙江出让专利数量为 860 件，占其年度对外出让专利总数的 11.55%。浦东对江苏省专利出让数量为 298 件，占其年度对外转让专利总数的 18.25%；对浙江专利转让数量为 218 件，占全区年度对外专利转让总数的 13.35%；对安徽专利转让数为 97 件，占全区年度对外专利转让总数的 5.94%。从中可见，上海和浦东新区创新成果溢出效应对江苏最强，浙江次之，安徽则最弱。

从浦东对长三角地区城市的专利成果出让情况来看，苏州、南通两个近沪城市成为承接浦东专利出让成果最多的城市，绍兴排名第三，合肥排名第四。浦东专利成果溢出效应成为长三角地区各大城市，尤其是近沪城市创新发展的重要支撑力量。

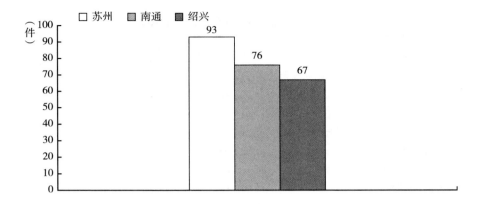

图3 2018年承接浦东专利出让成果的长三角城市前三名

资料来源：国家知识产权局。

（四）浦东技术溢出效应显著高于技术成果吸收效应

2018年浦东从江苏受让的专利成果数量为120件，浙江为109件，安徽仅为41件，占上海从上述省份受让专利数量的比重分别为8.87%、8.06%和3.03%。从其绝对数量和占比情况来看，浦东对长三角地区的专利溢出效应要显著强于其对长三角其他省市专利成果的吸收效应，且从专利受让占上海市比重情况来看，其也显著低于其对长三角地区的专利出让占比。

（五）电子信息技术、先进制造与自动化、新材料技术为浦东科技成果转化重点领域

依托六大硬核产业基础优势和强大研发创新要素禀赋力量，浦东在科技成果转化方面呈现显著的产业侧重点，其中电子信息技术、先进制造与自动化、新材料技术、生物与新医药技术产学研合作数量相对较多，为浦东高新技术成果转化的重点行业领域。由表2可见，浦东电子信息技术的高新技术成果转化项目数量最多，为257项；先进制造与自动化的数量为169项，排名第二。

表2　2019 年浦东各领域高转跟踪项目总体情况

领域	项目数（件）	项目产品销售额（万元）	项目平均利润率（%）	单个项目发胆专利平均数（件）
电子信息技术	257	851995.00	36.03	1.11
生物与新医药技术	77	241855.70	62.99	1.91
航空航天技术	4	2747.93	29.09	1.00
新材料技术	78	576240.10	13.06	2.14
高技术服务业	47	48924.77	30.44	1.26
新能源及节能技术	24	258865.40	15.30	2.71
资源与环境技术	55	154057.80	18.98	1.84
先进制造与自动化	169	862542.20	13.32	1.40

资料来源：上海市科技创业中心，《2020 上海市高新技术成果转化项目年度报告》，2020。

三　浦东科技成果转化主要短板和不足

（一）全域科技成果转化布局的战略性和系统性有待提升

在科技成果转化创新链衔接方面，张江高科技园区、临港自贸区、外高桥保税区、陆家嘴金融贸易中心"三区一中心"科技成果转化联动不足，缺乏从原创科学技术成果、重点产业技术熟化转化到科技金融支撑的系统性布局。从数据情况来看，2020 年，上海市全社会研发强度高达 4.1%，浦东仅为3.65%，低于全市平均水平，企业创新能力和成果转化能力有待进一步提升。科技成果转化对浦东经济高质量发展的驱动能力仍然不足，国家实验室、重大科技基础设施等一批战略科技力量与当地科技型企业的衔接仍然存在隔阂。

（二）科技成果转化溢出效应显著强于内驱动力

浦东科技成果转化大部分溢出至外部区域，浦东吸纳科技成果转化的数量明显少于对外输出数量，内部技术转让和技术合作情况效益也不如对外输出产生的效益，这是创新链产业链分割的必然趋势。大量生物医药企业、集成电路企业均将生产研发分离。受生产要素和发展环境的制约，浦东可以利用的产业用地非常有限，难以承载企业大面积用地需求和各方面成本。外地成果转化支持力度较大，长三角城市对于科技成果转化和产学研合作的补贴力度不断加大。

（三）成果转化双向链接不匹配、不通畅、不高效

创新主体能级和供需对接不匹配。浦东缺乏具有国际影响力、拥有先进技术、占据产业链高端的龙头企业；高校、科研院所与企业的空间距离较远，创新合作模式不成熟，缺乏高水平的成果转化平台。现有功能型平台双向链接的桥梁作用有待进一步发挥，上海科学院、上海产业技术研究院改革仍在进行中，长三角国家技术创新中心建设亟待加速推进。促进双向链接的组织模式不高效，科技创新仍面临基础研究离市场远、企业创新需求与活力不强等问题，需要进一步加强政策的系统集成性。

（四）成果转化外部环境仍有待优化

成果转化的技术资源的市场配置能力有待加强。专业化的技术成果供需对接平台、科技成果信息集中发布机制尚未建立，浦东拥有技术转移办公室的高校仍属少数。专业化的技术转移人才队伍建设仍显不足。现有的一些专业化技术转移机构生存盈利空间较小，不利于培育长期稳定的技术转移人才队伍。制约科技成果转化的制度藩篱仍未得到根本性的破除。科技成果转化涉及科技、经济、审计、税务、国资、人社等众多条块，单位领导与科研人员、政府治理与市场机制等多处矛盾难以突破，亟需浦东从更高站位进行系统谋划和整体突破。

四 全球科技成果转化的典型案例与模式经验借鉴

（一）环大学创新生态塑造——斯坦福大学科技成果转化案例

斯坦福大学在科技成果转化方面是世界公认的领导者。目前，斯坦福创

业企业每年给世界带来2.7万亿美元收入，斯坦福校友和员工创办了3.9万家企业，创造了540万个工作岗位，之所以成功主要有以下几点经验。

第一，斯坦福大学创新资源汇聚能力突出。根据QS世界大学排名，斯坦福大学位列世界第二，拥有全球最卓越的科研人才和最优秀的研究生团队。斯坦福大学每年的科研经费总量超过16亿美元，其中超过80%来自美国联邦政府投入，且都面向未来的基础研究，不设短期考核目标，为斯坦福大学创造最顶尖的科技成果提供了保障。

第二，专业性很强的科技成果转化团队。目前斯坦福大学技术许可办公室（OTL）拥有全职员工50人左右，且大部分人拥有生命科学、信息科学和其他高技术专业背景和商业经验。首先，OTL是斯坦福大学知识产权的"掌门人"，对内是知识产权的评估者，对外是知识产权交易的撮合人。其次，OTL具有很强的独立性，包括创新的许可收入分享机制，大幅提升了工作人员积极性和效率。最后，OTL把工作重心放在了专利营销上，推动工作人员与各行业广泛接触，从而能以最优匹配而非便利原则开展科技成果转化工作。可见，OTL在斯坦福大学科技成果转化中的桥梁作用不可替代。

第三，完善的风险投资体系。硅谷一直以来擅长利用金融资本来经营知识资本，以风险投资促进科技成果转化。目前硅谷拥有1000多家风险投资机构，对斯坦福大学科技成果转化起到积极作用，其专业性不是一般银行可以替代的。大量的创业投资基金、创新基金不仅为企业提供了企业管理、技术服务等一系列金融服务，还是斯坦福大学科技成果转化的加速器。

（二）"科技产—产技科"双回路模式——江苏省产业技术研究院案例

江苏省产业技术研究院（简称"江苏产研院"）是新型研发机构体制机制创新的重要平台载体，是产学研双回路模式的重要实践者，打通了"科技产—产技科"双回路全链条。

1. "三元耦合"支撑科技创新活动高动能开展

江苏产研院通过高效整合行业龙头企业创新中心、高校和新型研发机构的学科研究力量以及积极整合政府资本和撬动社会资本，在研发创新活动的初始节点科学谋划，三元耦合打造科技创新源头的强劲动力基础。比如，在研发载体端，2020 年，江苏产研院在无锡、常州、南京等地新建专业研究所 6 家，推进长三角先进材料研究院和集成电路应用技术创新中心两大集成创新平台建设，启动实施了一批重大项目。截至 2020 年底，已建设研发载体 58 家，已认定 50 家江苏省研发型企业，其中 2020 年新认定 20 家，稳步推进研发型企业成长壮大。在创新资源端，与哈佛大学医学院、慕尼黑大学物理系、加拿大萨斯喀彻温大学等 9 家海外知名高校（院系）和 25 家国内双一流高校达成战略合作。在资本支持方面，主要通过设立早期创投基金等方式，撬动社会资本，围绕创新链部署资金链，构建有利于研发产业发展的金融生态。2020 年，江苏产研院支持研发载体与私募股权投资管理人合作设立早期创投基金 4 只，截至 2020 年底，设立创投基金达 11 只，江苏产研院参股比例为 5% ~ 20%，累计撬动社会资本 13.15 亿元。2020 年，江苏产研院分别与中国银行、江苏银行、南京银行、北京银行、国信集团、朗泰资本、海创投资等金融和投资机构建立战略合作关系。

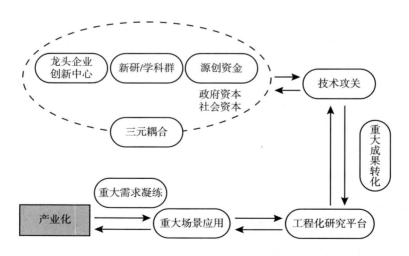

图 4　江苏省产业技术研究院"科技产—产技科"双回路模式

2. 通过体制机制创新确保双向链接顺畅通道

江苏省产业技术研究院改变以往政府支持研发机构的一贯思路，开创性实施全新评价与资金支持机制，即重点考核研究所内部的技术创新成果有多少被企业所接受、能够被产业化的科技成果有多少，将产业化应用作为衡量科技创新成果价值的重要标准之一，并且创造性地将其称为"合同科研"，即在资金支持方面突破以往财政对研究所的支持方式，不再按人员编制和项目分配财政经费，而是根据研究所服务企业的科研绩效决定支持经费，从而发挥市场在创新资源配置中的决定性作用，克服了转制院所技术不转让、无法带动企业和产业发展的弊端。同时通过内生激励机制的创新，激发了科研工作者更加注重基础研究与应用基础研究向产业端转化，从源头解决和回答了为谁创新的问题，明确了技术创新活动的目的和价值导向。同时，在科技创新成果不断被推向产业应用端的同时，江苏产研院十分注重产业端重大需求的再次凝练和迭代反馈机制的打造，即从产业应用的需求侧为基础研究与应用基础研究提供素材和重要课题，形成通畅的内循环发展机制。

五　对策建议

（一）全面加强企业技术创新能力和成果转化承载力

一是强化企业创新主体地位，提升科技成果转化承载力。促进各类创新要素、创新资源向企业集聚，支持企业设立各类研发基地、专业化孵化器、制造业创新中心等创新平台，全面加强对企业研发投入和成果转化的专项支持和补贴，重点领域研发加计扣除提升，推动"张江20条"关于科技成果转化供给方和受让方的资助能在更大范围内享受和使用，设立成果转化年度十佳奖项。

二是鼓励企业凝练科学和技术问题，优化科技需求发布机制。鼓励科技型领军企业牵头组建创新联合体，瞄准关键核心技术开展联合攻关。将以创新联合体形式开展关键技术核心攻关作为"张江20条"政策支持的重要考评指标，促进产业链供应链实施"链长制"和"链主制"，进一步推动"揭榜挂帅"向重点领域核心技术靠拢。"链主"企业提出共性技术和"卡脖子"技术需求，以"谁被卡谁出题、谁出题谁出资、谁能干谁来干、谁牵头谁采购"为根本，采取小范围邀标和定向邀标模式，结合"赛马制"方式开展技术攻关，政府加强配套。拓宽企业、高校院所之间的"旋转门"，鼓励企业家、技术骨干与科研人员双向流动，推动实验室的基础研究更多面向应用，推动企业更好凝练重大科学问题和技术问题，打通"向前链接"通道。

三是加快建设科技创新成果转化应用场景和融入产业生态。推广科技成果转化首台套应用，对符合条件、属于科技成果转化的首台套产品给予优先支持。鼓励产业联盟和地方企业率先应用重点领域国产替代成果转化产品，推动科技创新成果转化尽快融入产业生态，服务国家战略需求和产业链健康稳定发展。

四是鼓励企业牵头应用导向的基础研究攻关。鼓励由集成电路、生物医药、人工智能领域的龙头企业牵头，实施浦东"探索者计划"，加强基础研究、应用研究与龙头企业前沿技术发展紧密结合，形成面向市场应用和落地转化的基础研究攻关。

（二）打造链接两端的科技成果转化平台体系

首先，重点打造科技创新成果转化集聚区。依托上海科技大学科技成果发明和转化基础，打造环上海科技大学创新圈，鼓励周边科技型企业、创新平台对接上海科技大学科技成果，支持成果"就近转化、率先转化"。

其次，加快拓展国家战略科技力量的后端转化渠道。探索"核心＋基地＋网络"的联动模式，组建以国家战略科技力量为核心，集地方科研院所、创新平台、科技型企业、科技服务机构、科技金融机构于一体的"引领性科技创新组团"，充分发挥前端基础研究向后端链接能力。鼓励大型国有企业集团或领军科技型企业参与后端资源整合，加强科技、产业、金融高效联动和成果孵化。

再次，提升科技创新成果中试平台能效。支持研发与转化功能型平台和服务科技成果转化的各类创新平台建设发展，推动各类平台向社会开放，集聚技术资源和要素。推动重点实验室、工程实验室、工程研究中心、企业技术中心等创新载体进一步面向产业发展需求，提升整合为中试熟化载体，吸引国内外先进技术项目进一步熟化和当地产业化。对于引进技术熟化和产业化项目，政府给予创新创业资金补助和政策支持。

最后，鼓励科技型领军企业开放创新融通发展，协同建设一批前沿概念验证中心，促进新型研发机构科技成果转化。推动浦东行业龙头企业设立开放式创新平台和孵化中心，鼓励中小企业围绕龙头企业发展需求开展技术创新和成果转化，形成创新链、产业链高度融合的发展格局。促进大中小企业技术创新和成果转化协同发展，对设立创新中心的科研类、民非类主体遵照"张江20条"和科创策源专项给予资助，适度降低资助比例或对成果转化效果采用后补助、后奖励的差异化资助模式。通过政府引导吸引社会资本共同设立浦东科技成果转化引导基金，重点聚焦科技成果转化"最初一公里"，鼓励在高校、科研院所等高水平研究平台内建设一批概念验证中心以验证资金、配套种子资金、创业培训、孵化场地等个性化支持方案，提升基础研究、前沿研究与产业的链接能力，确保浦东原创成果和原创思想精准对接产业需求并落地转化。引导建设一批功能导向明确、市场机制灵活的新型研发机构，明确新型研发机构界定标准。

（三）促进高校院所形成市场需求导向的高质量科技供给

健全高校院所科技成果管理制度。建立高校院所科技成果披露制度，依托国家技术转移东部中心高校技术市场建立浦东科技成果综合信息平台，鼓励浦东各类高校院所建设符合自身科技创新发展特点的TTO办公室，统筹推进科技成果转化管理工作。鼓励高校院所服务共性技术开发和成果转化。探索试点"包干制"，定向委托开展重点领域共性技术研发和成果转化。鼓励浦东各类研发基地、高校院所联合技术创新中心开展关键共性技术攻关和科技成果转化。改革科研人员激励机制，调动科研人员在推动行业共性基础技术转化应用方面的积极性。推动大学科技园高质量发展，加快推进浦东大学科技园成为各大高校"成果转化首站"，加强大学科技园与创新创业孵化器、产业园的高效对接，形成一站式成果转化、企业孵化、产业强化的发展格局。深化高校校区、科技园区、城市社区联动融合，培育孵化一批胚胎型高新技术企业。鼓励科技园开展"校—校、校—所、校—企"合作，辐射带动周边区域经济发展，支撑高校师生双创实践，为来浦东大学科技园的创新人才和孵化项目提供服务配套。优化科技成果转化评价体系，可以考虑将产学研等科技成果转化项目认定为省部级重点项目，将其用于职称评定。

（四）推动重点产业领域加速科技成果转化

浦东应当结合自身重点产业发展需求和要素禀赋特征，制定更具针对性的重点产业领域科技成果转化策略，为不同行业量身谋划加速科技成果转化的实施路径和政策体系。

表3　浦东重点领域推进科技成果转化具体做法

产业领域	具体做法
集成电路领域	率先在浦东集成电路领域形成资助和投资并举的扶持模式，全力资助基础研究攻关 逐步构建内聚外合、多方联动的"新型举国体制"组织模式 组建集成电路领域创新共同体，将研发攻关和成果转化并行推进
生物医药领域	加快构建医研产融合成果转化体系 积极争取国家临床医学中心建设，促进医生科研人员考核指标向医研产转向 以医学影像数据为重要试点，推进医疗大数据开放共享 进一步推动上市许可持有人（MAH）制度试点和全域落实，建设特色MAH产业园，打造MAH、医药研发、生产、销售、推广、保险、金融、法律一体化生态圈
人工智能领域	推动政务信息系统整合共享和数据资源整合利用 积极探索无人驾驶高速测试等应用场景制度突破

（五）打造独具浦东特色的技术转移人才队伍

一是加快推动技术转移学院在浦东实体化运行。联合同济大学知识产权学院、国家技术转移东部中心等重要机构，依托浦东新区属地高校设立开放式、平台型、专业化、产教融合、理论结合实训的上海技术转移学院实体机构。结合技术转移全链条、全要素的人才培养需求，探索技术转移方向学历教育培养体系，强化继续教育中技术转移职业能力培养和职业素养提升，鼓励在张江高新区和临港自贸区率先创新实训模式，打造师徒制、以战代训的实训体系。

二是依托"三方引才"吸纳一批高水平技术转移人才。一方面，鼓励企业、高校院所依托国内外知名猎头公司吸引一批高水平技术转移专业人才，引进国际先进技术转移经验和方法。另一方面，依托现有高校院所平台，以才引才，招录一批了解高校院所研发模式的产业化人才。

三是优化技术转移人才培养环境。将培养技术转移人才纳入浦东各类研发基地、企业技术创新中心考核评审，推动将技术转移人才培养成为研发机构平台的使命担当。加大力度贯彻落实关于技术转移人才的保障政策和相关配套，积极协调各方制定技术转移人才落户安居政策，加快推动技术经济工程技术人才职称评价标准制定和颁布。

（六）以"新型举国体制"模式保障浦东科技成果转化向纵深推进

一是聚力建设有利于科技成果转化的发展环境。以系统性、整体性的眼光看待科技成果转化工作是浦东全区所有部门的共同目标。推动土地利用弹性机制进一步突破，鼓励重大成果属地转化，同时，积极探索在外产业飞地和成果转化飞地建设方案和协同模式，建立符合科技创新规律的利益共享机制。

二是加强部门协调联动，推动科技成果转化各项政策落地落实。进一步理顺政府和市场关系，对于已经颁布和实行的科技创新成果转化政策开展跟踪调研，对于一些在政策执行中存在相关部门互相牵扯问题的具体事项，协同国资、财政、税务等相关部门开展联合部署。建议区委、区政府加强科技成果转化相关工作牵头和督办工作，以全区之力推进机制体制改革突破，推动浦东科技成果转化工作成为科技创新重要名片。

B.6
浦东新区打造上海国际金融中心核心区的进展及展望

吴 友*

摘 要： 本文首先从上海国际金融中心发展现状，以及浦东新区发展的区位、要素、产业和制度四大优势出发，确定了浦东打造上海国际金融中心核心区的功能定位与战略意义。随后，从浦东金融机构集聚趋势、自贸区引领作用、长三角金融服务平台建设、金融服务实体经济效率以及金融人才集聚五个方面对浦东打造上海国际金融中心核心区的发展现状进行总结。未来浦东要通过全力打造高水平制度开放基地、提升全球资源配置能级、进一步提升金融服务实体经济效率三方面来助力上海国际金融中心建设。

关键词： 浦东新区 上海国际金融中心 资源配置能级

上海国际金融中心建设是国家重大发展战略，改革开放以来，特别是1990年中央政府做出上海浦东新区开发开放战略决策以后，针对经济全球化和世界金融竞争新格局，中央政府明确提出了加快将上海建设成为与我国经济实力相匹配、与人民币国际地位相适应的国际金融中心这一重大战略决策。"十四五"时期是上海在新起点全面深化"五个中心"建设、加快建设现代化国际大都市的关键之期。在"十四五"开局之年，一系列支持上海

---

* 吴友，经济学博士，上海社会科学院经济研究所助理研究员，主要研究方向为区域经济发展与创新创业。

国际金融中心建设、浦东开发开放的重磅政策落地。2021 年 7 月 15 日，中共中央、国务院发布《关于支持浦东新区高水平改革开放打造社会主义现代化建设引领区的意见》；2021 年 7 月 28 日，上海市人民政府印发《上海国际金融中心建设"十四五"规划》；2021 年 8 月 4 日，浦东新区人民政府印发《浦东新区深化上海国际金融中心核心区建设"十四五"规划》。上述政策颁布实施标志着浦东新区立足新发展阶段，肩负起新使命，踏上了更高水平改革开放、助力上海国际金融中心建设、提升全球资源配置能级的新征程。

一　浦东打造上海国际金融中心核心区的功能定位

（一）浦东打造上海国际金融中心核心区的背景与优势

1. 上海国际金融中心的时代背景

建设上海国际金融中心是党中央、国务院从我国社会主义现代化建设全局高度做出的一项重大战略决策。1991 年，邓小平同志视察上海时指出，"上海过去是金融中心，是货币自由兑换的地方，今后也要这样搞。中国在金融方面取得国际地位，首先要靠上海"。1992 年，党的十四大报告提出"尽快把上海建成国际经济、金融、贸易中心之一"。2001 年，国务院明确要把上海建设成为"国际经济、金融、贸易、航运中心之一"。2009 年国务院提出，"2020 年上海要基本建成与我国经济实力以及人民币国际地位相适应的国际金融中心"。2018~2020 年，习总书记来沪考察时，提出了在上海设立科创板并试点注册制等新的三大任务、强化全球资源配置等"四大功能"、推动浦东高水平改革开放等一系列重要指示和明确要求，为上海国际金融中心建设注入了强大动力。经过几十年锲而不舍的努力，上海国际金融中心的建设取得了许多可圈可点的成就。2021 年 9 月，在英国智库 Z/Yen 集团发布的第 30 期全球金融中心指数（GFCI）排名中，上海市得分为 713 分，位列全球第六。

2. 上海国际金融中心发展概况

从金融要素市场来看，上海国际金融中心集聚了包括股票、债券、保险、货币、外汇、黄金、商品期货、金融期货、票据、信托在内的各类金融要素市场和金融基础设施，是国际上金融市场种类最齐全的城市之一。2020年，上海金融市场成交总额达2274.8万亿元，比2015年增长了55.5%，市场规模日益增大。从金融产品推广来看，推出了国债、股指期货、外汇期权等一系列金融产品工具，为金融资产定价、发行、交易和风险管理等提供了坚实保障。从金融服务实体经济效率来看，2020年，上海市金融市场直接融资额达17.6万亿元，比2015年增长91.3%，保障了实体经济高效发展的资金供给；累计为近3万家企业发放疫情防控贷款4527亿元，为中小微企业本息临时延期2508亿元；上海各类企业贷款平均利率为4.26%，同比下降63个基点；全市中小微企业政策性融资担保基金融资担保规模超300亿元，增长超50%。在2021年3月工信部发布的中小微企业发展环境评估中，上海融资环境排名全国第一。从国际金融人才建设来看，上海有着完善的金融人才培养体系，如实施"金才工程"，吸引和培育了海内外大量的优秀人才。据不完全统计，2020年末，在沪金融从业人员已达47万人。

3. 浦东打造上海国际金融中心核心区的优势

区位优势。地理上，浦东位于中国海岸线的中间点与长江入海口的交汇处、上海市东部，交通便利，腹地广阔，具有良好的港口航道条件和港口集疏运体系，港口吞吐能力较强。据统计，长三角承接了全国集装箱吞吐量的1/2，上海承接了长三角吞吐量的1/2，而浦东承接了上海港集装箱吞吐量的2/3。2021年8月，上海港集装箱吞吐量达到431.8万标准箱（TEU），创下单月生产纪录。经济上，浦东新区经济始终保持高速增长，以占全市1/5的土地面积、1/4的人口数贡献了1/3的经济总量和1/2的核心功能。2020年浦东新区的主要经济指标迈上新台阶，地区生产总值达到1.32万亿元，占全市比重为34.1%；金融业生产总值达到0.42万亿元，占全市比重为58.1%。

要素优势。浦东新区已集聚上海证券交易所、上海期货交易所、中国金融期货交易所和国家外汇交易中心等要素市场，资本市场和期货市场规模保持全球前列；以浦东国际机场、洋山港为代表的空港海港是世界级资源枢纽；金融专业性人才集聚趋势明显，浦东金融从业人员数已超过40万人，高层次金融人才的占比逐年提高，金融人才的国际化水平显著上升。

产业优势。浦东新区高端制造业集群优势明显，"中国芯""创新药""蓝天梦""未来车""智能造""数据港"六大硬核产业快速发展。在集成电路产业链覆盖设计、制造、封测和设备材料等研发设计环节，已经形成了链条最完整、条件配套最好的产业集群；生物医药研发能力全国领先；海洋工程、汽车制造、航空航天制造均集聚了一大批优质龙头企业，能很好发挥园区与企业高新技术的溢出带动作用。

制度优势。2021年7月15日，中共中央、国务院公开发布《关于支持浦东新区高水平改革开放打造社会主义现代化建设引领区的意见》（以下简称《意见》）。《意见》首次提出比照经济特区法规授权地方制定法规，将为浦东"大胆试、大胆闯、自主改"提供前所未有的法治保障。首次提出制度型开放试点并赋予综合性改革试点任务，进一步为浦东赋予了更大的改革自主权和开放新空间。首次提出构建与上海国际金融中心地位相匹配的离岸金融体系，设立国际金融资产交易平台。这些"首次"的提出为浦东打造上海国际金融中心核心区提供了有力的制度保障。

（二）浦东打造上海国际金融中心核心区的战略定位

2020年11月12日，习近平总书记在浦东开发开放30周年庆祝大会上提出，党中央"将赋予浦东新区改革开放新的重大任务"，要求浦东"努力成为更高水平改革开放的开路先锋、全面建设社会主义现代化国家的排头兵、彰显'四个自信'的实践范例，更好向世界展示中国理念、中国精神、中国道路"。2021年7月《意见》的出台标志着浦东在新发展阶段、新发展理念下要肩负起新使命，踏上高水平改革开放的新征程。《意见》对浦东新区打造上海国际金融中心核心区的战略定位进行了明确说明，以服务共建"一带一路"为切入点和突破口，积极配置全球资金、信息、技术、人才等要素资源，打造全球资源要素的配置功能高地。

《意见》赋予了浦东前所未有的新的历史使命——更高水平改革开放的开路先锋、自主创新发展的时代标杆、全球资源配置的功能高地、扩大国内需求的典范引领、现代城市治理的示范样板。浦东以服务共建"一带一路"为切入点和突破口，秉承开放的区域合作精神，致力于维护全球自由贸易体系和开放型世界经济，促进经济要素有序自由流动、资源高效配置和市场深度融合，推动高水平对内改革和对外开放。浦东需要不断完善金融市场体系、产品体系、机构体系、基础设施体系，发展人民币离岸交易、跨境贸易结算和海外融资服务，建设国际金融资产交易平台，提升重要大宗商品的价格影响力，更好服务和引领实体经济发展，发挥全球高端资源要素的配置功能。

（三）浦东打造上海国际金融中心核心区的战略意义

浦东的发展使命与历史方位需立足中华民族伟大复兴战略全局、世界百年未有之大变局两个大局，融汇于以国内大循环为主体、国内国际双循环相互促进的新发展格局中。浦东新区高水平改革开放打造社会主义现代化建设引领区，打造上海国际金融中心核心区意义重大、影响深远。

第一，这是推动构建国际金融合作新秩序的战略选择。20世纪90年代初，面对复杂多变的国际风云和改革开放的严峻考验，党中央做出开发开放浦东、金融先行的重大决策；30年后，浦东以瞩目成就、傲人风貌成为中国特色社会主义制度优势最鲜活的现实明证、改革开放和社会主义现代化建设最生动的实践写照。我国已开启全面建设社会主义现代化国家新征程，以中国为代表的新兴大国正积极参与构建国际金融新秩序，而浦东在基础设施、要素集聚、科技创新、金融市场体系建设等方面已形成独特优势，为更好利用国内国际两个市场两种资源提供重要通道。打造国内大循环的中心节点和国内国际双循环的战略链接，牵引塑造我国参与国际合作和竞争的新优势，是党中央与当前国际政治经济和金融形势博弈的一次"精准落子"，是新发展格局下的战略选择。

第二，这是服务全国大局和带动长三角一体化发展的重大举措。上海是我国最大的经济中心城市和推动长三角一体化发展战略的龙头，而浦东承载了上海"五个中心"建设的重要功能。支持浦东高水平改革开放，就是要浦东从根本宗旨、问题导向、忧患意识出发，完整准确全面地把握创新、协调、绿色、开放、共享的新发展理念，探索将新发展理念创造性转化为发展实践的方式路径，构筑区域发展的强大势能，带动上海进而带动长三角和长江经济带高质量发展，为提升我国经济总体效率注入强劲动力、提供示范样板。

第三，这是促进上海金融业高质量发展的有力支撑。浦东金融是上海国际金融中心能级显著提升和全球资源配置高能级发展的中坚力量，应以自贸区金融开放为引领，打造以金融开放为核心的联通全球大平台，促进资本、服务、技术、数据等高端要素自由流动，实现全球资源高效配置。高度集聚的金融业和高度完备的金融市场体系能够更好地服务高新技术企业发展，积极培育上海创新动能，推动重大产业项目落地发展。浦东金融是推动上海打造具有国际竞争力的产业新高地、建设世界级城市群的重要力量。

二 浦东打造上海国际金融中心核心区的现状

（一）金融机构集聚趋势明显

1. 浦东新区金融总量持续增长，占上海市比重逐年提高

从2016年至2020年上海市和浦东新区生产总值和金融业总产值（见表1）来看，浦东对于上海市的总体经济贡献度逐年提高，而金融行业更是占据全市金融行业的半壁江山。具体表现为：浦东在上海市经济发展中地位凸显，其GDP占比从2016年的30.99%上升到2020年的34.13%；金融业作为浦东经济发展的第一大产业，总产值从2016年的2399.09亿元增加到2020年的4164.70亿元，年均增长率为14.78%，其总产值占浦东经济发展的比重逐年提升，从2016年的27.48%上升到2020年的31.53%。从上海全市金融业发展的情况来看，上海市金融业的一半以上产值来自浦东新区，浦东金融业占全市金融业比重从2016年的50.34%上升至2020年的

58. 12%。浦东新区金融产业的快速发展，为全区乃至上海市的经济社会平稳健康发展提供了强有力的支撑。

表1　2016～2020年上海市与浦东新区GDP与金融业总产值情况

单位：亿元，%

年份	GDP			金融业总产值		
	上海	浦东	浦东占全市比重	上海	浦东	浦东占全市比重
2016	28178.65	8731.84	30.99	4765.83	2399.09	50.34
2017	30632.99	9651.39	31.51	5330.54	2698.71	50.63
2018	36011.82	11902.83	33.05	5781.63	3424.65	59.23
2019	38155.32	12734.25	33.37	6600.60	3835.08	58.10
2020	38700.58	13207.03	34.13	7166.26	4164.70	58.12

资料来源：上海市浦东新区人民政府与上海市统计局。

2. 金融市场体系建设日趋完善

浦东目前已成为全球金融要素市场最完备、交易最活跃的地区之一，集聚了股票、债券、期货、保险、信托、外汇等13家金融要素市场和基础设施，主要要素市场成交水平在全球名列前茅。2020年，上海证券交易所成交额为366.70万亿元，同比增长29.4%。其中股票市场成交额为84.07万亿元，较上年增长54.4%；基金市场成交额为10.75万亿元，较上年增长56.8%；国债市场成交额为271.05万亿元，较上年增长22.2%；上交所股票IPO数量和融资额均居全球首位。上海期货交易所成交额为140.02万亿元，同比增长44.4%，排名全球第二。其中铜市场成交额为14.13万亿元，较上年增长62%；天然橡胶期货成交额为13.10万亿元，较上年增长了103.1%。中国金融期货交易成交量达11528.4万手，同比增长73.6%；金融期货交易成交额为115.44万亿元，同比增长65.8%。浦东新区完备的金融要素市场、活跃的交易量为打造金融全球资源配置功能高地提供了完备的基础载体。

3. 银证保等外资金融机构数量持续增长

浦东紧紧抓住金融服务业扩大开放的机遇，先后出台了重大政策，在放宽外资金融机构设立条件、扩大经营范围、提升外资金融机构能级等方面取得了一系列重要成就，吸引摩根大通证券、贝莱德基金、安联控股、大韩再

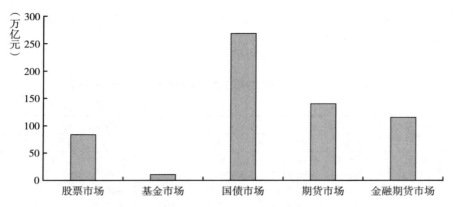

图1 2020年浦东新区主要金融要素市场成交额

保险等大型外资金融机构在浦东集聚，逐渐形成了持牌类金融机构、地方新兴金融机构和金融专业服务机构共同发展的金融体系，是全球金融机构最密集的地区之一。2020年，浦东共有银证保监管类持牌金融机构1110家，其中银行类287家，比2019年增加了5家；证券类512家，比2019年增加了17家；保险类311家，比2019年增加了10家。地方性金融机构有32家，其中小额贷款公司23家，数量与上年持平；融资性担保机构9家，比上年增加了1家。以第三方支付为主体的金融专业服务机构有19家，数量与2019年持平。

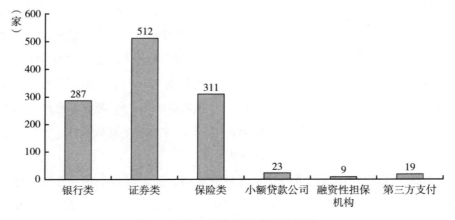

图2 2020年浦东新区金融机构数

（二）自贸试验区引领作用加强

自贸区跨境人民币业务快速发展。2015 年 4 月 22 日，经人民银行总行批准，人民银行上海总部发布《关于启动自由贸易账户外币服务功能的通知》（以下简称《通知》），标志着上海自贸区自由贸易账户外币服务功能正式启动。《通知》规定上海开展自贸试验区分账核算业务的金融机构可按要求提供经常项下和直接投资项下的外币服务。这是中国人民银行积极推进资本项目可兑换、推动上海自贸试验区进行新一轮金融改革的重要举措。2020 年 11 月 5 日，上海市人民政府印发《上海市全面深化服务贸易创新发展试点实施方案》，明确提出在临港新片区探索建立本外币一体化账户体系，支持符合条件的跨国企业集团建立本外币合一资金池，在境内外成员之间集中开展本外币资金余缺调剂和归集业务。2021 年 6 月 8 日，上海自贸区临港新片区发布《中国（上海）自由贸易试验区临港新片区金融业发展"十四五"规划》，从四大体系十八大行动出发（见专栏 1），进一步提升自由贸易试验区的引领作用与资源配置能力。

专栏 1　临港新片区金融业发展四大体系十八大行动

"十四五"时期是临港新片区金融业实现高质量发展、奋力谱写新时代追赶超越新篇章的关键时期。2021 年 6 月 8 日，上海自贸区临港新片区发布《中国（上海）自由贸易试验区临港新片区金融业发展"十四五"规划》（下称"规划"）。《规划》以健全金融规则体系、现代金融机构体系、优化实体经济服务体系、高质量发展保障体系四大体系为目标，聚焦开展人民币国际化、金融机构多元化、资本产业融合化、金融风险监管防范等 18 项具体行动展开，为加快境内外资本自由流动，强化全球金融资源配置功能，为打造上海国际金融中心核心区贡献金融力量。

先行先试金融规则体系建设，全面塑造发展新优势。①加快构建与国际接轨的金融规则体系，实行高强度金融压力测试，建立对标国际规则的金融

交易机制与监管制度。②推进人民币国际化和资本项目可兑换在临港先试先行，稳步推进资本项目可兑换，提升经常项目可兑换便利性。③搭建"人民币在岸—离岸循环机制"。④加快建设国际金融资产交易平台、国家级大型场内贵金属储备仓库、全国性大宗商品仓单注册登记中心等高能级要素资源平台。

加快发展现代金融机构体系，提升金融核心竞争力。⑤鼓励和支持外资以多种方式设立金融机构。⑥吸引境内外大型银行、证券、保险、基金、期货等落户临港新片区，发展多元化金融机构体系。⑦积极吸引全球大型资产管理机构设立区域总部，培育一流投行和资管机构。⑧吸引境内外金融机构和科技龙头企业在临港新片区设立赋能平台。⑨优化融资租赁行业发展环境，探索实施精准有效的监管模式。

全力优化实体经济服务体系，推进产业和金融协调发展。⑩形成"股权投资＋融资担保＋银行贷款＋融资租赁＋结构化融资＋资本市场"的跨市场、全周期、多层次的科技金融闭环新模式。⑪打造资本市场"临港板块"支持和鼓励更多科创企业上市，并开展多元化的直接融资业务。⑫大力吸引和培育天使投资、风险投资、创业投资、私募股权投资等各类投资机构，畅通科技型企业融资渠道，打造国际创投集聚区。⑬引导金融机构加大对新型国际贸易、高端航运服务、社会民生等重点领域的支持力度，推动跨产业融合发展。⑭完善金融支持中小微企业政策工具，丰富绿色金融产品，大力发展普惠金融和绿色金融。

构建高质量发展保障体系，实现促发展和防风险相统一。⑮加快滴水湖金融湾品牌建设，与陆家嘴金融城、外滩金融集聚带等金融承载区形成错位互补、协同发展，构建"一城一带一湾"新发展格局。⑯推动法律、数据、人才、税收等领域制度构建，深化金融改革系统集成创新。⑰建立统一高效的金融管理体制机制和适配的监管模式，探索"监管沙盒"理念，支持临港新片区开展更多深层次金融创新试点。⑱加强与金融监管部门合作，健全风险全覆盖监管框架，做好开放条件下浦东新区金融风险防范与应对能力。

截至 2020 年底，自贸区共有 61 家金融机构通过分账核算系统验收，共开设了 13.12 万个自由贸易账户，累计 1199 家企业开展了跨境双向人民币资金池业务，资金池收支总额 2.77 万亿元；自贸区跨境人民币经常项下结算额达 0.73 万亿元，直接投资项下结算额为 1.28 万亿元；区内跨境人民币结算总额达 6 万亿元，占全市比重为 41.33%。在上海自贸试验区创设的本外币一体化自由贸易账户，有效打通了企业境外融资通道，降低了融资成本，提高了国际资本流通效率。

（三）长三角金融服务一体化平台构建

浦东张江科学城的长三角资本市场服务基地是联动科创企业和金融机构的"信息桥梁"，成为拟上市企业登陆科创板的一站式"服务窗口"。截至 2021 年 7 月 21 日，基地通过战略合作签约的方式与长三角区域内 35 座城市缔结为联盟城市，136 家国内股权投资机构、证券机构、商业银行、中介服务机构等金融机构签约为联盟成员，为科创企业提供投融资支持、上市辅导、专业咨询等全生命周期服务。长三角资本市场服务基地正在全力打造 3.0 升级版，2021 年开发建设的"金证创通"科创金融服务平台建立了企业库、专家库和产品库，支持长三角科创企业与基地联盟成员单位的资深专家和投融资产品的在线对接和在线撮合。"金证创通"科创金融服务平台成为拟上市企业登陆科创板的一站式"服务窗口"，支持辅导培训、专业咨询、上市预审、上市政策指引等全生命周期云服务，满足企业多样化服务需求。

目前，基地通过线上线下相结合的方式，构建硬科技企业对接科创板的全生命周期服务体系。基地线上打造长三角区域科创板上市企业"蓄水池"，其中储备库注册企业 5537 家、培育库注册企业 520 家、推荐库注册企业 120 家，为科创板注册制不断提供源头活水。基地借助"大数据 + 人工智能"技术，从海量企业中重点培养与精准推荐科创板上市。基地线下打造"走进长三角""上市问诊"等系列特色品牌活动，已举办各类活动 320 余期，服务长三角企业 4800 余家次，线上线下参与人数超 9 万人次。截至

2021 年 7 月，长三角已上市的科创板企业中，有 60 家企业参加了基地的上市辅导培训和投融资对接活动，有 39 家企业获得了基地联盟成员单位的股权投资，有 121 家企业获得了基地联盟成员单位的保荐及其他中介服务。上交所和浦东新区将依托长三角资本市场服务基地所处的市场优势，为科创板挖掘培育更多优质高科技企业，借助资本助力科技、科技反哺资本的互动循环枢纽功能，推动破除科技企业上市进程中各类瓶颈，助力实现高水平科技的自立自强。

（四）金融服务实体经济效率显著

浦东金融业是浦东乃至上海经济增长的重要支柱。2020 年，浦东实现金融业产值 4164.7 亿元，同比增长 8.59%，占浦东地区生产总值的 58.12%，占上海市金融业产值的 31.53%。浦东金融市场的快速发展，为实体经济发展提供了高额度高效率的资金供给。浦东新区 2017 年出台《浦东新区小微企业增信基金管理办法》，通过对小微企业开展增信基金政策宣讲、对银行基层进行业务活动培训、积极客观地充当企业和银行之间的信息扩散源，着实提高银企沟通效率，推动小微企业增信基金政策落地实施。2020 年至今，浦东金融支持疫情防控，且在"六稳""六保"方面工作成效也十分显著：为全面落实《上海市全力防控疫情支持服务企业平稳健康发展的若干政策措施》，出台支持服务实体经济健康平稳发展的 18 条举措，通过加大扶持力度、减税免租、降低融资成本，帮助企业走出经营困境。2020 年 6 月 16 日召开信用赋能助力企业发展大会，并发布《浦东新区做好"六稳"工作落实"六保"任务信用赋能助力企业发展行动方案》，明确以信用创新企业融资服务专项行动作为推动实施信用赋能助力企业发展的"八大专项行动"之一。2021 年 2 月，浦东新区与上海市财政局举行"浦东创新贷"市、区联动合作签约暨"上海市中小微企业政策性融资担保基金管理中心自贸试验区服务基地"揭牌仪式，持续优化浦东中小微企业营商发展环境，助力浦东中小微企业发展壮大。

表 2　浦东新区企业专属信贷产品

产品名称	担保方式	产品介绍
浦东 e 贷	信用	中国工商银行针对浦东地区小微企业提供"四专服务",具体为专项的规模保障、专属的信贷产品、专职的服务团队、专有的审批通道
浦东增信贷	保证/担保/信用	中国银行为浦东新区中小企业提供授信融资,通过浦东小微双创基金增信增贷,加大对浦东企业支持力度
浦云税贷	纯信用免抵押	中国建设银行针对具有良好纳税记录的浦东新区小微企业(A、B、M级)实施纯信用免抵押贷款,贷款流程简易,放款速度快
浦东快贷	信用	交通银行上海市分行与浦东新区政府合作,通过分析企业的纳税、工商、社保等公共数据,为符合授信条件的浦东新区优质中小企业提供专属贷款产品
浦东数聚贷	信用	浦发银行上海分行与上海市大数据中心共同合作的融资产品,产品依托上海市公共数据开放平台,在获得授权的前提下,以小微企业及企业主的公共数据为基本审核依据,结合浦发银行风控管理要求,为注册地在浦东新区的小微企业提供满足其发展需求的短期流动资金贷款,贷款金额最高不超过 1000 万元
浦信优贷	多种担保方式(保证/担保/质押/抵押/信用等)	上海银行使用浦东新区开放的信息数据,丰富银行内企业信用数据来源渠道,完善行内风控报告,推出浦信优贷 1.0 产品,为注册在浦东新区的企业客户提供包括但不限于贷款的综合金融服务
商用房物业贷	抵押	中国工商银行基于注册在浦东新区的小微企业经营场地租赁行为,为园区入驻企业提供融资,额度高,单户融资额度最高达 3000 万元,其中信用方式贷款最高额度为 1000 万元
科创知产贷	知识产权质押	中国工商银行为注册在浦东新区的科技型小微企业,以科技型企业的知识产权、专利证书做质押,提供个性化还款的金融产品
科创信用贷款	信用	中国工商银行为注册在浦东新区的科技型小微企业提供的纯科创信用担保贷款产品
中小微基金贷	担保	中国工商银行为注册在浦东新区的科技型小微企业提供的专业担保,无抵押贷款产品
复工贷/开工贷	抵押、信用	中国工商银行与上海市中小微企业政策性融资担保基金管理中心、浦东新区金融工作局开展合作,为注册在浦东新区的小微企业提供流动资金贷款
张江模式	不限	中国银行为上海张江高新技术产业开发区科技型企业打造"张江模式"综合金融服务方案,为张江高新所辖全市各分园内科技型企业提供专业、高效、满足全面需求的优质金融服务

资料来源:上海浦东新区企业信用赋能综合服务平台。

从推出的信贷产品种类来看，中国银行、中国工商银行、交通银行等10家合作银行在浦东新区企业信用赋能综合服务平台上定向推出"浦东 e 贷""浦信优贷""浦东增信贷""浦云税贷"等 12 个浦东企业专属信贷产品，详细产品介绍如表 2 所示。从信贷担保业务的总额来看（见图 3），"十三五"期间，浦东新区开展的合作担保业务总额从 2016 年的 2.2 亿元，增长到 2020 年的 60.5 亿元，年均增长率高达 129%。截至 2020 年底，共有 1899 家浦东中小微企业通过增信基金政策，累计获得直接担保贷款 60.5 亿元，同比增长 89.1%，占同期全市业务总量的 20.5%。

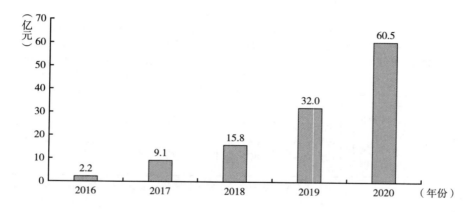

图 3　2016～2020 年浦东新区合作开展担保业务总额

（五）金融人才集聚

浦东新区致力于金融机构及金融人才的综合性服务，打造国际金融人才建设高地。浦东新区通过实施金才服务系列工程，吸引和培育海外金才、领军金才、青年金才三类重点人才，截至 2020 年底，在沪金融从业人员已达 47 万，其中新区的金融从业人员超过 30 万，高层次金融人才数量持续上升，一年一度的"陆家嘴论坛"成为国内外金融领域高端人才对话交流的重要平台。在金融人才服务方面，组建浦东金融业联合会人才专委会和浦东重点金融人才联合服务小组，采取组团式、一站式的系统集成服务方式，为重点金融人才在浦东居留、展业等各方面提供更快捷便利的服务。围绕金融机构人力资源管理、金融人才全生命周期职业发展、生活便利、金融行业文化建设打造金才行业通、金才职业通、金才生活通、金才文化通等四大品牌活动，以金牌"店小二"的优质服务助力金融人才队伍建设。

三 浦东打造上海国际金融中心核心区的展望

（一）全力打造更高水平金融领域制度开放基地，畅通国内外金融资源渠道

浦东新区是上海乃至长三角对外开放、发展外向型经济的基地。高水平金融领域制度型开放，意味着高水平金融制度供给、高质量金融产品供给、高效率资金供给，着力在金融产品、金融要素市场、金融体系建设等制度型开放方面有所突破，建成更具国际竞争力的金融市场体系。一是构建与上海国际金融中心相匹配的离岸金融体系。探索发展离岸金融，发展人民币离岸交易以及配套制度供给和技术支撑，支持离岸贸易集聚区发展；探索资本项目可兑换的实现路径，支持在浦东开展简化外债登记改革试点。二是建设开放的金融要素市场和基础设施体系。包括设立国际金融资产交易平台，推进债券市场设施互联互通，便利合格境外机构投资者参与中国股债市场。三是丰富现有金融产品体系。推动专项债、绿色债，优质公募REITs产品、金融期货等金融产品落地，联合股、债、外汇、期货、保险等多主体合作开放，并适度推出满足投资者需求的多元化金融产品和工具。

（二）积极构建全球资源配置功能新高地，提升金融资源集聚辐射能力

浦东新区要集聚一批首创性、功能性、总部型金融机构，打造上海金融科技中心核心承载区和全球金融科技产业新高地，营造具有陆家嘴金融城特

色的品牌基地，增强浦东在全球资源配置的辐射度。

一是创造高能级金融机构集聚高地。推动金融控股公司、新型持牌金融机构、保险经纪集团等大型头部金融机构的精准招商，推动大型金融机构落户浦东的法律、财税、人才等政策软环境落地，加大国内外知名财经媒体对浦东优越营商环境的宣传力度，提升浦东营商环境知名度。推动全球资产管理公司总部集聚浦东，支持外资不良资产管理机构扩大经营范围，设立地方资产管理公司，支持国际资产管理机构在上海自贸区率先拓展业务范围，开展跨境资产管理业务创新，支持国内外资管机构提供投资管理和投顾服务，建成全球资产管理中心、高能级国际资管机构集聚中心。鼓励利用自贸区开放政策，依托浦东海空港优势，大力发展飞机、船舶等大型设备融资租赁业务，加快优化融资租赁经营环境、创新租赁业务、拓宽融资渠道、降低融资成本，推动融资租赁企业在资产端创新高效发展。

二是打造全球金融科技产业集聚高地。推动促进金融科技企业发展的金融生态圈和金融科技市场体系建设，目前已有建信金科、中银金科等重量级的金融科技公司入驻浦东，未来需要完善浦东金融科技生态体系，吸引更多的金融科技龙头企业集聚浦东。通过鼓励持牌类金融机构积极开展金融科技业务，加强5G、人工智能、云计算、大数据等技术的项目应用开发，打造国际金融数据港，推动城市数字化转型；利用自贸区开放政策优势，推动数字金融特区建设，建立全球高端金融人才引进"直通车"制度；通过构造完整的金融数据产业链，形成金融科技集聚"生态圈"，将集聚优势转化为功能优势。

三是营造陆家嘴金融城品牌服务基地。陆家嘴金融城凭借高度发达的金融业务和较高的金融机构集聚度，已成为上海国际金融中心建设的耀眼名片。未来要进一步对标国际一流，体现更高标准，打造一个金融特征明显、金融要素更集聚、金融服务更专业、生机活力更充沛的金融城。通过进一步提升陆家嘴金融城的服务能级，打造金融创新发展的策源地；推进高能级金融机构集聚和业务创新，打造金融开放市场主体集聚地；建立国际金融城视频连线、全球顶尖资管机构高端对话等常态化交流机制；办好陆家嘴国际再保险会议和陆家嘴论坛，提高浦东金融全球影响力和话语权；办好国际资管科技创业者与投资者大会，打造全球资管中心核心功能区；继续营造全球金融市场辐射地，打造国际一流治理水平的金融城品牌。

（三）进一步提升金融服务实体经济效率，实现金融资源高质量供给

金融是实体经济的血脉，浦东应进一步聚焦科技与金融双向互促，加大信贷投放力度，拓宽资本市场渠道，更好支持实体经济发展。

一是推进陆家嘴金融与张江科技双向赋能融合。浦东以服务张江"六大硬核产业"为基准，丰富企业信贷产品，针对六大产业差异化的金融需求靶向供给金融产品；充分发挥浦东新区创业风险投资引导基金作用，以浦东国有创投机构为龙头，以市场化创投机构为抓手，建立健全"融、投、管、退"全生命周期的创投生态体系，为不同成长周期企业提供特色化差异化金融产品与服务。张江科学城探索建立优质项目信息资源库，建立创投机构与银证保、租赁、融资担保等金融机构之间的合作机制，打造一体化、融合式发展的科创金融服务网络。积极探索新技术在渠道拓展、产品服务、业务形态、风险管控、普惠金融等方面的应用，对金融风险实现科技监管，防范系统性金融风险发生。"陆家嘴—张江"充分发挥比较优势，实现金融城金融要素和科学城科技要素的双向赋能融合。

二是鼓励普惠金融服务创新。制定落实金融支持中小微企业发展相关政策，优化完善增信基金办法，扩大政策性融资担保贷款规模，进一步改善中小微企业的融资环境，完善"银政共担"模式；依靠大数据、人工智能等技术推动金融服务解决方案，鼓励金融机构创新消费信贷产品和服务，大力支持普惠金融服务和产品创新，助力全区落实"六稳""六保"工作。

三是鼓励发展绿色金融。落实国家碳达峰、碳中和目标要求，发挥金融要素市场齐全、金融机构集聚优势，积极参与打造联通国内国际的绿色金融枢纽。加快构建绿色金融产品交易平台，积极探索开发碳金融的现货、远期等产品，支持碳基金、碳债券、碳保险、碳信托等金融创新和投融资机制创新，更好地服务企业绿色转型发展，实现高质量发展。

参考文献

蔡建春：《推进资本市场高水平开放助力构建新发展格局》，《清华金融评论》2021年第6期。

何立峰：《支持浦东新区勇当更高水平改革开放开路先锋打造社会主义现代化建设引领区》，《中国产经》2021年第15期。

黄征学：《浦东新区将在七方面引领社会主义现代化建设新征程》，《光彩》2021年第9期。

罗翔：《资源·功能·治理——对浦东新区"十四五"高质量发展的思考》，《规划师》2020年第19期。

王振：《紧紧围绕新的战略定位谋篇布局——关于浦东新区"十四五"发展的思考》，《上海人大》2020年第12期。

人民资讯：《助力"硬科技"企业"闯关"科创板》，2021年7月22日。

上海市地方金融监督管理局：《支持浦东打造上海国际金融中心核心区》，2021年7月21日。

中国经济网：《长三角资本市场服务基地打造3.0升级版》，2021年7月22日。

《关于支持浦东新区高水平改革开放打造社会主义现代化建设引领区的意见》，2021年7月15日。

《浦东新区深化上海国际金融中心核心区建设"十四五"规划》，2021年8月4日。

《上海国际金融中心建设"十四五"规划》，2021年7月28日。

专 题 篇
Special Topics

B.7
浦东新区养老产业数字化转型发展研究

裴文乾*

摘　要： 本报告通过分析浦东新区养老产业的发展现状及数字化转型现状，研究讨论了浦东新区在养老产业数字化转型过程中面临的问题与制度瓶颈，针对政企合作机制障碍、智慧养老项目开发效率低、养老大数据资源开发利用率低、养老产业人才匮乏等问题，提出了重构数字时代养老产业发展管理机制、加快智能基础设施建设、增强市场主体创新动力、健全养老大数据交易管理制度、强化养老产业人才队伍建设等建议。

关键词： 浦东新区　养老产业　数字化转型　智慧养老

---

* 裴文乾，上海社会科学院经济研究所博士研究生，主要研究方向为人口经济学。

一　引言

进入 21 世纪以来，信息技术以日新月异的速度不断取得突破，在传统经济领域引发了一次又一次深刻变革，并从经济领域向社会治理、政府管理等领域迅速蔓延。习近平总书记在党的十九大报告中指出，要"推动互联网、大数据、人工智能和实体经济深度融合"①，在经济社会各领域培育新增长点、形成新动能。2021 年国务院发布的《关于支持浦东新区高水平改革开放打造社会主义现代化建设引领区的意见》指出，要打造现代城市治理的示范样板，提升城市治理的科学化、精细化、智能化水平，加快建设智慧城市②。智慧养老作为智慧城市的重要组成部分，是养老产业数字化转型的主要方向。

养老产业的数字化转型过程还有着不同于其他产业的鲜明特征，即养老产业兼具很强的公共服务属性。十九大报告中提出要加快老龄事业和产业发展，点明了养老具有事业和产业双重属性。作为一项事业，它是国家公共服务内容的一部分，需要政府作为主体提供基础保障；作为一项产业，它又依赖市场提供多元化的产品和服务，以构建能覆盖多元化需求的高质量养老体系。养老产业的健康发展与国家积极老龄化战略、服务业市场、老百姓民生大计都息息相关。养老产业目前仍面临着诸多制度障碍，存在着局部供需失衡、运营模式单一、盈利困难等诸多问题。新一代信息技术的应用将成为促进养老产业克服阻碍健康发展的关键。

大数据、云计算、人工智能等新兴技术的应用有利于联通企业运营、政府管理、社区服务、保险兑付等涉及养老的各个部门，从而加速健全养老服务体系，提高养老服务水平，更好地满足人民对美好生活的需求。浦

---

① 《决胜全面建成小康社会夺取新时代中国特色社会主义伟大胜利——在中国共产党第十九次全国代表大会上的报告》，中国政府网，2017 年 10 月 27 日。
② 《关于支持浦东新区高水平改革开放打造社会主义现代化建设引领区的意见》，2021 年 4 月 23 日。

东新区在养老产业数字化转型进程中已处于全国最前沿，通过积极探索新技术应用和养老服务体系运行新模式，取得了丰硕的成果。在养老产业人力资本紧缺、服务资源相对匮乏的背景下，数字化转型是降低养老服务成本、提升养老服务供给效率的有效途径。浦东新区积极探索养老产业数字化转型方案，将为浦东建设社会主义现代化引领区、构建高效合理的养老服务体系提供强有力的支撑，并为我国早日建成社会主义现代化强国提供有效的经验借鉴。

二 浦东新区养老产业及其数字化转型发展的现状

（一）浦东新区养老产业的发展基础

1. 人口老龄化概况

（1）浦东新区人口老龄化程度远高于全国平均水平

2020 年上海市户籍人口中 65 岁及以上老年人口总数达 382.44 万，占总人口比重为 25.9%；浦东新区 65 岁及以上老年人口总量为 73.94 万，居全市首位，占比达 23.7%①，远高于 2020 年全国平均水平 13.50%。同时，浦东新区 60 岁及以上老年人口已达到 102.78 万，占比高达 32.9%。按联合国标准，如果一个地区 65 岁及以上老年人口占比超过 20%，则意味着该地区已跨越深度老龄化社会进入超老龄化社会。从百岁以上老人数量看，2020 年浦东新区每 10 万人中百岁老人数量为 20.6 人，共计 643 人，占全市的 20.9%。"十四五"期间，浦东新区的户籍老年人口将会进一步增加，高龄化趋势会更加明显。随着老年人口的不断增加，人民群众对养老服务的需求量将越来越大，对养老服务的品质、便利性、均等化、多元化的要求也会越来越高。特别是随着高龄老年人口的不断增加，失能和失智群体将会不断扩

---

① 《2020 年上海市老年人口和老龄事业监测统计信息》，上海市老龄事业发展促进中心，2021。

大。同时，上海市的老年抚养比则在不断上升，从 2018 年至 2020 年 65 岁及以上老年人口抚养比由 34.7% 上升到了 40.9%，这就导致社会对长期照护的需求越来越大。

（2）浦东新区独居老人数量长期居于高位

2020 年上海市"纯老家庭"老年人数有 157.79 万人，80 岁及以上"纯老家庭"老年人数达 35.39 万人。其中，独居老年人数高达 30.52 万人，孤老人数则有 2.26 万人。浦东新区独居老年人数从 2018 年的 9.05 万人下降到了 2020 年的 6.24 万人，但仍然居于上海各区之首。独居老人大多时候都缺少照料，但又不愿前往机构疗养，因而在发生意外时难以得到及时的发现和治疗。浦东新区庞大的独居老年群体对居家养老服务、上门医疗服务和社区养老模式都将产生较大的需求。

2. 养老产业基础设施配置现状

在居家养老方面，针对日益庞大的老年群体和居家养老主流模式，浦东新区将散布于居民区中的政府闲置存量房屋拿出来建设养老设施，有效解决了老人的居家养老问题，全面助力"嵌入式"养老工程建设。截至 2020 年底，浦东新区政府共将 142 处政府存量房屋因地制宜改建为养老设施，将"家门口"的好去处交给了老人们，有效填补了很多街道、镇的养老设施空白①。

在社区养老方面，截至 2021 年上半年，全区共开设综合为老服务中心 56 家、长者照护之家 28 家、日间照料服务中心 105 家、老年助餐点 221 家、老年活动室 1518 家、社区养老睦邻点 734 家。全市平均每千人拥有社区养老服务设施建筑面积达 40 平方米，主要为社区老人提供生活护理、助浴、助餐、助洁、洗涤、助行、代办、康复、谈心等服务。各镇、街道通过联合综合为老服务中心、长者照护之家、日间照料中心、助餐服务点、养老"便利店"等多类养老设施，共同打造高质量"15 分钟养老服务圈"，覆盖

---

① 《将"家门口"好去处交给老人，浦东 142 处政府存量资源用房改成养老设施》，http：// ylgw. shweilao. cn/smz - views/cms/cmsDetail？ uuid = 1b03ccb9 - 7fd2 - 41f1 - 92dd - d19c58810cf9。

率已达到100%[①]。

从公办养老机构布局来看，浦东新区聚焦均衡、充足、优质三个关键，倾力打造大城养老"浦东模式"，投资25亿元在浦东全区范围启动区级公办养老设施建设，补充各区域养老设施的不足。该工程共包括7个项目，计划新增5900个床位，使浦东新区在"十四五"时期末保有养老床位数达到3.1万张。

（二）浦东新区养老产业发展现状

1. 养老产业规模稳步扩大，托底保障与个性化服务协调配合

总体来看，截至2021年上半年，全区共有养老机构170家（含长者照护之家），总床位数达31529张，其中社会办养老机构65家（其中经营性养老机构6家），供给床位13242张，占全部床位数的42%。根据上海市养老服务平台实时统计，截至2021年10月18日，浦东新区共有养老护理员14559名，其中养老机构内4792名、社区养老服务机构内6959名、护理站内2808名。为提高养老服务效率，克服制度障碍，浦东新区深入推进公办养老机构管办分离改革，针对性培养为老服务组织230多家，打造了包括福苑、瑞福、红日、吴越人家、缘源在内的一大批特色品牌组织。

从产业发展看，浦东新区的养老产业市场可大致分为四大系列，主要包括医养服务系、地产系、金融保险系和科创系，其中医养服务系以提供养老服务、医疗服务及养老用品制造为主，代表企业有上海慧享福、柏庭国际养老等；地产系以地产企业涉足养老地产业务为主，代表企业有上海临港恒益等；保险系以金融、保险企业发布养老有关服务产品为主，代表企业有太平人寿、平安养老等；科创系以新兴信息技术赋能传统养老产业，代表企业有卫宁健康、中大易兴等。总体来看，浦东新区的养老产业绝大部分集中在医养服务系和金融保险系中，地产系和科创系的养老企业还较少。医养服务系

[①] 《"养老服务再出发"，大城养老的"浦东样本"这样完善》，http：//ylgw. shweilao. cn/smz – views/cms/cmsDetail？uuid＝2a7c562a－5241－4d9f－b1ea－52da7d180d88。

的绝大部分企业都以提供机构、社区、居家养老服务为主，具有医疗服务资质的企业还非常稀少。

表1　浦东新区养老产业参与主体分布

系列	公司
医养服务系	上海慧享福养老服务有限公司、柏庭国际养老产业有限公司、大雅康养（上海）文化旅游有限公司、上海申养投资管理股份有限公司、上海欣穗健康管理（集团）有限公司、宜华健康养老产业有限公司等
地产系	上海临港恒益健康产业发展有限公司等
金融保险系	太平人寿保险有限公司、中国保险投资基金、中欧基金管理有限公司、平安养老保险股份有限公司、长江养老保险股份有限公司、上海宏信医疗投资控股有限公司等
科创系	卫宁健康科技集团股份有限公司、中大易兴大健康产业有限公司、上海孝爱医疗科技有限公司等

资料来源：天眼查商业查询平台，网址 https：//www.tianyancha.com/。

在养老产业从业人员方面，浦东新区聚焦培育、保障、优化，建立养老服务人才发展分层培养、梯度发展体系，推广养老护理员职业技能等级认定，合理制定薪酬等级体系，优化提升养老服务人员队伍的素质和水平。目前浦东新区的养老从业人员同样面临着总量供给不足、高端管理人才短缺、新一代信息技术人才匮乏等问题。需要进一步鼓励外来务工人员、农村地区待业人员从事养老服务业，加强从业人员养老服务技能培训，推进从业人员规模与养老服务需求相匹配。

在医养康养结合方面，截至 2020 年底，浦东新区社区卫生服务机构与为老服务机构签约共建率达 100%，内设医疗机构的养老机构达到 56 家，共认定养老机构护理型床位 13873 张[①]。以惠南镇为例，通过在综合为老服务中心内设置全科诊室、注射室、药房一应俱全的卫生服务站，惠南镇真正实现了"看病＋养老"一站式服务，为社区高龄、困难老人提供专业护理。对在养老机构内设医疗机构工作的医师、护士等卫生专业技术人员，明确其

---

① 《"养老服务再出发"，大城养老的"浦东样本"这样完善》，http：//ylgw.shweilao.cn/smz – views/cms/cmsDetail？uuid＝2a7c562a – 5241 – 4d9f – b1ea – 52da7d180d88。

享有与其他医疗机构专业人员同等进修轮训、继续教育等待遇，使基层医疗工作人员愿意主动参与医养康养结合工作。

在促进养老产业发展方面，2021年3月20日开始实施的《上海养老服务条例》强调充分发挥市场主体的作用，明确营利性养老机构与非营利性养老机构享受同等待遇，重点推动养老照护服务、康复辅助器具、智慧养老、老年宜居、养老金融等领域的养老产业发展，并将康复辅具产业纳入重点发展的新兴产业名单。目前浦东新区已在高行镇推进康复器具社区租赁试点工作，并计划开展养老产业园、康复器具产业园建设。

2. 养老服务标准化建设推进迅速，养老服务能级不断提升

近年来，国家及上海市政府出台了一系列养老服务业相关文件，旨在全面推动养老服务标准化建设，规范养老机构运营，切实提升养老服务水平。2017年民政部出台的《养老服务标准体系建设指南》、《养老机构服务安全基本规范》国家标准和《养老机构设施与服务要求》上海市地方标准，都在浦东新区得到全面迅速落实，全区所有机构都按照相关规范和要求进行了标准化建设，并结合政府对养老机构的监测结果组织开展养老服务标准化试点示范工作。目前浦东新区已有包括德川养护院、浦惠民川养护院在内的5家养老机构参与到标准化试点示范工作中，瑞福养老服务中心的"老年人日间照护服务标准化试点"、亲和源老年公寓的"公寓养老服务标准化试点"已通过国家级标准化试点验收。

2021年《上海市养老服务条例》（以下简称《条例》）的正式实施标志着上海市养老服务业全面进入法治化轨道，将浦东新区养老服务业发展推入了新的阶段。《条例》将居家、社区、机构养老服务都纳入治理范围，并明确了各级政府、家庭、社会力量的责任边界，清晰界定养老服务内容包括生活照料、康复护理、健康管理、精神慰藉、紧急救援等服务。

3. 社区嵌入式养老服务网络不断完善，居家、社区、机构养老融合发展

2019年，《上海市社区嵌入式养老服务工作指引》正式出台，旨在全面推进各街道、镇"15分钟养老服务圈"布局，重点打造集日托、全托、助餐、辅具推广、医养结合、养老顾问等功能于一体的大型社区综合为老服务

中心。浦东新区各街道、镇不断推出各种创新举措，至今已基本实现了"15 分钟养老服务圈"全覆盖。

以陆家嘴街道崂山五村社区内嵌入的综合为老服务中心为例，其内设置了助餐点、双家支持中心（"家门口"服务站、家庭养老床位支持）、老年服务中心、日间照护中心、长者照护之家以及认知障碍照护专区，提供从日常照料到专业护理的多元化服务。通过在社区内集成各类养老资源，居家老人能够在"家门口"享受到高质量多元化的养老服务，生活质量得到了有效提升。潍坊新村的综合为老服务中心则与毗邻的东明卫生站建立资源链接，内设护理站服务点，实现长护险的服务对接与结算，为中心及周边老人提供专业的健康指导和医疗康复服务。

以社区综合为老服务中心为枢纽，浦东新区得以将各类社区养老组织、老年家庭、养老机构联系起来，形成居家、社区、机构养老相协调，医养康养相结合的立体养老服务体系。目前，浦东新区的"东西南北中"大型养老项目已在快速建设中，旨在均衡各街道、镇的养老服务供给，提供专业化养老服务和医疗服务，与社区基础养老服务形成互补，全面确保基础床位、老年认知障碍照护床位、护理型床位等设施供应充足。

（三）浦东新区养老产业数字化转型现状

1.智慧养老应用取得丰富成果

为紧抓经济社会各领域数字化转型浪潮，践行《上海养老服务条例》《浦东新区深化养老服务实施方案》中关于创新智慧养老项目的指示，浦东新区不断探索人工智能、大数据、物联网等新一代信息技术在养老服务领域的应用，取得了丰硕的成果。

智能硬件终端设施在家庭及养老机构的应用早已屡见不鲜，配备在许多社区养老服务中心的智慧健康小屋能够远程连接三甲互联网医院，让优质医疗资源向社区、家庭延伸。浦东新区部分养老机构则进一步结合物联网等技术，升级打造综合性智慧养老服务系统。如新金桥金杨养老院就联合上海市浦东新区养老发展研究院和上海谆龙智能科技有限公司开发了一款智慧养老院综合服务系统，并入选上海市智慧养老应用场景，成为智慧养老项目的典型案例。该系统基于物联网、智能硬件、移动互联网等技术，建立了老年人生活状态和生命体征实时监测系统，配合开发了老人紧急救援、智能语音交互、智能相伴、慢性用药、家床联合照护等数字化功能，为老年人提供全方位智慧化服务。

2. "互联网＋"养老模式不断突破

浦东新区各街道、镇不断探索"互联网＋"养老模式，已取得了丰富的成果。通过综合应用大数据、物联网、云计算等新兴信息技术，浦东新区周家渡街道开发了"1＋32＋X"三级智慧为老服务网络，创新"互联网＋"新型养老模式。周家渡街道通过1个智慧养老服务中心，连接32个社区为老服务站和多（X）个养老服务微空间，打造了三级为老服务网络，实现了街道全域内养老资源的全面共享。周家渡街道社区综合为老服务中心通过联动微信小程序、智能终端设备、养老顾问终端、智慧养老数据中心、智慧养老康复中心等多级智能养老设施，实现了自助健康监测、动态健康档案、远程慢性病筛查、智能辅助康复训练等全方位的养老、医养、康养服务融入"15分钟养老服务圈"。借助智慧居家护理平台和云计算技术，社区可以将专业的机构服务延伸到社区乃至家庭中，提供精准的多元化服务，助力居家养老增能。目前该智慧为老服务网络已投入使用，并入选2019WAIC世界人工智能大会八大应用场景之一，为全世界的智慧养老服务应用贡献了中国智慧。

2021年10月13日，浦东新区"浦老惠"养老服务平台上线，将养老服务设施、设施基本信息、养老服务等内容直观地在地图上标示出来，做到全区养老资源"一图可知"，并针对老年人使用习惯开发交互页面，方便老年人快速查找、办理各项业务。平台整合了入住养老院、护工上门、辅具租赁、紧急设备申请、养老顾问、适老化改造申请、法律援助等共计11个养老服务场景，可满足老年人生活方方面面的需求。

浦东新区在"互联网＋"养老模式开发应用方面走在了全国前列，已开发的各类智慧养老场景和新型养老模式将在应用过程中继续更新升级、突破进化，为养老产业实现全面数字化转型提供"浦东经验"。

三 养老产业数字化转型的发展趋势分析：
国际比较与经验借鉴

（一）国际发展趋势及典型案例分析

随着世界各发达国家陆续进入老龄化社会，欧美各国最先开始探索养老产业的数字化转型之路。在养老产业数字化转型的浪潮中，最为流行的当属智慧养老理念。这一概念最初来自英国，并在美国、德国、日本等国家迅速发展。智慧养老是指应用人工智能、大数据、云计算等先进的信息技术，为老年人提供全方位、多样化的支持，搭建老年人与政府、社区、社会团体、医疗机构等主体之间的联系平台，向社会提供全方位高质量养老服务的新型养老模式[①]。它是一种在传统的养老产业基础上，融合物联网、大数据、云计算、人工智能等新技术产生的一种新兴产业形态[②]。

发达国家的智慧养老产业商业化程度较高，并已经形成了较为完整的产业链条。其产品和服务丰富且多样，比如智慧养老社区管理平台、老年人健康和医疗信息共享数据平台、智能养老终端、紧急呼叫系统等。

以下列举了两个国际上较为典型的养老服务数字化转型案例。

1. 智慧养老案例：Smart Service Power 项目

德国 VIVAI 软件公司的 Smart Service Power 计划是一个基于物联网的专门服务独居老年人的智慧养老项目。该项目主要围绕居家安全、营养及用药摄入、人机交互三大核心服务开展。对于居家安全，该项目开发了一套兼顾安全与隐私的直接监测与间接监测相结合的综合监测系统。对于营养及用药摄入，该项目通过使用可以测量皮肤张力的贴片来判断人体是否缺水，并使

---

① 魏蒙：《中国智慧养老的定位、不足与发展对策》，《理论学刊》2021 年第 3 期，第 143 ~ 149 页。
② 吴雪：《智慧养老产业发展态势、现实困境与优化路径》，《华东经济管理》2021 年第 7 期，第 1 ~ 9 页。

用具有面部识别功能的药品分配器来对用户进行个性化配药。为了克服老年人的"数字鸿沟",该项目专门开发了语言交互系统,避免了智能终端操作的烦琐流程。此外,该项目通过平台采集并整合大数据,结合机器学习技术、大数据分析技术开发了更智能的健康监测系统,并与护理机构和医院实时联通。

为了保证该项目的可持续运行,公司不断探索政企合作新模式,与多特蒙德市和阿恩斯贝格市的政府部门展开了密切合作。Smart Service Power 项目通过纳入整个老年护理产业链中一系列不同的服务供给主体,开发出了企业和政府共同参与的生态系统,致力于实现政企共赢和可持续发展。

2. 远程安全监测案例: Zilia 项目

在国外,随着大数据、物联网、云计算、人工智能、5G 等新技术应用于养老产业的案例越来越多,技术应用路径已经基本成熟,绝大多数案例的整体设计架构都比较相似。然而由于用户付费意愿较低、设备成本高和个人隐私保护缺陷等问题,智慧养老项目的推广依然阻力重重。Zelia 项目由威斯特伐利亚应用科学大学的 Matteo Cagnazzo 带头开发,其目标是设计一个能够仅通过电力、天然气和生活用水等消耗数据来检测事故和医疗紧急情况的生活辅助系统,以在降低成本和保护隐私的同时实现可靠的安全事故监测功能。基于智能电表,家庭的电力消耗将被实时记录并传输到平台的中央服务器中。处理中心会实时分析并计算出能源消耗数据中的特定模式。如果观察到当前的能源消耗模式与家庭日常的消耗模式出现显著偏差,系统就会触发警报。基于不同的危险等级,该系统会自主判断并选择将警报信息推送给邻里、专业医疗机构或急救中心。

(二)国内先进经验及典型案例

浦东新区作为改革开放的开路先锋、自主创新发展的时代标杆,也是第一批入选国家智慧城市试点的地区之一,在养老产业数字化转型和智慧养老建设的探索上已经走在国内前列。与此同时,国内其他地区在智慧养老方面同样做出了许多开拓性、创新性的探索,其中有许多都值得浦东新区借鉴学习。

以下列举了几个国内典型的养老服务数字化转型案例。

1. 京东云"天津市河西区智慧养老平台"

通过整合公安、医疗、社保、民政等多部门资源，天津市河西区智慧养老平台实现了养老数据资源的动态同步化，以实时满足区域内20万老人的养老服务需求。该平台按照"一网一库一平台"的思路建设了统一的老年人口数据库、养老服务网和养老服务平台。具体来看，平台每日9点会自动给邻近辐射区域内的独居老人拨打关怀电话，一旦电话无能接听，人工智能系统将会立即通知家属和社区网格工作人员上门了解情况。平台3个小时内便可完成对5000位老人的沟通问询，而相同的工作量需要至少10名社区工作人员忙碌整整一天，大大提高了产能和效率。除此之外，平台将对老年人的家庭生活状况、身体健康状况、各类生活需求等4类21项指标数据进行实时采集，形成全面的老年信息数据库，并通过智慧养老平台与区、街道、社区各部门相连，实现了各级数据的共用共享、互联互通。

2. 上海市长宁区智慧养老平台

借助大数据、人工智能等新一代信息技术，上海市长宁区搭建了以智慧养老大数据管理中心为核心的智慧养老平台。平台以5G、人工智能、云计算、大数据等新兴科技为支撑，以智能终端设备、敬老服务卡和养老服务热线为纽带，整合各类养老服务资源，集信息收集、服务支持、数据分析、业务监管等多种功能于一体。通过对上海市长宁区老人个人信息、养老政策信息、养老咨询信息、养老服务供给信息、养老服务基础设施信息进行大数据分析，及时推送个性化养老服务信息，促进养老服务的供给和需求有效匹配，进行精准高效的管理。该平台还创新了"养老百度"、"养老淘宝"和"养老点评"三大功能，为建设全人群覆盖、全天候响应、全方位服务、全过程监管的智慧养老服务体系和打造"没有围墙的养老院"提供科学技术支撑。

除此之外，养老产业数字化转型还涉及多种新产品、新模式的开发和探索，如搭载人工智能芯片的陪伴机器人、集成了ECG功能智能腕表等产品，以及与政府、社区、养老机构、保险公司、药店等各类服务主体相结合的新型养老模式等，此处不再一一列举。

综合来看，国外的养老服务与数字技术融合程度比国内更深，适老化水平也更高，并在隐私保障和政企合作模式方面做出了更多的探索和尝试，养老产业数字化转型推进程度比国内更加全面和深入。国内的养老产业数字化转型尚处于新技术的初步应用阶段，对于数字产品及服务的适老优化、养老服务运营新模式的探索创新还有较长的路要走。

（三）养老产业数字化转型发展的趋势特点与最新前沿

从世界范围来看，智慧养老产业的发展重点在不同国家和地区呈现不同的模式。美国主要依靠先进的电子信息技术提升养老服务水平。美国医院为老年人建立电子健康档案并发展远程医疗，技术部门为老年人开发智慧养老终端[1]。美国亚利桑那州的养老产业则流行"养老 + 地产"的产业发展模式[2]。英国主要开发"社区养老"模式，以社区为中心搭建智慧养老服务平台，为老年人提供高效、快捷、多元化的服务。德国作为全球老龄化最严重的国家之一，更是把发展智慧养老作为支撑全国养老服务体系的关键，并基于此目的开发了许多智能养老系统和设备。中国的养老产业近年来则以数字化转型为大趋势，向远程服务、在线服务、智能服务的方向发展。

1. 融合新兴信息技术发展智慧养老是大势所趋

通过将互联网与传统养老产业相结合，运用大数据、物联网、人工智能等新兴技术，"互联网 + 养老"发展模式已成为养老产业数字化转型的主流模式。国外已对智慧养老进行了较为充分的探索，成熟的智慧养老业态已经出现。目前的智慧养老服务大多致力于通过一体化的信息平台将家庭、信息管理中心、医疗机构、政府结合起来，并借助可穿戴设备或屋内

---

[1]　徐凤亮、王梦媛：《国内外智慧养老比较与发展趋势的研究》，《劳动保障世界》2019 年第 27 期，第 17 ~ 18 页。

[2]　倪郭明、朱菊萍、李思慧：《大健康产业发展的国际经验及其对我国的启示》，《卫生经济研究》2018 年第 12 期，第 64 ~ 68 页。

传感器对老人的身体健康状况进行远程实时监控，利用智能设备为老人提供便捷的生活环境，通过管理中心的数据分析功能为老人提供健康管理和医疗服务。

虽然与国外发达国家相比，我国智慧养老的研究和发展起步较晚，并且在传统养老服务上也有一定差距，但在智慧养老方面，我国的基础条件并不落后。随着计算机、大数据、人工智能等领域的蓬勃发展，我国的信息技术发展水平已经具备了实现养老产业数字化转型的条件。

2. 数据安全与隐私保护是养老产业数字化转型需要直面的重大议题

新技术在为人类提供便利性的同时，也带来了种种新问题。信息技术发展所带来的一大挑战就是数据安全问题和个人隐私问题。养老产业要与新兴技术相融合，就必然面对这些挑战，这是国内外都要面对的难题。

从国内外的智慧养老案例可以发现，可穿戴设备、屋内监控装置是居家养老远程护理的必要装置，这在带来便利性的同时也对老年人的生活隐私保护提出了挑战，这也是当前智慧养老服务普及和推广过程面临的一大阻碍。在隐私保护方面，国外已进行了很多尝试和探索，如 Zilia 项目试图用智能电表代替屋内传感器和可穿戴设备，通过对能源消耗数据进行分析，来判断老年人生活状况是否正常，而国内在该方面的探索还较为落后。在数据安全方面，国内相对比较保守，医疗大数据一般不会对民营机构开放，数据资源一般都掌握在政府机构手中，距离市场化的利用开发还很遥远。

3. 融合数字技术创新政企合作模式是养老产业数字化转型的必经之路

由于经济体制、政府管理模式和市场环境的差异，国内外的政府和企业在养老服务合作上面临的体制机制背景有较大的差异。不管在哪种经济体制和市场环境下，探索出一种政府、企业、家庭互利共赢的可持续发展模式是养老服务产业能够繁荣兴盛的关键所在。如何打破政企合作的体制机制障碍，推进民办公助、公办民营的新型合作模式，完善公共服务供给与市场调配协调机制，将是中国养老产业数字化转型能否成功的关键。

四　浦东新区养老产业数字化转型的问题、瓶颈与挑战

（一）数字化背景下的政企合作机制有待探索

养老产业中的政府、企业作为养老服务的共同供给主体，具有相同的服务对象和目标，却有着不同的利益出发点和行为规范，因此在产业数字化转型合作过程中必然会面临种种利益冲突和机制阻碍。最新出台的《上海市养老服务条例》明确了政府、社会力量的责任边界，但其对"互联网＋"养老服务模式和数字化转型过程中可能出现的新型权利和责任并未进行明确规范和界定。浦东新区目前在养老服务领域推行公办民营、民办公助等政企合作模式。在数字化转型过程中，由于养老服务具有公共服务属性，养老服务平台建设大多由政府主导和掌控。由政府主导的养老服务数字化项目在与企业进行对接合作时，将面临数据共享、软件产品开发、接口标准化等各类问题。在资源高度共享的互联网模式下，利益如何分配、数据成果如何共享将成为政府、企业、家庭合作时需要面临的重大问题。解决这一问题不仅需要在法律层面进行权利责任的划定，还需要在制度层面取得突破和创新。适应数字化新时代的全新养老服务政企合作机制还有待探索。

（二）政府主导的智慧养老项目开发模式缺乏灵活性，效率提升面临瓶颈

浦东新区的养老产业数字化转型成果主要涉及智慧养老院建设和养老服务信息平台建设，其中最为核心的养老服务平台建设是由政府主导投资、由企业开发和运营的。平台责任主体与运营开发者分离，将会导致平台内容更新及优化衔接出现断层。由于缺少擅长数字技术的专业团队，政府往往只作为项目的主导者，而不参与平台的维护和运营，这就导致政府难以提出专业化的平台更新、优化和升级方案。而企业作为平台的运营者和维护者，不是第一受益人和责任人，因此往往缺少改进及优化平台功能的动力。优质的养

老服务信息平台需要不断地优化、更新内容并推出新产品和新服务，当开发、更新与运营、维护脱节时，养老服务数字化质量就难以得到保证，平台运行效率也难以提升。

（三）养老大数据资源缺乏有效利用方式，数据保护及政企合作开发模式有待完善

数字化时代的政府、企业和个人面临一系列个人数据安全及开放使用问题：用户的个人隐私该如何保护？个人云端数据的所有权、使用权该如何划分？数据分析成果该如何共享？在数据保护方面，老年人对个人隐私数据的保护意识不强，难以合法维护自身的数据权益，政府需要承担起老年人隐私数据保护者的责任。目前浦东新区关于数据资源的利用及开发模式还较为保守，通过智能终端采集来的个人隐私数据大多由政府机关储存，而不会提供给企业进行开发利用。这就会产生一系列数据安全问题和资源浪费问题。一方面，政府管理方式变革较为缓慢，往往无法随着技术更新而及时改变，这就使得存储在政府机关的数据有着较大的被泄露和盗用的风险。另一方面，随着数字化程度的日益提高，养老和医疗信息数据的增长是爆炸性的。数据的采集、存储、利用都需要耗费较高的成本，如果不能对大数据进行高效利用，就会产生大量的资源浪费。在数字化时代，合理的数据共享需要实现数据所有者、数据采集者、数据使用者之间的利益平衡。目前，养老产业数字化转型过程中所积累的数据已经初具规模，但数据孤岛化现象较为明显，关于养老大数据资源的利用和共享模式，尤其是政府和企业之间的资源互通共享机制还有待探索。

（四）养老产业人才匮乏，薪酬体系及晋升体系亟须合理化、规范化

一直以来，养老产业人才短缺都是制约养老服务业发展的一大瓶颈。而养老产业数字化转型大趋势又对人才队伍提出了更高要求。首先，养老服务行业人才留存率低，养老产业的专业技能人才数量难以满足日益扩大的养老

服务需求。据推算，目前浦东新区每名养老护理人员大约要服务 50 名 65 岁以上老人，其中有大约 24 名是 80 岁及以上的"纯老家庭"老人①，养老护理人员面临着较大的缺口。其次，浦东新区缺少兼具养老服务管理背景和新兴信息技术背景的综合型管理运营人才，人才储备不足以应对养老产业全面数字化转型的大趋势。最后，浦东新区养老服务行业高学历人才和年轻人才占比较低。应聘时劳动者往往会根据养老产业的发展前景、薪资待遇、工作环境等方面进行综合考量，"又苦又累"的养老服务机构自然就排在了选择末位。

造成养老产业人才匮乏的重要原因是养老产业的薪资待遇、发展前景、工作环境相比其他产业处于总体劣势。一是薪资总量不高，养老产业是一项需要政府财政支持和企业让利的产业，政府的财政支付能力和企业的盈利水平制约着薪资待遇的提高。二是薪资发放缺少激励，养老服务具有公共服务属性，难以用绩效进行衡量，因此对于基层服务人员薪酬待遇的发放往往惯行平均主义而缺乏激励机制。三是晋升体系不够完善。一方面，社区基层养老服务人员缺少晋升空间，对年轻劳动者缺少吸引力；另一方面，在养老机构内工作的专业医疗技术人员面临着轮训机会、职称评定机会、晋升机会减少等问题，亟须在制度上提供相应的保障和支持。

五　浦东新区养老产业数字化转型的对策与建议

（一）转变治理观念，重构数字时代养老产业发展管理机制

推进数字化转型，首先要改变传统的管理思维，加速推动养老服务行业管理手段、管理模式、管理理念变革。建立包容谨慎、鼓励创新的监管制度，试点契合数字时代的新型监管模式，努力克服数字化转型进程中新业

---

① 根据《2020 年上海市老年人口和老龄事业监测统计信息》和上海市养老服务平台实时统计数据推算。

态、新模式、新产品的体制机制障碍。注重数据资源的隐私保护、维护管理和协同开发，建立健全政企数据共享合作机制，鼓励以数据为基础的精准施策。健全数字时代养老产业市场准入制度、公平竞争审查制度。推进保障性服务由政府购买，高端、个性化服务由市场供给的运作机制，推动用户、企业、信息服务平台、养老机构、政府等互利共赢，逐步形成可持续、可复制推广的成熟商业模式。

（二）加快智能基础设施建设，提升养老信息平台资源共享能力

加快高效泛用、标准统一、实用价廉的智能基础设施建设，降低养老产业数字化转型的硬件门槛。通过建立区域一体化的养老服务信息平台，充分整合政府资源和社会资源，实现平台主体和机构之间的双向对接，着力打造"没有围墙的养老院"。出台鼓励数字领域创新的专项激励政策，鼓励引导企业自主研发智能化、标准化的为老服务设施，鼓励企业积极与政府养老服务信息平台进行标准化对接和实时资源共享。鼓励机构创新智慧养老服务项目，惠及广大老年群体。

（三）增强市场主体创新动力，集聚养老产业创新要素

充分发挥养老产业市场主体的创新能力。第一，要坚持管办分离的公办养老机构建设模式，坚持政府支持、社会运营、合理定价原则。在满足保基本需求的前提下，探索将公办养老服务设施通过协议方式委托专业第三方发展普惠性养老服务，充分利用市场运营的效率和市场主体的创新能力。第二，建立健全标准化养老服务工作指引，出台鼓励创新的养老企业管理规范，推动各类养老服务机构设施参与服务和产品的标准化建设，提升养老服务机构运营管理的规范化水平，为养老企业、机构营造想要创新、敢于创新、放手创新的营商环境。第三，优化养老企业的营商环境，对公办和非公办养老机构给予相同的政策补贴和待遇。加速引进具备数字技术背景和人工智能研发背景的创新型企业参与新区养老产业发展，探索民办公助的新型运营模式。

（四）加快制定数据开发利用规范，健全数据交易管理制度

2021 年 9 月 1 日起施行的《中华人民共和国数据安全法》规定，"国家机关委托他人建设、维护电子政务系统，存储、加工政务数据，应当经过严格的批准程序，并应当监督受托方履行相应的数据安全保护义务"。在国家法律出台后，应当加速形成养老领域的数据安全行为规范，健全养老服务数据交易管理制度，建立全方位、多层次、长时段的数据使用监督机制。目前政府机关对于公民隐私数据的使用和共享还较为保守，浦东新区应当在确保数据安全的前提下，积极探索数据共享和开发利用规范，与企业建立互利共赢、兼顾安全的合作机制，尝试建立数据支持决策、数据支持创新的政企联合治理模式。

（五）强化养老产业人才队伍建设，加速养老产业数字化转型

第一，实现人员规模与养老服务需求相匹配。努力扩大养老行业人力资本积累，应对不断增加的养老服务需求。加强高校、职校对养老服务领域专业人才的培育力度，提升养老人才基数。创办专业性的老年服务大学，培育老年服务人才。鼓励企业、机构从实际出发设计智慧养老专业技能课程，全面提升养老从业人员的数字服务能力。第二，实现专业技术人员能力与职级相匹配，建立科学的专业技术人员培训体系和合理的职级晋升体系，吸引人才进入养老服务行业。加大信息技术人才的引进力度，为养老产业数字化转型打下坚实的人才基础。第三，实现从业人员贡献与激励相匹配。建立合理的薪酬体系，准确识别养老服务从业人员的工作成果，对贡献大的工作人员给予专项激励。鼓励人才进行智慧养老服务创新，出台创新成果奖励政策，营造良好的人才发展环境。

参考文献

倪郭明、朱菊萍、李思慧：《大健康产业发展的国际经验及其对我国的启示》，《卫

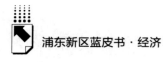
生经济研究》2018 年第 12 期。

魏蒙：《中国智慧养老的定位、不足与发展对策》，《理论学刊》2021 年第 3 期。

吴雪：《智慧养老产业发展态势、现实困境与优化路径》，《华东经济管理》2021 年第 7 期。

徐凤亮、王梦媛：《国内外智慧养老比较与发展趋势的研究》，《劳动保障世界》2019 年第 27 期。

《2020 年上海市老年人口和老龄事业监测统计信息》，上海市老龄事业发展促进中心，2021。

《关于支持浦东新区高水平改革开放打造社会主义现代化建设引领区的意见》，2021 年 4 月 23 日。

《关于全面推进上海城市数字化转型的意见》，2020 年 12 月。

《决胜全面建成小康社会夺取新时代中国特色社会主义伟大胜利——在中国共产党第十九次全国代表大会上的报告》，中国政府网，2017 年 10 月 27 日。

《浦东新区深化养老服务实施方案》，2020 年 6 月 1 日。

《上海市养老服务条例》，2020 年 12 月 30 日。

B.8
人工智能在浦东新区现代化引领区
建设中的作用分析[*]

王　畅　徐全勇[**]

摘　要： 现代化是基于经济、社会与精神文化等多方面的全面系统现代
化。大数据与人工智能是当代科技革命背景下人类社会新的劳
动工具。因此，浦东新区现代化引领区的建设必须发挥浦东信
息产业的优势，在人工智能基层研究与运用发展上成为全球人
工智能产业高地与人工智能应用全球样板，从而推动浦东经济
社会文化全面现代化。

关键词： 现代化　人工智能　社会主义现代化引领区　浦东新区

一　浦东社会主义现代化引领区建设必须发挥
人工智能的先导作用

（一）人工智能是当前科技革命新的社会生产工具

人工智能是基于信息技术深入发展的一种新技术模式。20 世纪 40 年代

---

* 本文系国家社会科学基金青年项目"'互联网加人文交流'助推'一带一路'民心相通研
究"（项目编号：20CGJ004）和中共上海市委党校 2021 年度课题"数字人文在上海城市数字
化转型中的应用场景研究"的阶段性成果。
** 王畅，博士，中共浦东新区区委党校经济与社会学教研部讲师，主要研究方向为"一带一
路"高质量发展；徐全勇，博士，中共浦东新区区委党校经济与社会学教研部副主任、副教
授，主要研究方向为开放型经济体制。

开始，计算机与信息技术的发明和运用拉开了人类数字时代的帷幕；60 年代计算机网络技术与 90 年代互联网的运用与普及，将人类带入了网络时代。伴随着社会网络的广泛深入发展，大数据储存与处理技术使得人类社会数据呈指数级别增长，与之相关的数据算法与算力技术将人类带入了智能时代。人工智能开启了人类劳动资料与劳动工具的新变革。在人工智能的生产力体系中，互联网、物联网、5G 网络、视频感应、数据储存等"新基建"成为生产力的管道系统，智能运算、精准探测、机器人操作大大解放了思维器官，形成了人类新的生产工具。因此人工智能发展将引发新的生产力突变，从而引起社会整体的变革。人工智能作为模拟和扩展人的智能的一种技术范式，正在广泛深入地向社会各个领域渗透，成为新一轮全球科技革命与产业革命的引领性、主导性技术，新产品、新产业形态层出不穷，生产力加速提高，社会变革显著加快，人类社会正从"互联网＋"时代向"人工智能＋"时代演进，许多国家正在抢占全球人工智能产业发展高地，谋求全球治理主导权。浦东现代化引领区的建设是立足当代世界科技发展与产业发展的现代化，是引领我国赶上世界经济科技社会发展的中国特色社会主义现代化，浦东现代化引领区建设只有首先实现劳动工具的现代化，才能够实现经济社会文化全面现代化。

（二）浦东社会主义现代化引领区必须实现人工智能的全球引领

浦东社会主义现代化引领区是国家现代化整体事业的先发地、引领地与示范地。党的十九大提出了实现党的第二个百年奋斗目标的两个阶段战略安排，即到 2035 年基本实现社会主义现代化，到本世纪中叶建成社会主义现代化强国。十九届五中全会进一步描绘了到 2035 年社会主义现代化建设的具体目标与战略安排，要贯彻创新、开放、协调、绿色、共享的新发展理念，构建新的发展格局，是社会主义现代化建设的新形态。在全国现代化战略布局的前提下，习近平总书记在浦东开发开放 30 周年庆祝大会上提出了浦东要努力打造"社会主义现代化建设引领区"，是马克思主义思想在中国的运用与发展。中共中央、国务院 2021 年 4 月 23 日出台了《关于支持浦东新区高水平改革开放打造社会主义现代化建设引领区的意见》，明确了浦东现代化引领区的建设涵盖经济高质量发展、改革系统集成创新、高水平对外开放制度建设、全球资源配置能力、城市治理现代化与全球消费中心建设等六个方面，对国家整体现代化建设发挥引领作用与示范作用。

当前以信息化、大数据、物联网与人工智能为主导的科技革命正在深入广泛发展，我国当前的现代化必须在本轮科技革命中，站上世界科技革命与产业发展的前沿。因此，我国现代化的目标与任务，决定了浦东社会主义现代化引领区要加快科技创新的步伐，在新一轮科技革命浪潮中，成为全球大数据、人工智能创新的标杆，引领浦东与全国现代化产业体系建设。

（三）运用人工智能推进浦东社会整体变革

人工智能是第四次科技革命的核心产业，大数据技术的发展使万物都可以数据化，为人类发展带来新的空间。各类大数据平台、数据中心建设带来的海量数据、多样数据将催生新产品、新模式、新业态的发展。物联网实现了人类的万物互联、人人相通，深刻改变了人类交往方式，极大增强了全球各生产力要素之间的联系，提升了生产力的社会化程度，为社会交往方式与社会组织方式的变革带来了技术基础。人工智能算法算力的不断革新，大大解放了人类的智力，将带来社会的整体变革。这些变革正在不同的领域渐渐发生，例如智能教育、智慧医疗、智能驾驶与智能制造正在悄悄地改变传统的生产方式与生活方式。

人工智能对社会产生深刻的变化。首先人工智能将大大提高社会生产力，现有研究一般认为人工智能可以使复杂的生产变得自动化，大大增加社会总产出。其次人工智能可以替代补充现有劳动力与资产，提高人均产出，并且人工智能技术可以向其他产业扩散，为传统产业赋能，从而提高社会整体生产力。人工智能的技术扩散作用可能是前所未有的，因为数字化与智能化产业机会涉及所有产业领域。人工智能将深刻改变社会。首先是人工智能的广泛运用将带来收入的不平等。人工智能直接替代工人就业将诱发一系列社会问题。其次是人工智能的风险。在社会层面，人工智能给当下伦理、法律与社会秩序带来前所未有的挑战与不确定性，并对现有法律规则与伦理规范也带来了一定的冲击。例如，机器人法律资格的民事主体确定问题、人工智能生成作品的著作权归属问题、智能系统致人伤害的侵权问题、人类隐私权的人格权问题等，日益呼唤新的法律来加以规范。2018 世界人工智能大会开幕式上，习近平总书记强调，应"处理好人工智能在法律、安全、就业、道德伦理和政府治理等方面提出的新课题"。

二　浦东人工智能发展的现状分析

（一）人工智能产业基础雄厚

浦东开发开放之初，浦东新区政府就按照中央的要求，把浦东建成一座现代化城区，以实现巩固上海国家大都市的地位、带动长江三角洲乃至全国发展，因此将信息制造业与信息设计业作为当时的高新技术产业加以培育和扶持，希冀浦东新区信息产业成为国内高新技术产业的龙头。当时浦东新区的张江高科技园区、金桥出口加工区以及外高桥保税区等三大主要产业园区，分别设立了重点地块或者分区发展信息制造业与信息设计产业。在随后的政府产业扶持政策中，信息产业一直是重点支持对象。因此，浦东已经成为全球最为重要的信息制造业与信息设计产业基地之一，在全球信息制造产业价格形成机制中具有重要地位，到 2021 年 9 月浦东新区集成电路产业产值达 1400 亿元以上，占上海 70% 以上。浦东集成电路产业集群的产业链与创新链已经相当完善，芯片的设计、原材料生产、设备制造、封装测试等环节都有国内外著名的企业集聚于浦东，浦东已经成为全国集成电路产业区域竞争优势最突出、综合技术水平最高的城区。因此，浦东新区信息制造业与信息设计产业的高度发展为浦东人工智能产业的发展奠定了坚实的基础。

自国家实施创新驱动战略以来，上海是国内第一个被国家确立为建设具有国际影响力的科技创新中心的城市，浦东又一次被推到追赶国际技术创新的浪尖。在此背景下，国家、上海市与浦东新区政府合力在浦东布局了国际先进的重大科研设施、重大科研装置与高水平的研究所。国家蛋白质研究中心、上海光源、硬 X 射线与软 X 射线中心、上海超级计算机中心、中国科学技术大学上海研究院李政道研究所、张江实验室等相继在浦东落地与运行，浦东已经成为国内乃至国际上具有知名度和影响力的科研装置集聚地，为人工智能的基础研究与应用开发提供了强大的科技支撑，对全球人工智能产业与人才具有强大的吸引力。

（二）人工智能在社会治理中的运用处于国内领先地位

浦东新区作为全国改革开放的先锋与前沿，经济总量与产业结构层次在全国处于领先地位，并且国家对浦东在经济社会领域率先进行改革开放的要求较高，将许多率先改革探索的机会与先行先试的权利也第一个赋予浦东，例如浦东是全国第一个综合配套改革试验区、第一个自由贸易试验区，以及社会主义现代化建设引领区，等等。因此浦东新区有条件、有能力将人工智能运用到政府管理与社会治理领域，率先构建智慧政府与智能社会。

城市运行管理的智能化发展较快，"城市大脑"的功能不断完善。从 2017 年 4 月开始，浦东新区率先探索运用大数据、人工智能等技术在城市运行管理中的运用，转变传统城市综合执法处理依靠人员的方式，推进智能收集信息、智能判别、智能执法与智能处理的综合执法手段。首先，构建浦东城市运行综合管理体系，适应智能城市的"一网统管"与智慧管理的需求。将公安、应急、城市管理、城市生态环境管理、市场监管等许多分散在各个部门的城市管理与服务事项集中到城市运营中心，集中收集信息，统一进行数据处理，分类制定业务流程，统一规定执法与服务标准。其次，加强应用场景与城市运行大数据中心建设。根据不同业务的特点，大力推进物联网、视联网与移动数据收集与集中。在城市渣土车辆、危险化学品监管、建筑工地管理、城市街面管理、共享单车管理等领域建立了实时监测、智能监测、动态监测的智能化场景，并且集中视频、物联数据，为智能化城市运行管理提供数据基础。最后，初步建立了智能化城市运营管理模式。建成了浦东视频智慧感知平台、神经元智慧感知平台等大数据库，形成了浦东"一网统管"全天候智能监管格局，开发了针对不同领域监管、查处、服务与协调的智慧化手段与产品，实现了由人工管理向智能化管理，由粗放式管理向精准管理的转变。

建成了智能化的事中事后监管体系。自由贸易试验区改革以来，浦东新区对各类市场主体实行了负面清单管理模式，即"非禁即入"的管理模式，那么，要对庞大繁杂的市场主体进行有效的监管，传统市场监管手段与方式就面临巨大的困难，建立依托大数据的智能监管方式就势在必行。首先，浦东新区形成了"1+5+X"的政务云基本框架，建设了一体化政务云数据中心、5个区级政务信息共享交换枢纽平台、30个左右区级行业政务平台和300个左右业务应用系统。全区政务云对全区37个委办局、7个管委会、36个街镇的6204个监管事项进行数据收集与集中。其次，形成多重功能模块。浦东新区市场监管局受区委、区政府委托，开发建设了"浦东新区事中事后综合监管平台"，平台由监管措施、信息归集、共享应用、应用支撑、企业自律、业界自治、社会监督和制度建设八大功能模块所构成，实现各领域监管信息的实时传递和无障碍交换。创建了"六个双"闭环式智能化监管机制。依托浦东新区事中事后综合监管平台，浦东市场监管局先行先试建设"六个双"统一门户。其中，"双告知"事项通过信息自动推送，已覆盖浦东16个审批主管部门120个事项；各许可审批、监管、执法部门对许可审批信息进行在线"双反馈"，加强了部门协同；通过"双跟踪"加强"照后证前"跟踪检查；依托平台进行"双随机"抽查，并依托平台探索跨部门"双随机"实践运用；借助数据分析，"双评估"已在各重点行业形成风险评估结果，形成市场主体的信用评估数据；行政许可信息、行政处罚信息"双公示"，促进了信息公开和社会监督。

（三）人工智能产业发展迅速

在浦东信息制造业与信息服务业基础雄厚，在全国处于领先地位，基于信息产业的基础优势，浦东新区政府大力推动智能化发展，智能产业近年来发展十分迅速。浦东是国家首个人工智能产业创新发展先导区，人工智能企业数量占全市 1/3、产业规模占全市 1/2，浦东的张江人工智能岛已经在全国处于领先地位。

首先，智能产业增速较快。2020 年中国人工智能商业落地价值潜在 100 强企业中，浦东仅张江地区就有 7 家企业入围。目前张江地区既有智能产业的基础设施投资者，又有数字、数据行业的驱动者，还有很多细分市场的领跑者、垂直生态的构建者，产业布局不断升级集聚。张江人工智能岛短短两年间，已集聚 100 多家人工智能企业，办公科研人员超过 9000 人，成为全国人工智能发展的新高地。张江机器人谷目前已集聚包括 ABB 超级工厂等机器人有关企业 90 余家，布局了机器人研发区、智造区、商业区、备用区等四大片区，形成"一核心、两重点、两突破"的产业发展结构。

其次，人工智能产业链条较为完整，人工智能企业集聚较快，基本形成了较为完整的人工智能产业链条。人工智能的基础研究方面，集聚了上海一脑智工程、上海智能制造研究院、中国信息通信研究院等著名的国内研究机构。在智能感知方面，集聚了科大智能等国内智能语音研究的领先者。在智能运用方面，企业更加集中，大约有几十家国内外知名企业。不同领域的智能企业纷纷落户浦东，例如新松工业机器人、钛米病房服务机器人、弗徕威智慧住宅机器人等，自然语言处理领域的达观数据等，智能安防领域的依图科技，智能驾驶领域的纵目科技等。其中新松机器人的产品已达到国际一流水平，寒武纪的人工智能芯片在深度学习领域全球知名。在人工智能下游环节也有相当多的企业，例如商飞飞机装备生产线是目前国内智能化水平最高的生产线，集合了机器人识别、抓取、加工、传送与智能返工等流程。

例如在数字化文创细分领域，浦东张江在网络文学、网络音频、网络游戏、互联网教育领域，头部企业集聚优势明显。网络文学方面，阅文集团平均月活用户超 2 亿人，占据中国网络文学用户总体规模的半壁江山。网络音频方面，喜马拉雅 FM 在合作平台、有声书规模、生态布局等层面具有较大优势，截至 2021 年 10 月，激活用户数已突破 8 亿人，平台主播超过 900 万人，行业占有率达到 75%。网络游戏方面，盛趣游戏（原盛大游戏）是国内游戏行业第三，并于 2019 年 7 月成功登陆 A 股。

（四）人工智能产业发展的管理体制与政策不断完善

为了适应人工智能的发展，浦东新区政府及时调整了管理与服务体制。浦东新区较早重视大数据与人工智能管理体制建设，早在2018年浦东新区人代会上就有代表提出了有关"政府数据开放"的提案，建议社会各方面开放数据，加强对数据的开发与利用，以提高服务公共水平。由此，浦东新区成立了智慧政府建设领导小组，区委书记担任领导小组组长，调整了数据管理与开发的体制，出台了浦东新区《大数据中心建设方案》，着力打造城市数据枢纽，加强数据的智能开发。2018年12月，浦东新区37个委办局、7个管委会、36个街镇的6000多个办事事项全部接入大数据中心。"1+5+X"的政务云基本框架逐步形成，即一体化的政务数据中心、5个政务信息共享交换平台、30个业务政务平台和300多个业务应用系统。2021年7月，浦东新区进一步出台了《关于深化浦东新区大数据管理体制的通知》，由区政府办公室全面统筹全区大数据的统筹协调工作，建立了全区数据归集与管理的"集中+派驻"制度，强化了大数据中心内部经济发展、民生服务、城建环保、法制保障、综合管理等五大职能板块的建设。

浦东新区政府对人工智能产业的发展较为重视，制定了一系列支持和鼓励人工智能发展与运用的政策，有效推动了人工智能产业的发展。首先，浦东新区政府颁布了《促进战略性新兴产业发展财政扶持办法》，对人工智能领军企业和优势企业予以奖励，支持重点项目产业化。其次，通过浦东科技基金，对人工智能技术研发予以支持。最后，建立智慧城市专项资金，对人工智能服务智慧城市建设示范应用进行推广。另外《浦东新区创新型人才财政扶持办法》对人工智能领域高端人才予以支持。在调查研究中发现，目前人工智能有关企业的融资渠道较多，资金来源较为广泛，银行贷款和资本市场是主要的融资渠道，并且政府的补贴也是重要的资金来源。寒武纪、爱观视觉等多家企业表示已享受政府智能制造专项资金的扶持。

三　浦东新区人工智能产业发展存在问题分析

（一）对人工智能在浦东现代化引领区建设中的先导作用与意义认识还不够到位

人工智能作为一种新的技术方式不但会引导当下技术革命，而且将引发社会的全面系统变革，不但会推动社会生产力的发展，而且将引起社会关系的变革，既关系到发达国家和地区现代化发展的质量提升与现代化升级，又是发展中国家与地区实现跨越式发展的机遇。因此，对于建设社会主义现代化引领区的浦东来说，要实现经济社会的全面现代化，必须在补齐与发达国家的工业化发展差距的基础上，在人工智能技术的研发、运用上追赶甚至领跑全球，即实现浦东建设全球技术创新中心的目标。当前，浦东对人工智能发展的重视程度与运用水平的确较高，但是对人工智能对社会现代化的引领与广泛变革作用的认识还不足，对人工智能在浦东现代化引领区建设中的牵引作用与意义的认识还不足，因此人工智能的作用尚未充分发挥。例如，对人工智能发展给浦东带来机遇和挑战的认识高度还不够，尚未形成浦东经济利用人工智能实现跨越式发展的路径与步骤；再比如，人工智能对现有社会法律与伦理带来冲击与变革，人工智能产生的技术风险的防范与规避需要明确具体的措施与办法，否则必将延缓人工智能的后续深入发展与广泛运用；人工智能对浦东经济社会的渗透与催化作用尚不明确，浦东利用人工智能技术实现跨越式发展的步伐还不快。

（二）人工智能技术的基础研究是软肋

站在人类第三次科技革命的高度上看，浦东与人工智能技术与应用全球领先发展的目标，还存在相当大差距，其中人工智能基础研究层面的差距最为显著，例如人工智能芯片的研发、生产与国际一流技术还存在差距。人工智能芯片技术对人工智能前端的智能感知、数据的采集与储存，以及后端的大数据分析与处理、云计算等有着决定性影响。在国外对我国芯片进口实施"卡脖子"的情况下，人工智能的芯片短板问题更加凸显，浦东现代化引领区必须实现智能芯片的原始创新突破。在人工智能算法与算力方面，其原始创新主要还是在国外，我国尚未掌握核心技术，基于大数据的人工智能算法与算力决定了人工智能新产品与新技术的产生。浦东只有加快人工智能领域的基础研究，实现人工智能核心技术自主可控，才能够利用人工智能改造传统产业、实现智能赋能实体经济，才能够率先构建现代产业体系，担当起现代化建设的引领任务。

（三）人工智能产业发展与行业引领地位有待增强

浦东新区人工智能产业虽然发展较为迅速、产业集聚较快，但是行业的引领地位和作用不显著，尤其是缺乏行业的龙头企业与技术引领企业。在新型计算平台、分布式计算架构、大数据处理、分析和呈现等大数据核心技术以及生态系统方面，处于支配地位的仍为国外企业。与圣何塞、西雅图、圣地亚哥等国外城市相比，浦东新区没有谷歌、微软、高通这样的科技巨头；与北京、杭州、深圳等国内城市相比，浦东新区没有百度、阿里、腾讯这样的互联网巨头，也没有华为这样的科技巨头。以互联网平台为例，浦东新区具有全球影响力的互联网平台很少。全球互联网平台在上海只从事某些具体业务，国内互联网平台总部主要设在北京、深圳和杭州。

（四）破除人工智能发展的体制机制障碍依然任重道远

人工智能的发展与运用引发了社会的整体变革，同时其发展也需要打破旧体制机制的约束与障碍，建立与人工智能发展相适应的体制机制，例如"数据孤岛""数据烟囱"等壁垒就是需要长期攻坚的大难题，建立与人工智能发展相适应的新的伦理体系与法规法律体系是相当艰巨的任务。浦东新区大数据、人工智能发展的体制机制建设虽然走在全国前列，但是万里长征才刚刚起步，今后的道路还会更艰巨。浦东新区虽然在全国较早打造了"城市大脑"，建立了统一的数据管理体制与智能化领导机制，但是浦东新区政府部门之间、浦东新区与上海市之间、国家有关部门之间的数据沟通与协调应用还有许许多多问题需要解决。企业间协同发展机制尚未形成，大数据企业与关联企业之间缺乏有效整合协同，尤其是金融大数据涉及较多用户隐私，数据安全保护要求更为严格，金融机构间数据壁垒明显，普遍处于单打独斗状态。

（五）人工智能公共领域发展与共享不足，支撑保障体系仍不健全

银行等企业引进和使用外部数据需求强烈，普遍反映当前存在政府数据共享开放不足、第三方数据质量参差不齐、数据交易流通缺乏机制保障、数据安全和信息保护法规不健全等问题。有无人驾驶企业反映，国内复杂场景下的道路测试有待放开，与测试相结合的运营牌照障碍有待突破，政府监管、安全责任、行业标准等方面的政策法规有待制定。此外，超算中心运算能力滞后，与上海科创中心核心区建设定位不相匹配，专业型、复合型大数据人才缺乏，也是当前企业发展面临的主要瓶颈。各领域大数据应用模型仍处于起步阶段，成熟案例和解决方案相对较少。此外人工智能的伦理体系建设与人工智能的法律体系建设尚未提上日程，与深圳已经颁布全国首部人工智能法规相比，显得滞后。

四 发挥人工智能在浦东现代化引领区建设中先导作用的建议

（一）浦东现代化引领区建设必须抢占全球人工智能产业高地

要站在"两个大局"的高度充分认识人工智能的发展对我国现代化建设的重要意义，充分认识人工智能发展在浦东区域全面现代化发展中的先导作用，加快打造浦东全球人工智能产业高地，全面推进社会智能化、智慧化发展。浦东人工智能产业基础雄厚，已经呈现"一核、五中心、多领域"的"1＋5＋N"立体化新格局，是全国首个人工智能创新应用先导区。应充分利用浦东打造社会主义现代化建设引领区的发展机遇，加强对人工智能发

展的全面领导与规划，尽快形成覆盖全区智能产业、智能社会、智能政府的中长期规划，加快人工智能产业发展与应用的步伐，加快人工智能法规体系与伦理体系建设，把浦东建成国际领先的人工智能自主创新策源地、应用赋能先行地、全产业链集聚地，把人工智能作为现代化引领区建设的先导性、基础性产业。通过人工智能赋能新区的全球金融、贸易、航运、科技与消费中心建设，提高全球资源的配置智能化程度，提高浦东新区的现代产业体系引领能力和现代化治理能力。

（二）建设全球一流的人工智能基础设施与公共产品

发挥政府在基础设施建设与公共产品建设方面的优势，大力推进人工智能的新基础设施与公共产品建设，引导人工智能产业的发展与人工智能的社会应用。加快5G网络建设，建成高水平的智能网络。充分利用自贸区独特优势，探索设立中国首家面向亚太的"自贸试验区大数据交易所（中心）"，推进自贸试验区与世界各国各地区之间有形贸易（货贸）和无形贸易（服贸、知识产权版权贸易）的海量数据交易，通过这一交易中心，将浦东打造成中国自贸区与世界自贸区的"接口"。探索在陆家嘴金融城内率先开设面向世界的金融大数据风控交换中心，服务领域覆盖银行、基金、保险、证券、货币等现代金融全业态，以期对国际金融危机及时预警和反映。顺应"一带一路"大数据需求以几何级数上升的趋势，发挥浦东优势，组建专业机构，快速拓展"一带一路"离岸数据处理业务的国内外市场，探索在浦东率先建成"一带一路"离岸数据发包中心。加大人工智能基础研究投入的力度，大力培育与引进国际先进的人工智能研究机构，突破人工智能基础研究的瓶颈。

（三）加快全球人工智能产业发展高地建设与人工智能的广泛运用

首先要集中优势资源与政策，加快张江人工智能岛建设与临港人工智能高地建设，促进人工智能产业成为新区的支柱产业、先导产业。培育"张江创新大数据云"，提升全球影响力。发挥张江在超级计算、数据系统、综合创新上强大的资源优势和技术优势，加快培育"张江创新大数据云"，依托当代国际前沿科技研发领域之全域创新数据的统筹存储、共享开放和增值利用，助推张江内外研发机构、高新技术企业、科技院校走向世界科技创新第一线。在做好技术预见的前提之下，聚焦最有潜力在浦东率先取得突破的大数据分析、人工智能、虚拟现实等领域，加大企业自主研发与攻关的力度，争取创新突破。以临港地区为基点，培育一批原创的大数据清洗企业，加快大数据向现实生产力转化的步伐，为长三角和全国提供服务。加大人工智能风险投资的力度，积极推动陆家嘴金融城和张江科学城携手，创建以亚太区域中外风险投资机构为主体的俱乐部，定期举办浦东大数据应用企业的专题项目推介会和企业推介会。浦东作为国际化城区，涉及社区和居民安全的数据体量巨大，建议率先建设大数据舆情实时反馈中心，提高海量数据的收集、分析、反馈、处置能力以及对各类风险的预警能力和处置效率，在第一时间上报新区领导作为决策参考。

（四）必须走出浦东特色的人工智能立法道路

人工智能作为新兴产业与技术发展范式，其发展必须要有法律保障，但是由于人工智能发展的社会影响面十分广泛，并且相关的理论发展还不成熟，因此，我国原有的"试验性立法"（例如经济特区立法、全国人大常委会批准在自贸区暂时调整或停止适用有关法律）虽然有一定适用性，但必须对"试验性立法"进行创造性运用与发展。浦东人工智能立法需要走出一条有浦东特色的立法之路，要充分利用全国人大授权上海市人大制定浦东新区法规的机遇大胆试勇敢创。首先，借鉴全球人工智能治理经验，加强人工智能基础性立法，为国家人工智能立法与相关法律的修订提供参考。其次，加强人工智能细分领域法规、条例的制定。针对浦东智能汽车、智能医疗等优势领域，协同国家与上海市有关部门，加强专业领域的法规与条例制定，促进人工智能整体法律法规的完善。最后，要全面研究人工智能产业发展对社会全面渗透的范围与影响，适时调整相关法律，并加强人工智能伦理规范构建。

（五）加快建设人工智能治理的浦东样板

法律是治理体系的一部分，是治理体系与治理能力的规则基础，人工智能立法与治理体系完善要在实践中协同推进与耦合前行。首先，加强对人工智能的政府引导与治理。充分利用浦东现有较好的治理基础（大数据中心、"城市大脑"等），加强对人工智能产业的全面引导与治理，完善市场准入、事后监管与政策支持等规则。其次，积极引导人工智能市场治理模式发展，包括市场、竞争、网络、合同和数字化控制等多个方面。最后，积极促进人工智能各行业领域社会组织发展，发挥社会组织对人工智能规则的自治协商作用，完善社会治理体系。

参考文献

陈嘉明：《"现代化"与"现代性"》，《厦门大学学报》2003 年第 5 期。

何哲：《通向人工智能时代——兼论美国人工智能战略方向及对中国人工智能战略的借鉴》，《电子政务》2016 年第 12 期。

贾根良：《第三次工业革命与工业智能化》，《中国社会科学》2016 年第 6 期。

刘方喜：《工艺学批判重构：物联网生产方式革命与马克思归来》，《东南学术》2018 年第 5 期。

马敏：《现代化的"中国道路"——中国现代化历史进程的若干思考》，《中国社会科学》2016 年第 9 期。

《马克思恩格斯文集》第 2 卷，人民出版社，2009。

《马克思恩格斯文集》第 5 卷，人民出版社，2009。

B.9

浦东新区打造社会主义现代化建设引领区
对长三角一体化发展的影响分析

李培鑫　李丽霞*

摘　要： 浦东作为改革开放的排头兵和创新发展的先行者，通过引领区建
设辐射带动长三角地区一体化发展，是新时期浦东发展的重要使
命。本文从经济规模、对外开放、技术创新、消费等方面分析了
浦东开发开放以来经济发展取得的成就和在长三角地区所处的经
济地位，从上海自贸区、科技创新中心承载区、市场监管改革、
金融中心核心承载区建设等方面总结了浦东引领带动长三角地区
发展的现状。在此基础上，从制度创新、产业集群共建、提供金
融服务以及打造城市治理的标杆等方面，提出了浦东通过打造社
会主义现代化建设引领区在长三角一体化发展中更好地发挥龙头
带动作用的政策建议。

关键词： 浦东新区　引领区　长三角一体化

　　自 1990 年浦东开发开放以来，浦东是中国国家战略的重要承载区，
改革开放和制度创新的试验田。从金融、贸易等领域的率先开放，到在国
内首先建立金融贸易区、保税区等开发区，率先开展综合配套改革试点，
建立国内首个自由贸易试验区、首批综合性国家科学中心，直至 2021 年

---

　　* 李培鑫，经济学博士，上海社会科学院经济研究所助理研究员，主要研究方向为区域和城市
经济；李丽霞，经济学博士，上海理工大学管理学院讲师，主要研究方向为区域和城市经济。

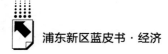

11 月习近平总书记提出将浦东新区打造成为社会主义现代化建设引领区，开发开放 30 多年来，浦东始终充当着全国改革开放的排头兵、创新发展的先行者。

通过自身经济发展赋能上海全球城市建设，引领和带动长三角地区更高质量的发展是新时期浦东发展的重要使命，尤其是通过引领区建设对长三角地区产生辐射带动作用，做好长三角地区的龙头，对于浦东和长三角地区的发展均具有重要意义。本文主要从生产总值、对外贸易、创新、投资和消费等角度分析浦东在长三角地区所处的经济地位，在此基础上，剖析浦东引领长三角发展的现状，最后就浦东如何通过引领区建设对长三角地区的发展产生引领和带动作用提出相关政策建议。

一 浦东新区在长三角经济发展中的重要地位

浦东开发开放 30 多年来的经济建设卓有成效，具体而言，浦东在经济发展、制度探索、对外开放、自主创新、城市治理等方面均取得了显著成就。在自身经济发展取得显著成效的同时，浦东作为上海 5 个中心建设的核心承载区和长三角地区改革开放的前沿阵地，对长三角产生了明显的示范带动作用。

（一）浦东经济发展现状分析

浦东开发开放 30 多年来，其经济规模显著扩大，地区生产总值从 1990 年的 60 亿元增加到 2019 年的 1.32 万亿元，第三产业产值从 1990 年的 12.13 亿元增加到 2019 年的 9843.99 亿元，金融业产值从 1990 年的 3.07 亿元增加到 2019 年的 3835 亿元。此外，2019 年，进出口总额达到 2974 亿元，占到了上海的 60%，专利授权量为 23327 项，社会消费品零售总额为 3160.6 亿元。

此外，浦东的经济质量不断提升，产业结构持续优化升级，基本形成了以现代服务业为主体、战略性新兴产业为引领、先进制造业为支撑的现代产

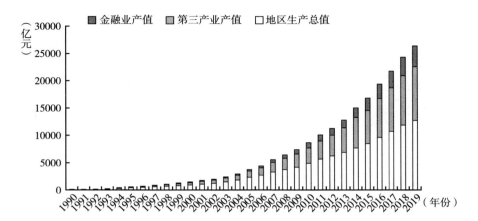

图1 1990～2019年浦东新区地区生产总值、第三产业产值、金融业产值

资料来源：浦东新区历年统计年鉴数据。

业体系。第三产业占比由1990年的20.14%上升为2019年的77.30%，尤其是金融业已经成为浦东新区的主导产业。1990年，浦东新区金融业产值占比仅为5%，2019年，金融业产值占比达到了30.1%，居行业首位，持牌类金融机构为1078家，占上海总数的2/3。制造业向高端化、智能化迈进，战略性新兴产业产值占规模以上工业总产值比重达到43.2%，高技术工业总产值达到了3073.23亿元，占工业总产值的比重为30%。六大硬核产业保持较快的增长速度，在产业规模扩大、产业能级提升以及关键核心技术突破上均取得了显著成绩，2019年，集成电路销售规模达到1221亿元，生物医药产业规模达到770亿元，分别占全市的75%和50%，汽车产业产值达到了2090亿元，航空航天制造业产值为86亿元，高端装备制造业规模以上产值为966亿元，信息服务业营业收入为2444亿元。

（二）浦东新区在长三角的经济地位

浦东新区自身经济高质量发展是发挥引领示范作用的基础，总体来看，2019年，浦东新区以占长三角地区0.39%的土地面积创造了5.37%的生产总值，积聚了2.45%的常住人口和2.06%的从业人员。

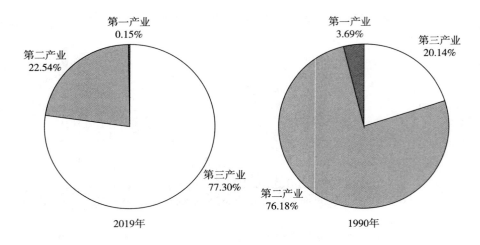

图2　1990年和2019年浦东新区生产总值构成

资料来源：浦东新区历年统计年鉴数据。

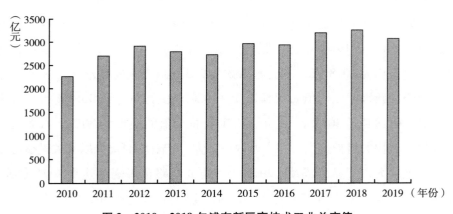

图3　2010～2019年浦东新区高技术工业总产值

资料来源：浦东新区历年统计年鉴数据。

从常住人口来看，浦东新区属于人口流入地，如表1所示，从2015年至2019年，常住人口经历了缓慢增长，从2015年的547.49万人上升到了2019年的556.70万人，5年间常住人口增加了1.7%。长三角地区也属于人口流入地，常住人口从22074.57万人增加到了22714.14万人，增长了2.9%，增长速度略快于浦东新区，导致浦东新区常住人口占长三角的比重略有下降，从 2015 年的 2.48% 下降到了 2019 年的 2.45%。此外，从从业人员总数来看，相较于 2015 年，浦东新区 2019 年的从业人员略有增加，但是与前一年相比，从业人员有所减少。从从业人员占比来看，浦东新区从业人员占长三角的比重五年来有所下降，2015 年占长三角地区的 2.08%，2019 年占比为 2.06%。而长三角地区的从业人员处于不断增加的态势，具体而言，从 2015 年的 14195.76 万人增长到了 2019 年的 14380.51 万人。

表 1　浦东新区、长三角常住人口和从业人员情况

单位：万人，%

年份	浦东年末常住人口	长三角年末常住人口	浦东常住人口占比	浦东从业人员	长三角从业人员	浦东从业人员占比
2015	547.49	22074.57	2.48	294.70	14195.76	2.08
2016	550.10	22204.30	2.48	291.31	14243.06	2.05
2017	552.84	22359.63	2.47	297.13	14304.35	2.08
2018	555.02	22535.48	2.46	300.30	14347.86	2.09
2019	556.70	22714.14	2.45	296.25	14380.51	2.06

资料来源：上海、浙江、江苏、安徽、浦东新区历年统计年鉴数据。

浦东新区对长三角地区生产总值的贡献率处于上升态势，金融业主导产业地位稳固，也是长三角地区金融业的集聚高地，第三产业占比稳步上升，工业总产值占比逐渐降低。从整个长三角地区来看，如图 4 所示，浦东金融业占长三角金融业的比重处于不断上升的态势，2019 年，浦东金融业的产值为 3835.08 亿元，占长三角的比重为 17.85%，浦东以占长三角地区 0.39% 的土地面积创造了金融业总产值的 17.85%，具有明显的集聚优势。此外，浦东新区工业总产值占长三角地区的比重呈现下行趋势，而第三产业占比逐渐上升。具体来看，工业总产值占比从 2015 年的 10.61% 下降为 2019 年的 9.42%，第三产业产值占比从 2015 年的 8.94% 上升为 2019 年的 12.05%。浦东规模以上工业总产值占长三角的比重在样本期间平均为 3.64%，处于小幅波动上涨态势，与图 4 中其他指标相比，规模以上工业总产值占比处于比较低的水平。整体来看，2019 年，浦东对长三角地区生产总值的贡献率为 5.37%，且 2015 年以来一直处于上升态势，尤其是 2018 年浦东新区生产总值突破 1 万亿元，2017 年，工业总产值突破 1 万亿元。

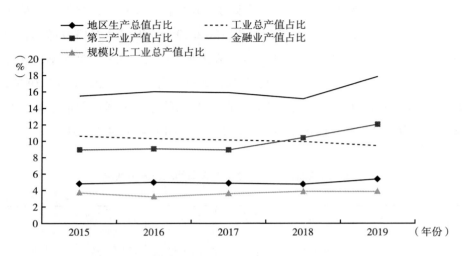

图4 浦东新区地区生产总值及构成占长三角的比重

资料来源：上海、浙江、江苏、安徽、浦东新区历年统计年鉴数据。

浦东作为上海五个中心建设的核心承载区、改革开放的先行区，对外贸易发展成效显著。2015～2019年浦东进出口总额由2713.97亿元增加到了2973.80亿元，占长三角的比重平均为8.15%。就出口额而言，浦东平均贡献了长三角地区12.55%的出口额，2019年，浦东出口额达到了1033.48亿元。浦东新区在吸引外资方面具有显著的优势，2015～2019年，外商直接投资实际使用额增加了35.73%，2019年占到了长三角地区使用外资总量的11.44%。此外，上海国际航运中心建设卓有成效，上海港成为世界第一大港，浦东作为上海建设国际航运中心的核心承载区，2015～2019年，港口货物吞吐量稳步上升，占长三角的比重平均为11.33%。

表2 浦东新区与长三角对外开放情况对比

年份	浦东				长三角			
	外贸进出口商品总额（亿元）	出口总额（亿元）	外商直接投资（亿美元）	港口货物吞吐量（万吨）	外贸进出口商品总额（亿元）	出口总额（亿元）	外商直接投资（亿美元）	港口货物吞吐量（万吨）
2015	2713.97	966.52	64.60	30162.00	32060.65	6481.14	548.55	344399.02

续表

年份	浦东				长三角			
	外贸进出口商品总额（亿元）	出口总额（亿元）	外商直接投资（亿美元）	港口货物吞吐量（万吨）	外贸进出口商品总额（亿元）	出口总额（亿元）	外商直接投资（亿美元）	港口货物吞吐量(万吨)
2016	2648.91	932.27	70.36	30728.00	30836.53	7991.59	753.47	217072.41
2017	2897.75	983.32	78.26	32919.00	34746.54	6806.71	759.42	246773.81
2018	3110.39	1069.46	81.05	34089.50	39363.06	9685.78	785.32	251966.60
2019	2973.80	1033.48	87.68	34636.60	39775.45	9687.13	766.68	503284.18

资料来源：上海、浙江、江苏、安徽、浦东新区历年统计年鉴数据。

浦东建设引领区的任务之一是打造自主创新新高地，足够的创新投入是前提，丰富的创新成果是目标。从创新投入方面来看，2015～2019年，浦东的研发投入增长幅度较大，从283.84亿元增加到了458.43亿元，增加了62%，相比之下，长三角地区的研发经费支出增加了60.94%，略低于浦东新区。浦东新区的R&D经费支出占长三角的比重平均保持在7%左右。从研发投入强度来看，浦东新区的研发投入强度2015年以来均高于3%，2019年为3.60%，长三角地区的研发投入强度在3%以下，2019年为2.84%。从创新产出方面来看，专利作为创新产出的重要标志之一，在一定程度上能够反映创新产出的效率。从专利申请和专利授权量来看，浦东自2015年以来一直处于上升的趋势，专利申请量从2015年的22493项上升为2019年的37070项，增加了64.81%，专利授权量增加了75.40%，2019年达到了23327项，可以发现，专利授权量的增加幅度大于专利申请量，创新产出效率不断提升。从长三角地区层面来看，五年间，专利申请量和专利授权量分别增加了34.7%和43.8%，增速均低于浦东新区。从创新产出对长三角的贡献来看，2019年，浦东专利申请量占到了长三角的2.86%，专利授权量占比为2.98%，两项比值也均处于不断上升的态势。

表3　浦东新区、长三角专利成果和 R&D 经费支出对比

年份	浦东				长三角			
	申请专利（项）	专利授权（项）	R&D 经费支出（亿元）	R&D 经费占 GDP 的比重（%）	申请专利（项）	专利授权（项）	R&D 经费支出（亿元）	R&D 经费占 GDP 的比重（%）
2015	22493	13299	283.84	3.59	963315	544312	4180.30	2.55
2016	29942	15512	320.95	3.68	1198065	513472	4681.95	2.67
2017	33417	18753	390.81	4.05	1199134	572011	5296.53	2.67
2018	36476	23219	428.38	4.09	1413493	763795	5958.27	2.70
2019	37070	23327	458.43	3.60	1297712	782831	6727.90	2.84

资料来源：上海、浙江、江苏、安徽、浦东新区历年统计年鉴数据。

浦东要在扩大内需方面发挥引领带动作用，促进消费结构升级，打造国际消费中心。如表4所示，从社会消费品零售总额来看，2019年，浦东新区社会消费品零售总额达到了3160.60亿元，相较于2015年，增加了67.78%，而从整个长三角地区来看，五年期间消费额增加了43.98%，增长幅度低于浦东新区。总体来看，浦东对长三角地区社会消费品零售总额的贡献率从2015年的2.81%增长到了2019年的3.28%。此外，从2015年到2019年，浦东固定资产投资额增加了19.92%，占长三角的比重也处于不断上升的态势，2019年，达到了2.09%。

表4　浦东、长三角固定资产投资和社会消费品零售总额对比

单位：亿元

年份	浦东固定资产投资总额	浦东社会消费品零售总额	长三角固定资产投资总额	长三角社会消费品零售总额
2015	1772.94	1883.80	102888.19	66937.27
2016	1825.74	2037.33	112455.83	69755.55
2017	1903.70	2201.34	120558.80	77797.29
2018	2003.09	2312.51	126082.88	83161.15
2019	2126.06	3160.60	101763.75	96375.63

资料来源：上海、浙江、江苏、安徽、浦东新区历年统计年鉴数据。

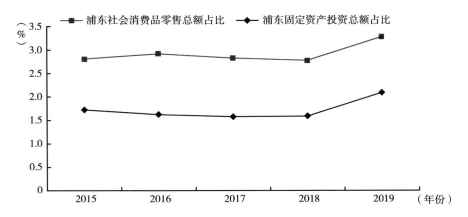

图 5　浦东新区社会消费品零售总额、固定投资总额占长三角的比重

资料来源：上海、浙江、江苏、安徽、浦东新区历年统计年鉴数据。

二　浦东引领带动长三角地区发展的现状

开发开放 30 多年来，浦东在制度创新、体制改革、科技创新、金融服务等方面始终处于全国领先位置，对长三角地区的发展产生了积极的辐射带动作用，产生了明显的示范引领效应，为长三角一体化国家战略落实注入了动能、搭建了平台。下面主要围绕浦东如何通过上海自贸区、科技创新中心承载区、金融中心核心承载区建设以及市场监管改革，服务长三角一体化发展国家战略，发挥长三角地区发展的龙头带动作用。

（一）上海自贸区建设以制度创新赋能长三角经济一体化发展

2013 年，我国第一个自由贸易试验区在浦东设立，浦东新区以上海自贸区为战略平台，坚持以制度创新为核心，对标最高标准最好水平，不断先行先试，积极探索投资、贸易、金融、政府管理等领域先进的与国际标准接轨的制度体系，形成了一批在全国范围内可复制可推广的制度创新成果。具体来说，包括投资管理方面的以负面清单为核心的外商投资管理以及以备案制为主的境外投资管理制度，贸易监管制度领域的国际贸易"单一窗口"、货物状态分类监管、贸易便利化等制度，以资本项目可兑换和金融服务业开放为目标的金融创新制度，突出事中事后监管的政府管理制度，与自由贸易试验区改革创新相对应的法治保障制度等。上海自贸区自成立以来已经形成了 328 项成熟的制度创新成果，并在全国范围内复制推广。

依托上海自由贸易区，浦东为长三角高质量发展提供了与国际标准相适应的制度体制创新经验，为长三角地区的发展注入了新的动能，有助于进一步激发长三角地区经济发展的活力和动力。为了更好地在制度创新领域形成合力、取得更高水平的制度创新成果，推进长三角三省一市自由贸易区协同联动，2021 年，长三角自由贸易试验区联盟在上海成立，浦东新区将与长三角其他三省深度合作，对标国际标准和市场需求，继续深耕金融、贸易、投资、政府管理等领域的制度创新，更好地助力长三角高质量一体化发展。

（二）浦东科创中心核心承载区功能助力长三角区域协同创新发展

浦东作为上海科创中心建设的核心承载区，始终坚持创新驱动发展，不断增强科技引领产业发展能力。浦东是优质产业创新资源的集聚高地，张江综合性国家科学中心作为科技创新的策源地，是国际一流科学基础设施和高水平研究研究机构、科研人员的集聚地。此外，张江科学城是具备国家重大科技基础设施、国际一流科研机构、高端科创人才队伍、良好创新创业生态的高品质创新基地，"十三五"以来，张江科学城的创新成果不断涌现，核心竞争力和品牌竞争力显著提升。

浦东在提升自身创新能力、打造自主创新高地的同时，发挥了显著的创新溢出效应，着力推动长三角地区协同创新。比如，浦东通过引导张江—临港双区联动打造"南北科创走廊"，并使其成为长三角一体化发展的重要增长极。与此同时，浦东积极致力于建立长三角科技创新共同体，共建长三角国家科技创新中心，积极发挥浦东科技创新资源集聚优势，探索区域间创新资源、创新成果共享机制以及区域间技术转移体系，开展关键核心技术和重大科学问题联合攻关，助力长三角更高质量一体化发展。

（三）浦东新区市场监管首创式改革助推长三角市场监管一体化发展

浦东作为改革开放最前沿，集聚了众多跨国公司、企业总部等具有活力的市场主体，同时也形成了"中国芯""创新药""未来车""蓝天梦""智能造""数据港"六大硬核产业集群，多种产业新模式、新业态并存，使其天然成为市场监管改革的试验田。市场监管改革在浦东先行先试，形成了大量可复制可推广的成熟的先进经验，比如"五合一"综合执法体制、商事登记制度改革、注册资本认缴制、先照后证、多证合一、事中事后综合监管、联合"双随机、一公开"监管联席会议机制。

在推进自身改革发展的同时，浦东新区也为深入推进长三角市场监管一体化做出了重要贡献。牵头南京市、苏州市、扬州市、杭州市、宁波市、金华市、合肥市、芜湖市、黄山市签订《长三角地区"九市一区"市场监督管理系统网络监管合作协议》，且合作体系不断升级，推动在杭州召开第二届长三角网络市场一体化治理工作会议，成员单位从"9市1区"扩展为"14市4区"，影响力、覆盖面进一步提升；牵头搭建长三角地区网络市场监管协同平台，初步实现跨区域、跨部门线上案件协同查办，监管案例、证据等信息资源共享，以智慧化手段提升跨区域协作能力；与杭州、南京、合肥等17个市的市场监管部门联合签署《长三角区域市场监管联动和信息共享长效机制的合作备忘录》；与南京、杭州、合肥等地市场监管（知识产权）部门共同签署了长三角运营服务体系重点城市知识产权发展与保护工作备忘录；启动高技术服务业质量提升示范试点建设，以长三角11市1区质量合作框架为基础，牵头南京、苏州、无锡、宁波、黄山等五市的市场监管部门，围绕共同推动检验检测认证等高技术服务业发展，签署监管部门、高技术园区检验检测机构等一系列合作协议，携手推进国家检验检测认证公共服务平台示范区网上平台建设，合力探索可复制、可推广的产业质量提升模式。

（四）浦东国际金融核心区建设服务长三角实体经济发展

浦东作为上海国际金融中心建设的核心承载区，金融业主导产业地位稳固，金融业产值占比超过30%，浦东已成为全球金融要素市场最密集、交易最活跃的地区之一。金融已然成为拉动浦东经济增长的重要引擎，2020年，浦东金融业发展助力上海全球金融中心指数排名上升到第三位。各类金融机构集聚优势明显，持牌类金融机构累计达到1110家，外资资产管理机构突破100家。金融基础设施不断完善，为了更好地提高金融业服务实体经济的能力，尤其是促进金融业和科技创新产业协同发展，打造全球金融科技高地，由中国人民银行上海总部、上海市地方金融监督管理局、上海推进科技创新中心建设办公室三家单位联合授牌，建立上海国际金融科技创新中心，打造上海金融科技发展战略高地。总部经济蓬勃发展，正式启动"全球营运商计划"，沃尔沃建筑设备设立亚太区总部；中船集团、中化集团、达索系统股份有限公司、松下电器全球采购（中国）有限公司、盒马全球总部等相继落户；跨国公司地区总部达到了359家，占全市的比重为46.6%。

此外，浦东积极发挥金融机构、金融市场、金融基础设施集聚、金融要素市场活跃的优势，在建设上海国际金融中心核心承载区的同时，积极发挥金融业对长三角一体化发展的辐射带动作用，提高金融业服务长三角实体经济发展的能力，推动长三角金融服务业一体化发展。2019年4月，由浦东新区人民政府和上海证券交易所联合打造的长三角资本市场服务基地正式启用，基地致力于促进金融业和科技创新协同发展，为金融资本和科创要素的融合搭建桥梁。经过两年多的发展，基本构建了长三角金融服务一体化网络，基地联盟城市达到了35个，基地分中心达到了17个，与基地签约的金融、投资以及专业服务机构达到136家。此外，基地自成立以来，紧紧围绕科创板注册制改革任务，积极服务长三角地区的企业投融资和上市需求，形成了服务科创企业全生命周期的十大功能。在今后的发展中，浦东将更好地发挥长三角资本市场服务基地的服务功能，打通企业上市服务链，加强科技创新、质量标准、信息互认、生态保护等领域合作交流。

三 浦东引领区建设助力长三角一体化发展的对策建议

浦东建设社会主义现代化建设引领区，需要立足双循环新发展格局，"努力成为国内大循环的中心节点和国内国际双循环的战略链接"①，通过制度创新、产业集群共建、提供金融服务以及打造城市治理标杆等，在长三角一体化发展中更好地发挥龙头带动作用。

（一）深化改革开放，为长三角地区高质量发展提供制度保障

当今世界，新冠肺炎疫情全球蔓延、贸易保护主义抬头、世界经济发展陷入困境，国际经济、政治、科技、国际分工、全球生产力格局深刻调整导致我国面临的外部环境复杂多变，而国内经济发展进入新常态、新阶段，国内国际形势的新变化迫切要求以更高水平的改革开放助力经济高质量发展，形成以国内大循环为主体、国内国际双循环相互促进的新发展格局，通过构建开放型经济新体制为经济发展赋能。

长三角地区作为我国经济发展最为活跃、经济开放程度最高的地区，具备构建开放型经济体制的基础，且迫切需要通过开放型经济体制构建赋能经济高质量发展。浦东新区引领长三角地区发展的一个重要方面便是制度创新，推动要素开放向制度开放拓展，进一步拓展开放领域、深化开放层次，对标最高标准最好水平，不断先行先试，积极探索投资、贸易、金融、政府管理等领域先进的与国际标准接轨的制度体系，将改革的成果率先在长三角地区推广复制，助力长三角地区率先建成开放型经济新体制。为此，浦东须立足双循环新发展格局和国际国内新形势，进一步发挥中国（上海）自由贸易试验区及临港新片区改革开放和制度创新试验田的作用，拓展开放领域，在继续推动制造业开放的同时，逐步将开放领域拓展到金融、教育、文

---

① 参见《关于支持浦东新区高水平改革开放打造社会主义现代化建设引领区的意见》，2021年4月23日。

化、医疗等服务业；深化开放层次，不断深化货物、服务、资本、技术、数据等商品和要素开放，探索管理、标准等制度型开放新机制。

（二）坚持创新驱动，在长三角地区打造世界级创新产业集群

促进发展方式由投资驱动向技术进步、创新驱动转型，形成更加精细化的分工体系，使经济结构更加合理，是新的发展阶段提高社会生产力的必然要求。然而，我国总体创新水平不高，在科学前沿和高技术领域缺乏话语权和竞争力，大多数产业仍处于产业链、价值链的中低端环节，尤其是关键核心技术、核心零部件进口依赖程度很高。坚持科技体制改革，坚持问题导向，面向世界科技前沿、面向国家重大需求、面向国民经济主战场，强化科学技术、科研人才储备，是我国创新发展的迫切要求。

浦东在引领区的建设过程中，须瞄准科技前沿领域和核心技术，进一步提升自主创新能力。在此基础上，与长三角地区联动发展、协同创新，积极推动长三角科技创新共同体建设，开展重点领域联合攻关。进一步发挥浦东国家集成电路产业基地、张江创新药产业基地、大飞机产业园、金桥5G产业生态园、"东方芯港"等产业平台以及张江综合性国家科学中心、张江科学城等一流的科创平台的作用，加强园区之间基于比较优势的分工合作，促进创新资源和生产要素在长三角地区自由流动，协同打造良好的科创生态环境，推进科技、经济和政府治理体制机制改革。围绕产业链、价值链不同环节深化与周边地区的分工合作，提升电子信息、生物医药、航空航天、高端装备、新材料、节能环保、汽车、绿色化工、纺织服装、智能家电等产业的产业链现代化水平，形成产业链条完整、空间布局合理的区域产业网络，打造若干世界级产业集群。

（三）增强全球资源配置能力，更好地服务长三角实体经济发展

全球资源配置能力是在经济全球化背景下，处于全球资源要素流动核心枢纽地位的全球城市，依托全球资源要素网络、高能级的全球市场平台、高度发达的服务业以及与国际通行规则相适应的制度环境，在全球范围内产品

和要素的配置中发挥支配作用的能力。

增强全球资源配置能力是浦东引领区建设的必然要求，在此过程中，必然需要吸引更多的跨国公司总部、国际性组织等功能型机构，建设更高能级的全球要素市场、大宗商品交易所等功能性平台，同时推动各类高端服务机构集聚。尤其是，需要立足浦东新区建设国际金融中心核心承载区的功能定位，进一步提高金融业服务实体经济的能力，构建更加国际化的金融市场体系，打造更高能级的海内外重要投融资平台，完善金融基础设施和制度。提高对全球资本、技术、人才、信息等要素和产品的配置能力，并立足长三角地区，畅通资源要素在长三角地区的流动，尤其是促进长三角地区金融市场一体化发展，在长三角区域构建高能级的投融资平台，促进先进制度体制在长三角范围的复制推广，发挥金融业服务长三角实体经济发展的能力。

（四）提升城市治理水平，推动长三角地区城市治理现代化

现代化城市治理需坚持"人民城市人民建、人民城市人民管"的基本理念，深入推进城市运行"一网统管"，将大数据、物联网、云计算、人工智能等新一代信息技术融入城市治理，将数字技术融入城市治理，提高城市治理的智能化水平，打造智慧、人文、宜居、便捷、安全的美丽家园。

浦东新区引领区建设的重要内容便是加快城市数字化转型，着力建设智慧安全便捷的城市，提高城市治理现代化水平，开创人民城市建设新局面。在此过程中，浦东新区须加强与长三角地区各个城市的合作，共享现代城市治理理念和治理模式、探索现代城市治理手段，优化长三角地区公共服务资源空间布局，并积极探索现代城市治理可复制、可推广的浦东模式，打造长三角地区现代化治理的标杆和示范。在具体的实践环节，加快推动城市数字赋能，打造数字基础设施，通过深化"一网通办"和"一网统管"推动城市数字化治理。推动5G、数据中心等新一代信息技术在社会治理领域的应用，提高政府部门实施政策、城市监管、应急处置以及灾害预警和防治的精准性和效率。

参考文献

陈爱贞、陈凤兰、何诚颖：《产业链关联与企业创新》，《中国工业经济》2021年第9期。

金瑞庭、原倩：《建设更高水平开放型经济新体制：基本思路和政策取向》，《宏观经济研究》2021年第8期。

刘理晖、顾天安、孙轩、陈锋、张骐严：《论超大城市治理体系与治理能力现代化建设》，《科学发展》2021年第7期。

马骏：《长三角建设世界级产业集群的思路与对策》，《科学发展》2020年第10期。

王丹、彭颖、柴慧、谷金：《上海增强全球资源配置功能的思路与对策》，《科学发展》2020年第11期。

辛向阳、沈阳：《打造社会主义现代化建设引领区的理论与实践探索——浦东开发开放历程回顾与前瞻》，《行政管理改革》2021年第9期。

熊世伟、爨谦：《提升上海产业链现代化水平，强化高端产业引领功能》，《科学发展》2021年第10期。

叶林、谢生材：《城市治理现代化的科学化精细化智能化路径及实践》，《城市管理与科技》2021年第5期。

B.10
对标国际最高标准，构建临港新片区制度型开放体系

王　佳*

摘　要： 本文旨在总结临港新片区两年来制度创新的成果，将之与 CPTPP 的各项高标准经贸规则做比较，找出临港新片区各项经贸规则与 CPTPP 标准的差距，为以更大力度在更深层次、更宽领域推进全方位高水平开放，也为将来我国加入 CPTPP 谈判积累经验与筹码。临港新片区需要对标 CPTPP 的各项高标准规则，先行先试，加大压力测试，建设成为具有国际竞争力的自由贸易园区。

关键词： 临港新片区　CPTPP　"五自由一便利"制度体系

2018 年 12 月 30 日，脱胎于 TPP 的《全面与进步跨太平洋伙伴关系协定》（CPTPP）正式生效。与有美国参与的 TPP 相比，虽然 CPTPP 的规模和影响力有所下降，部分经贸规则的标准也有所降低，但总体来说，就现阶段全球经贸规则标准来说，CPTPP 仍然称得上国际贸易协定的最高标准之一。在此之前的自贸协定主要聚焦贸易投资的自由化、便利化，更加强调的是降低关税与非关税壁垒、实施贸易投资自由化与便利化的各种边境措施。CPTPP 超越了贸易与投资的范围，增加了许多自贸协定未曾涉及的内容，如国有企业、中小企业、反腐败、劳工、环境、合作与能力建设等。可以说 CPTPP 不仅致力于维护

---

* 王佳，经济学博士，上海社会科学院经济研究所助理研究员，主要研究方向为制度经济学、国际经贸规则、土地财政制度等研究。

开放市场，增加世界贸易，加快区域贸易自由化和增加投资机会，同时也致力于促进缔约方之间进一步区域经济一体化与合作。

因此，作为现行最高标准的国际经贸规则，CPTPP 的各项规则非常值得参考。9 月 16 日，我国商务部向新西兰贸易与出口增长部提交了正式申请加入 CPTPP 的书面函。虽然两年来临港新片区已基本形成以"五自由一便利"为核心的制度型开放体系框架，但是与代表最高标准国际经贸规则的 CPTPP 还存在着不小的差距。本文旨在总结临港新片区两年来制度创新的成果，将之与 CPTPP 的各项高标准经贸规则做比较，找出临港新片区各项经贸规则与 CPTPP 标准的差距，为在更深层次、更宽领域推进全方位高水平开放，也为将来我国加入 CPTPP 谈判积累经验与筹码。临港新片区需要对标 CPTPP 的各项高标准规则，先行先试，加强压力测试，建设成为具有国际竞争力的自由贸易园区。

一 临港新片区"五自由一便利"制度型 开放体系基本确立

2019 年 11 月 3 日，习近平主席在上海考察期间，对临港新片区建设做出明确指示，强调"上海自贸试验区临港新片区要进行更深层次、更宽领域，更大力度的全方位高水平开放，努力成为集聚海内外人才开展国际创新协同的重要基地、统筹发展在岸业务和离岸业务的重要枢纽、企业走出去发展壮大的重要跳板、更好利用两个市场两种资源的重要通道、参与国际经济治理的重要试验田，有针对性地进行体制机制创新，强化制度建设，提高经济质量。"[①]

与全国其他自由贸易试验区相比较，设立临港新片区不仅仅是简单的扩区，而是有更高更明确的定位，有更丰富的战略任务，是深化改革开放的再升级。临港新片区聚焦建设以投资贸易自由化为核心的制度体系，在更深层

---

① 中国（上海）自由贸易试验区临港新片区管理委员会，https：//www. lgxc. gov. cn/index. html。

次、更宽领域，以更大力度推进全方位高水平对外开放，对标国际上公认的竞争力最强的自由贸易园区，实现新片区与境外之间投资经营便利、货物自由进出、资金流动便利、运输高度开放、人员自由执业、信息快捷联通。通过建立与国际高标准经贸规则相衔接的制度体系，实现由商品和要素流动型开放向规则等制度型开放转变。①

两年来，临港新片区以"五个重要"为统领，对标公认的全球竞争力最强的自贸园区、自贸港和高水平国际经贸规则，着力打造更有国际影响力和竞争力的特殊经济功能区。截至 2021 年 10 月，《中国（上海）自由贸易试验区临港新片区总体方案》提出的任务 90% 已完成。国家、上海市、管委会累计出台各类政策 190 余项，形成典型创新案例 60 多个，全面系统集成改革创新的成效逐步显现，② 临港新片区已基本形成以"五自由一便利"为核心的制度型开放体系框架。两年来，临港新片区累计签约项目 765 个，涉及投资额 4478.31 亿元，累计完成工业总产值 3569.1 亿元，全社会固定资产投资 1223.9 亿元。2021 年 1～7 月，临港新片区完成工业总产值 1290 亿元，两年累计增长 136.8%，两年平均增长 53.9%；完成全社会固定资产投资 407.9 亿元，两年累计增长 91%，两年平均增长 38.2%。

（一）贸易自由

贸易自由方面，在临港新片区内设物理围网区域，设立全国唯一的洋山特殊综合保税区，构建全新的"六特"海关监管模式，全面实施综合保税区优惠政策，对贸易监管、许可与程序要求进行优化，创新更高标准的贸易自由化便利化政策。对自境外抵离物理围网区域的货物，实施以安全监管为主的贸易自由化便利化监管方式，提高口岸监管的服务效率③。优化简化监管流程，实施物理围网外"一企一策"政策，建立以"电子监管"为特色的监管制度和服务体系，进一步完善综合信息数据湖，提供"一站式"的

---

① 《中国（上海）自由贸易试验区临港新片区总体方案》。
② 《关于支持中国（上海）自由贸易试验区临港新片区自主发展自主改革自主创新的若干意见》。
③ 《中国（上海）自由贸易试验区临港新片区管理办法》。

贸易自由化便利化服务①。国内首单跨关区国际中转集拼、首单国际铜保税标准仓单质押融资、首单飞机船舶跨境租赁、首单境外仓单离岸转手买卖等创新业务相继在临港新片区落地②。

在大力推进发展服务贸易方面，临港新片区先行先试扩大金融、增值电信、数据跨境流动、教育、医疗、文化等领域对外开放，加快发展文化服务、信息通信、医疗健康、跨境数据交易等服务贸易发展，加速服务贸易自由化。特别是新片区支持国内企业与境外机构进行合作，共同开发跨境医疗保险产品，并试点国际医疗保险结算③。上海市将临港新片区作为首批生物医药企业（研发机构）进口研发用物品"白名单"试点区域，并争取不断扩大试点范围；在飞机、航空器、船舶汽车大型设备检测维修方面，推动一批新项目在临港新片区落地④。

关于加快发展离岸贸易，在《关于本市加快发展外贸新业态新模式的实施意见》下，临港新片区加大了对离岸贸易结算、税收等制度创新的支持力度。在中国人民银行的支持下，出台了《关于明确自由贸易账户支持上海发展离岸经贸业务有关事项的通知》，把离岸贸易范围扩大到加工贸易、服务转手买卖等。截至目前，已经有 32 家离岸贸易企业在新片区落地并展业，企业数量特别是开展经营企业数量占全市 10%。⑤ 大力推动在岸离岸业务联动发展，鼓励发展在岸离岸保税研发设计、保税加工制造等业务，建设国际一流的检测维修中心和绿色再制造中心。

（二）投资自由

在投资自由方面，进一步推动金融等领域对外开放，全国首家外资控股的合资商业理财公司汇华理财、塞拉利昂船级社等首批外资船级社、首家外

① 《中国（上海）自由贸易试验区临港新片区发展"十四五"规划》。
② 上海市政府新闻发布会介绍临港新片区成立两年以来制度创新总体情况及最新制订的《关于支持中国（上海）自由贸易试验区临港新片区自主发展自主改革自主创新的若干意见》。
③ 《中国（上海）自由贸易试验区临港新片区发展"十四五"规划》。
④ 《市政府新闻发布会问答实录（2021 年 8 月 18 日）》。
⑤ 《市政府新闻发布会问答实录（2021 年 8 月 18 日）》。

商独资的金融科技公司落户临港；在全国率先试点强化竞争政策；率先探索国际化商事纠纷解决方式，启动金融法治试验区建设；率先实行企业名称告知承诺制，正式启动实施商事主体登记确认制。

根据国家统一部署，临港新片区率先试点在若干领域放宽外商投资准入、市场准入等限制。先行先试扩大金融、增值电信、数据跨境流动、教育、医疗、文化等领域对外开放，发展医疗健康、跨境数据交易、文化服务、信息通信服务贸易。放宽或取消境外消费、跨境交付、自然人移动等跨境服务贸易准入限制①。

试点实施商事主体登记确认制，登记机关仅对申请人提交的材料进行形式审查，审查通过之后及时进行登记确认，核发营业执照。上海还印发《上海市开展"证照分离"改革全覆盖工作的实施方案》，深入实施"证照分离"改革，实施涉及企业经营许可事项的全覆盖清单管理，分类推动审批制度改革，健全完善宽进严管规则，探索更加适应发展要求的事中事后监管体系，提高市场主体的办事透明度、便利度及可预期性②。

优化国际商事争议解决机制，积极开展"一带一路"商事仲裁及调解等业务，打造面向全球的亚太仲裁中心③。允许境外的知名仲裁与争议解决机构经司法行政部门登记备案，在临港新片区内设立相关机构开展仲裁业务④。

（三）资金自由

在资金自由方面，临港新片区致力于促进资金自由的金融开放创新体系全面升级，率先开办企业跨境人民币结算便利化、一次性外债登记、境内贸易融资资产跨境转让、高新技术企业跨境融资便利化额度、本外币合一跨境资金池等创新业务，跨境资金结算、境外融资等便利化程度大幅提升；全国唯一跨区域、跨市场的证券期货纠纷专业调解组织——中证资本市场法律服

---

① 《中国（上海）自由贸易试验区临港新片区发展"十四五"规划》。
② 《上海市开展"证照分离"改革全覆盖工作的实施方案》。
③ 《上海市全面深化服务贸易创新发展试点实施方案》。
④ 《中国（上海）自由贸易试验区临港新片区发展"十四五"规划》。

务中心、总规模 2000 亿元的国有企业混合所有制改革基金等一批标志性项目相继落地①。

临港新片区按照法律法规规定，加速简化优质企业跨境人民币业务办理流程，促进跨境金融服务自由化便利化。实施自由贸易账户的本外币一体化功能试点，探索在新片区内资本自由流出流入与自由兑换，稳步推进资本项目可兑换。加快落实放宽金融机构外资持股比例、拓宽外资金融机构业务经营范围等政策，鼓励相关境外投资者依法设立各种金融机构，确保各类资金金融机构可以依法平等经营②。

特别是强调进一步推动高水平资本项目可兑换，强化国际金融资产交易、人民币离岸交易、跨境支付结算、离岸金融等功能。全面落实外商投资国民待遇，在银行保险证券等领域引入更多国际相关机构，对标高标准国际规则，推动金融服务业高水平开放。以资金自由流动为目标，完善更加有利于资金便利的跨境金融管理制度体系。建立金融"监管沙盒"制度，试点跨境金融、离岸金融等领域政策和业务创新③。

（四）运输自由

在运输自由方面，临港新片区高度开放的运输自由制度逐步构建。《中国（上海）自由贸易试验区临港新片区国际船舶登记管理规定》公布后，目前已完成 10 艘船舶登记注册。建立国际转运集拼监管中心、中外运洋山国际中转集拼中心；国内第一个异地缴纳社保的船企入驻新片区；探索推广智能重卡自动驾驶，进一步提升"海陆联运"通行效率④。完善多式联运和集疏运体系，设立洋山国际中转集拼公共服务中心，建设东北亚空箱交换中心，开展沪浙跨港区、跨关区国际航行船舶供油试点，完成全球首次 5G ＋

---

① 《关于中国（上海）自由贸易试验区临港新片区建设情况的报告》。
② 《中国（上海）自由贸易试验区临港新片区总体方案》。
③ 《中国（上海）自由贸易试验区临港新片区发展"十四五"规划》。
④ 《关于中国（上海）自由贸易试验区临港新片区建设情况的报告》。

AI 智能化港区作业①。

未来还将进一步完善中国洋山港籍船舶的登记管理制度，扩大沿海捎带政策适用范围，积极探索发展国际中转集拼业务，进一步放开船舶法定检验。对境内制造的船舶在洋山登记从事国际运输的，可视同出口，按相关国家规定给予出口退税。完善启运港退税政策，放大中资方便旗船沿海捎带政策的实施效果②。

同时，新片区鼓励国内外企业与相关机构展开航材租赁、航运融资、航运结算、航运保险、船舶交易和航运仲裁等服务。加快完善启运港退税政策，对符合条件的企业经洋山港离境的集装箱货物，提供更便利更高效的监管服务。以洋山港、浦东机场以及芦潮港铁路集装箱中心站为基础，推动海、空、铁运输的信息共享，提升多式联运的运行效率③。

（五）人员从业自由

在人员从业自由方面，进一步提升境外人才出入境、停居留便利水平，率先探索电子口岸签证，推行更加开放便利的外籍人才长期及永久居留政策，放宽外国人来华工作许可条件限制，开设工作和居留许可"单一窗口"，实行境外专业人才执业备案制、开放相关职业资格考试等政策，在全国突破外籍人才 5 年居留许可、一次性 2 年工作许可，直接推行永居、境外执业资格备案执业等政策。在上海全市突破实施缩短"居转户"年限并放宽评价标准，推动人才购房政策定向微调等，301 家用人单位纳入"居转户'7 转 3'单位清单"，597 家用人单位纳入人才引进重点机构清单，人才总量突破 8.2 万人④。

进一步放宽对现代服务业高端人才的从业限制，在出入境、外籍人才的

---

① 上海市政府新闻发布会介绍临港新片区成立两年以来制度创新总体情况及最新制订的《关于支持中国（上海）自由贸易试验区临港新片区自主发展自主改革自主创新的若干意见》。

② 《中国（上海）自由贸易试验区临港新片区总体方案》。

③ 《中国（上海）自由贸易试验区临港新片区管理办法》。

④ 《上海临港新片区两周年成绩出炉》。

永久居留等方面试行更开放更便利的政策。建立外籍人士在临港新片区内的工作许可制度和人才签证制度。允许有境外执业资格的金融、规划、设计、建筑等领域的专门人才经备案后在新片区内提供服务，而且其在境外的从业经历可视同国内从业经历。除非涉及国家主权与安全，允许外籍人士在新片区内参加国内相关执业资格考试。在法医毒物司法鉴定、环境损害司法鉴定等技术含量较高的领域开展技术合作。为在新片区内从事商务交流访问等活动的外籍人士提供更便利的签证和停居留政策①。

（六）信息快捷联通

在信息快捷联通方面，建设先进的国际通信设施，加快 5G、物联网、车联网、IPV6、云计算等信息基础设施，提高新片区内宽带接入能力、网络服务质量和应用水平，构筑安全便利的国际互联网数据联通专用通道。新片区还试行数据跨境流动安全评估，创立跨境数据流通等方面的数据安全管理机制。加快国际合作试点，加强对专利、版权及商业秘密等的保护力度②。特别是临港新片区制定"国际数据港"建设方案，率先在智能网联汽车和车联网领域建立数据跨境流动"正面清单＋分级分类"管理制度，国际互联网数据专用通道投入使用，试点建设新型互联网交换中心③，极大程度上实现了信息的安全快捷联通。

二　临港新片区与 CPTTP 高标准经贸规则的比较

两年来，临港新片区建设取得积极成效，主动服务和融入国家发展战略，总体达到了国家以及上海市层面赋予新片区的战略目标定位，推动了开放型经济新体制建设，推进了全方位高质量发展。在 RCEP 正式签署以后，

---

① 《中国（上海）自由贸易试验区临港新片区管理办法》。
② 《中国（上海）自由贸易试验区临港新片区总体方案》。
③ 《关于支持中国（上海）自由贸易试验区临港新片区自主发展自主改革自主创新的若干意见》。

临港新片区也将迅速落实 RCEP 各项规则，但临港新片区的投资贸易自由化便利化措施与 CPTPP 的高水平国际贸易投资规则相比还存在着一定的差距。

（一）基本无差距的规划

1. 原产地规则和原产地程序

为促进区域经济与供应链统合发展，RCEP 同 CPTPP 一样制定了一套区域累积的原产地规则以确定货物是否有资格享受优惠关税，制定了通行原产地确认体系。而关于过境和转运，CPTPP 规定原产地证书可以适用于至少 1 年期限的相同货物的多次装运，且在进口货物的完税价格不超过 1000 美元等场合下，不得要求提供原产地证书。但是 RCEP 并没有这项内容，总体来说，临港新片区未来对接此项条款不存在难度的问题。

2. 纺织和服装

CPTPP 各方同意取消绝大多数纺织品和服装的关税，一些敏感产品的关税削减将经历一段过渡期。对接这一条款对于高度依赖外贸出口的我国纺织行业来说，将受益匪浅，因此临港新片区先行先试对接这一条款没有任何困难。以我国对日本出口的纺织品为例，目前纺织服装类的大多数产品在日本被征收 8%～11% 的进口关税，而在 RCEP 框架下日本承诺逐步下调进口关税，直至 15 年后将纺织服装类进口关税下降至零。

3. 海关管理和贸易便利化

CPTPP 的贸易便利化承诺非常实用，如集中于高风险货物的风险管理制度、快速海关程序等，并且推动了各国海关在管理与贸易便利化方面的合作。在 RCEP 中，相关条款与 CPTPP 差距较小，比如在 RCEP 中，我国会基于国际接受的货物快速通关和放行标准，应用信息技术（包括在货物运抵前提交数据以及用于风险目标管理的电子或自动化系统）以支持海关运行。而临港新片区推进海关特殊监管区域的建设，洋山特殊综合保税区建立了"六特"海关监管模式，优化海关特殊监管区域电子账册管理等措施表明新片区对接该项条款没有太大问题。

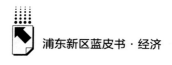

4. 贸易救济

CPTPP 与贸易救济相关的规定与目前的 WTO 相关规定十分接近，没有形成更高标准。而我国也承诺遵守《1994 年关税与贸易总协定》第十九条和《保障措施协定》中关于贸易救济的规定。关于反倾销和反补贴，我国也会履行《1994 年关税与贸易总协定》第六条、《反倾销协定》和《补贴与反补贴措施协定》规定的义务。临港新片区执行我国国家层面现行各项标准，因此，临港新片区对接该条款没有难度。

5. 合作与能力建设

CPTPP 的相关规定旨在促进缔约国之间的交流与合作，帮助发展中国家的能力建设。在 RCEP 中我国也同意开展经济技术合作活动，在投资、知识产权、电子商务、竞争及中小企业等方面开展能力建设和技术援助。我国作为发展中国家接受 CPTPP 的该条款没有任何损失，临港新片区对接该条款没有难度。

6. 竞争力和商务便利化

CPTPP 强调各国的商业环境能够对市场发展做出回应，各国应采取措施帮助中小企业参与区域供应链，此章节的条款并没有涉及太多实质性内容。因此，临港新片区对接这一条款毫无难度。

7. 发展

CPTPP 的相关规则主要鉴于各国经济发展水平之间存在巨大差距，希望通过合作帮助发展中国家更加容易获得 CPTPP 协定的利益。虽然在 RCEP 中没有关于发展的独立章节，但是，CPTPP 强调的可持续发展、减少贫困、促进小企业发展，帮助妇女提高能力和技能进入市场，教育、科技、研究和创新等方面，都是我国正在努力的方向，特别是在减少贫困方面我国取得了巨大的成就。因此，临港新片区对接这一规则也非常容易。

8. 争端解决机制

CPTPP 的争端解决机制相关规则条款并没有全新的规则，大多数是 WTO 与其他自贸协定已有的贸易争端机制相关条款。而在 RCEP 中，我国也承诺依照国际公法解释的习惯规则，为解决争端提供有效、高效和透明的程序。临港新片区积极探索国际化商事纠纷解决方式，积极开展"一带一路"商事仲裁、调解等业务，致力于打造面向全球的亚太仲裁中心，而且允许境外知名仲裁及争议解决机构经司法行政部门登记备案后，设立业务机构开展仲裁业务[1]。因此，临港新片区对接这一条款没有难度。

（二）差距较小的规则

1. 卫生与植物卫生措施

CPTPP 强化并拓展了《实施卫生与植物卫生措施协定》，CPTPP 中的卫生与植物卫生措施主要基于以美国为代表的发达国家动植物检验检疫的相关标准。虽然在 RCEP 中，我国也承诺履行 WTO《卫生与植物卫生措施协定》规定的义务，但是我国的卫生与植物卫生措施标准低于国际水平。例如动物植物检验检疫标准的科学依据不够充分且标准较低，特别是在农残药残、微生物和重金属等方面，卫生与植物卫生措施不够透明、对违反卫生与植物卫生措施的行为处罚不够强力、市场的后期监管也存在问题[2]。因此，临港新片区对接该项规则存在一定难度。

2. 技术性贸易壁垒

CPTPP 主要是对技术标准、合格评定程序与透明度三方面做了详细规定，对合格评定结果进行互认，以降低交易成本和减少贸易壁垒。我国在 RCEP 下也承诺履行 WTO《技术性贸易壁垒协定》的相关条款，愿意尽可能保证接受 RCEP 缔约方的合格评定程序结果。而且，在 CAI 中，我国也会为欧盟的公司提供平等使用标准制定机构的机会。但是，因为我国对医疗器械、化妆品、药品、信息通信技术、红酒、蒸馏酒、预包装食品、食品添加剂配方、有机产品等特殊产品还没有专门规定，因此，临港新片区对接 CPTPP 标准存在一定难度。

---

[1] 《中国（上海）自由贸易试验区临港新片区发展"十四五"规划》。

[2] 白洁、苏庆义：《CPTPP 的规则、影响及中国对策：基于和 TPP 对比的分析》，《国际经济评论》2019 年第 1 期。

3. 投资

CPTPP 与投资相关的条款规定与其他自贸协定比较，在争端解决机制等领域的要求更严格。我国已接受准入前国民待遇、禁止业绩要求、负面清单及争端解决机制，而且在 RCEP 及 CAI 框架下，我国对进一步扩大开放做出了承诺，还对投资保护、自由化、促进和便利化四个方面的投资规则进行了整合与升级。在服务贸易开放方面，临港新片区执行《中国（上海）自由贸易试验区跨境服务贸易特别管理措施（负面清单）》，也承诺先行先试扩大金融、增值电信、数据跨境流动、教育、医疗、文化等领域对外开放。但是，负面清单名单太多、开放领域不够、限制措施过多等因素使得临港新片区对接 CPTPP 的投资规则还有一定难度。

4. 商务人员临时入境

CPTPP 明确规定了各类商务人员的入境及临时停留的条件限制。虽然，我国对自然人自由流动的态度非常谨慎，人员开放的程度也低于不少发展中国家。但是，我国在 RCEP 相关规则及承诺方面有较为突出的改进，我国将准予 RCEP 各国的自然人临时入境或临时停留的延期。临港新片区在提升境外人才出入境、停居留便利水平，探索电子口岸签证，推行更加开放便利的外籍人才长期及永久居留政策，放宽外国人来华工作许可条件限制等方面已经取得巨大成绩，因此，临港新片区将商务人员临时入境的开放水平提高到 CPTPP 的标准没有太大难度。

5. 政府采购

CPTPP 各国就国民待遇和非歧视两大核心原则做出了承诺，都在附件中列出了采购实体的机构列表和采购活动的正面清单列表，各项规则的标准超过了《政府采购协定》的标准。而在 RCEP 中，我国还没有承诺实质性的规定及强制执行措施，但是承诺通过与 RCEP 各国的谈判与合作对政府采购的相关内容进行完善，以促进政府采购。而且，中国正处于申请加入《政府采购协定》的进程中，正在扩大政府采购的覆盖范围，2014 年的第六份出价标准已与现有参加方的一般出价水平大体相当。总体来说，临港新片区对接 CPTPP 政府采购规则还是有一定难度。

6. 环境

CPTPP 对各缔约方国内的环境法实施做出了严格的规定，例如有很多司法行政程序方面的规定，也涉及了很多专项问题，比如臭氧层、海洋环境、生物多样性等方面，同时还建立了严格的争端解决机制。在 RCEP 中并没有专门的环境章节，不过 CPTPP 并没有包括气候变化的相关问题，且我国对环境治理的力度正在加强。而且，在 CAI 中我国承诺在环境领域不降低保护标准以吸引投资，不以保护主义目的使用环境标准，并遵守有关条约中的国际义务，重要的是，CAI 还包括对环境和气候的承诺，包括有效执行《巴黎气候协定》。而临港新片区实行严格的环境保护制度，健全源头预防、过程控制、损害赔偿、责任追究的生态环境保护体系，健全生态环境公益诉讼制度①。因此，临港新片区对接 CPTPP 环境规则的难度不大。

7. 中小企业

CPTPP 首次将中小企业的议题纳入贸易协定文本之中，主要是强调通过信息分享、建立中小企业委员会促进各国中小企业更好地参与区内价值链。在 RCEP 中同样包含中小企业章节，相关条款与 CPTPP 的规则相比并没有太大差距，且我国中小企业数量在全国经济中占优势地位，促进中小企业发展的理念与我国努力的方向一致。临港新片区在税制方面，15% 企业所得税优惠等政策落地实施大大有利于中小企业的发展，因此，临港新片区对接 CPTPP 中小企业规则比较容易。

8. 透明度与反腐败

CPTPP 的透明度条款旨在推动加强良好治理，应对贿赂和腐败对经济造成的恶劣影响，而且还包括有关药品医疗器械报销的透明度与程序公平的规则。各项规定覆盖范围较广、要求更严格。RCEP 中并没有专门的透明度与反腐败章节，但是关于提高透明度方面，RCEP 也有详细规定。CAI 方面我国也将提高授权的透明度、可预测性和公平性，还包括遵守监管和行政措

---

① 《关于支持浦东新区高水平改革开放打造社会主义现代化建设引领区的意见》，2021 年 4 月 23 日。

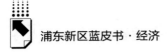

施的透明度规则，以提高法律的确定性、可预测性以及程序公平性和获得司法复审权（包括在竞争案件中）。在此框架下，虽然临港新片区没有制定特定措施，但是在对接 CPTPP 透明度规则方面难度不大。

（三）差距较大的规则

1. 货物的国民待遇和市场准入

CPTPP 关税优惠幅度更大，开放领域更为广泛。其中关税减让方面，各缔约国对几乎所有原产货物实行零关税或者逐步削减至零关税，其削减期限绝大部分在 10 年以内（最长为 16 年）。绝大部分成员国一年后零关税的比重将达到 80% 以上，其中 6 个国家的零关税将达到 90% 以上（作为对比，中国在中韩 FTA 一年后的零关税比例约为 57%）。在 RCEP 中，我国承诺分步骤取消货物贸易的关税及非关税壁垒，逐步实现与 RCEP 各国之间货物贸易的自由化和便利化，最终我国与 RCEP 各国间 90% 的货物贸易将实现零关税。但是，从货物贸易开放程度来看，临港新片区的措施与 CPTPP 规则还存在较大差距，而且在免税入境以及再制造货物的进出口方面规则也有一定差距，因此，货物贸易自由化对临港新片区来说是一个很大的挑战。

2. 跨境服务贸易

CPTPP 跨境服务的相关规定包括国民待遇、最惠国待遇、市场准入，同时还规定资格要求和程序、技术标准和许可要求相关的措施不构成服务贸易的壁垒。而在 RCEP 框架下我国仍然采用正面清单承诺（将在协定生效后 6 年内转化为负面清单），开放程度与 CPTPP 的要求差距比较大，受到准入限制的服务部门较多，市场准入限制水平比较高。而且，CPTPP 允许所有与跨境服务提供相关的转移和支付自由进出其领土且无迟延（即资金自由转移）。《上海市全面深化服务贸易创新发展试点实施方案》支持服务贸易发展，也有全国首个服务贸易负面清单，以应对国际经贸格局变化、贯彻落实国家扩大开放举措、提升服务贸易国际竞争力。但是，就服务贸易开放广度与深度来说，临港新片区的服务贸易相关规则与 CPTPP 服务贸易规则还存在很大差距。

3. 金融服务

CPTPP 金融服务的规定包括国民待遇、最惠国待遇、市场准入以及包括最低标准待遇等内容（以负面清单的方式接受此类义务），也对金融监管和信息传输做了规定。虽然 RCEP 也有与 CPTPP 金融服务相似的相关条款，但是无论是在深度上还是在广度上，RCEP 都与 CPTPP 有一定差距，比如缺乏支付卡交易的电子支付相关内容等。在 CAI 框架下，我国也承诺向欧盟扩大金融服务业开放，删除银行等合资企业要求和外国股权上限要求。临港新片区致力于促进资金自由的金融开放创新体系全面升级，在银行保险、证券等领域引入更多国际机构，对标国际高标准规则，促进金融服务业高水平开放。以资金自由流动为目标，建立金融"监管沙盒"制度，试点跨境金融、离岸金融等领域政策和业务创新①。但是，总体来说临港新片区金融领域的自由化便利化与 CPTPP 的金融规则还存在较大难度。

4. 电信服务

CPTPP 无论是在电信服务开放方面还是在规则的先进性方面都处于全球领先地位。如 CPTPP 规定各国须尽快提供线路租赁及共址服务，允许他国电信服务商接入基站及其他设施，并确保监管措施不对特定技术歧视，客观地管理频率等稀缺电信资源。而我国电信服务的开放较为缓慢，特别在基础电信业方面，与 CPTPP 电信服务自由化的相关标准还有较大距离。比如 CPTPP 规定任何缔约方都不得禁止转售任何公共电信服务，对拥有有效竞争或市场上的新服务不进行经济监管。我国近年来采取了多项措施改革电信行业的垄断状况，在 RECP 中就电信服务的开放，比如公共电信网络、专用线路、互联互通、共址服务及海底电缆等做出了承诺，在 CAI 中我国同意向欧盟投资者开放云服务（但其股本上限为 50%）。临港新片区的《关于支持中国（上海）自由贸易试验区临港新片区自主发展自主改革自主创新的若干意见》中明确表示要先行先试扩大金融、增值电信、数据跨境流动、教育、医疗、文化等领域向外资开放，特别是加快信息服务业对外开放。但

---

① 《中国（上海）自由贸易试验区临港新片区发展"十四五"规划》。

是在我国电信服务的开放程度及深度都不足的前提下，临港新片区的点位服务的对外开放与国际高标准的 CPTPP 电信规则存在较大差距。

5. 电子商务

CPTPP 承诺保障全球信息和数据自由流动，不对电子商务施加过多监管负担，以推动互联网和数字经济发展。在开放网络、个人信息保护、源代码、计算设施本地化、免征关税等方面做了详细而又领先的规定。虽然在 RCEP 中我国的免征关税、个人信息保护、计算设施本地化等规则接近 CPTPP 标准，但是，数据的完全自由流动及源代码等相关条款与 CPTPP 标准有较大差距。在《中国（上海）自由贸易试验区临港新片区发展"十四五"规划》中，临港新片区将加快推进数字产业化与监管创新，集聚数字创新型企业，推动智能网联汽车、电子商务、金融等领域数据跨境流通。在不涉及国家秘密和个人隐私的前提下，探索特定领域数据非本地化存储。但是，在目前国家层面的法律法规下，临港新片区的标准与 CPTPP 电子商务的标准还存在较大的差距。

6. 竞争政策

CPTPP 的竞争政策中各国同意实施禁止限制竞争行为的法律，致力于在各自国内将该法律适用于所有商业行为。我国在 RCEP 中也有类似 CPTPP 相关条款的承诺，我国《反垄断法》虽然已于 2008 年开始实施，但是距离 CPTPP 的相关规则还有较大差距。比如，CPTPP 承诺维持消费者保护法以禁止欺诈或欺骗性商业行为；通过合作和协调有效应对跨越国境的欺诈和欺骗性商业行为。临港新片区曾发布临港新片区强化竞争政策实施试点的 11 条措施，将公平竞争审查制度纳入试点内容，强化公平竞争审查制度刚性约束，进一步增强正面激励和负约束①。但是，在我国当前的《反垄断法》框架下，临港新片区的竞争政策与 CPTPP 的条款相比，还存在较大差距。

7. 国有企业和指定垄断

CPTPP 的规则是各国要保证其所有国有企业和指定垄断在从事商业活动时依照商业考虑行事（非歧视待遇和商业考虑）。主要包含取消给国有企

---

① 《上海临港新片区将公平竞争审查制度纳入强化竞争政策试点》。

业的税收优惠、补贴及非商业援助的优惠等。虽然目前我国正在进行国企改革，但是国有企业依然享受着优先、优惠的待遇，还存在影响竞争中立的问题。而且，在 RCEP 中没有就国有企业进行相关约束与承诺，虽然 CAI 要求中国国有企业根据商业考虑采取行动，不对商品或服务的购买和销售进行歧视，还要求我国国有企业担负提供特定信息的义务，以便评估特定企业的行为是否符合 CAI 规定的义务。临港新片区决定继续深化国资国企改革，支持临港新片区管委会所属国有企业探索以资本运营为内核的业务模式，探索建立符合国有企业特点的市场化薪酬机制①。但是就目前我国国有企业的相关规定及现状来说，临港新片区对接 CPTPP 国有企业和指定垄断相关的规则存在很大难度。

8. 知识产权

CPTPP 知识产权规则的各条款涉及范围广、保护力度大、惩罚力度强。不仅包括工业设计、地理标识、版权、商标、专利、商业秘密等形式的知识产权，还包括与制药相关的条款，甚至包括强有力的执行程序，比如民事程序、临时措施以及对商标假冒等行为采取刑事程序等。我国知识产权规则虽然一直在完善，在 RCEP 框架下对各领域的整体保护水平也较《与贸易有关的知识产权协定》有所加强，但是 RCEP 的各项规则与 CPTPP 中的条款仍存在显著差距。比如，CPTPP 在数据保护方面有严格规定，还把某些假冒商标货物或盗版货物视为应受刑事处罚的非法活动，司法机关有权责令没收财产或处以罚金。临港新片区在知识产权保护方面已经取得了重大成绩，中国（上海）知识产权维权援助中心临港新片区分中心与临港新片区知识产权综合服务窗口正式运营，集聚临港新片区知识产权咨询服务与知识产权专项财政扶持申报受理功能以及知识产权侵权举报投诉受理、案件信息移送、纠纷调解和咨询解答等功能②。但是，在我国知识产权保护不够严格的大背景之下，临港新片区在全面对接 CPTPP 知识产权规则方面难度很大。

---

① 《关于支持中国（上海）自由贸易试验区临港新片区自主发展自主改革自主创新的若干意见》。

② 《临港新片区知识产权工作成绩单来了》，上海市知识产权局（sh. gov. cn）。

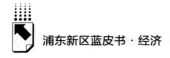

9. 劳工规则

CPTPP 中与劳工相关的规则强调《国际劳工组织关于工作中基本原则和权利宣言》中关于劳工权利与义务的原则，其核心是保护劳工权利（废止强制劳动、最低工资、工作时长等）。在 RCEP 中没有关于劳工的独立章节，虽然在 CAI 中，我国承诺在劳工领域不会降低保护标准以吸引外国投资，也不以保护主义目的而使用劳工标准。临港新片区在劳工规则方面暂时还未有太大突破，因此，在提高劳工待遇标准及争端解决机制等规则方面对接 CPTPP 的劳工规则仍有较大难度。

10. 监管一致性

CPTPP 旨在通过促进缔约方之间货物贸易、服务贸易及投资方面的监管一致性，维持和增强 CPTPP 可以带来的利益，提升区域内价值链的整合。CPTPP 要求各国设置可对拟议监管措施进行有效机构间协调和审议的程序或机制；考虑为此目的设立国家级或中央级协调机构；增强国内机构间的磋商和协调，以确定潜在的重叠和重复之处，避免机构间规则不一致。这是国际贸易新规则横向新议题，我国签订的 RCEP、CAI 以及其他双边 FTA 中都没有涉及此项规则。临港新片区在"一网统管"、工程监管、"互联网＋监管"、地方金融组织监管、信用监管和综合执法等领域，强化事中事后监管等方面成绩显著，但是在对接 CPTPP 监管一致性的相关规则方面存在很大差距。

三 推动临港新片区制度型开放体系建设的对策建议

为对标国际最新高标准经贸规则，实施更深层次、更宽领域、更大力度的全方位高水平开放，持续深化差别化探索，加强压力测试，高标准建设临港新片区，构建开放型经济新体制，本文提出以下建议。

（一）加快实施高标准货物贸易便利化新规则

对标 CPTPP 的货物贸易便利化规则，鉴于零关税无法在地方层面进行试点，临港新片区的改革目标应该是帮助企业最大限度利用好 RCEP 及 CAI 等协议的贸易监管模式，提高海关通关作业的可预期性和国际合作能力，优化进口货物的口岸与国内市场衔接机制，提高海关监管区域生产制造功能的国际竞争力。

临港新片区改革的目标一是向中央申请进一步扩大零关税的覆盖范围。与 CPTPP 相比，我国最主要的问题是零关税比重较低（CPTPP 零关税比重接近 99%），而且在原产地证书的多次使用、海关风险管理制度、快速通关程序、技术标准互认等方面还存在一定的差距。

二是实施高效的贸易监管。深化海关特殊监管区域货物按状态分类监管改革。创新实施智慧监管，探索 ERP 联网监管等新模式。全面提升国际贸易单一窗口关港贸金一体化运作能力与服务水平，加强与境外国际贸易综合服务平台的合作，实现进出口报关单及其随附单证的自动转换、自动对接。快递货物免税计价方法从优适用。

三是努力提升通关效率，增强海关通关作业的可预期性。在货物抵达前通过电子方式提交和处理海关信息，以便在货物抵达后加快海关监管放行；允许进口商使用非现金金融工具提供担保，允许货物凭担保放行；就税则归类及货物是否属原产货物等事项做出书面预裁定。完善原产地货物管理制度，试点原产地证书或自主声明多次使用制度和微小瑕疵容缺机制，并将豁免提交原产地证书产品金额放宽到低于 1000 美元。在正常情况下尽快放行快运货物，在货物抵达并且提交放行所需信息后 6 小时内放行。

四是深化"放管服"改革，优化营商环境。对进出口收取的费用必须合理，且须公开有关费用清单并定期审议，以减少其数量和种类。公布所有进出口及过境程序规则、产品归类及海关估价规则、原产地规则等信息。促进电子认证和其他技术的实施以便利贸易。

（二）加速提升跨境服务贸易自由化水平

CPTPP 关于跨境服务贸易主要有跨境服务贸易和商务人员临时入境等方面的规定。在 RCEP 框架下，我国已承诺不要求他国的服务提供商在我国设立代表处、分支机构或其他任何形式的法人作为提供服务的前提条件。因此，临港新片区的改革目标应该是积极探索跨境服务贸易"非当地存在"原则的有效实施方式。按照于我有利原则扩大对 RCEP 各国商务人员临时移动及服务贸易等领域的开放度，争取达到 CPTPP 协议中的跨境服务贸易便利化水平。

一是在我国 RCEP 服务贸易正面清单基础之上，缩减上海自贸区服务贸易负面清单，扩大跨境服务贸易"非当地存在"的适用范围。逐步完善服务贸易市场准入制度，推动服务贸易外汇收支便利化试点，探索服务贸易分类管理。采取适当措施承认相关国家的机构在教育等领域制定互相接受的标准。不对与承诺相关的经常性交易的国际转移和支付实施限制。

二是积极利用我国在 RCEP 及 CAI 中的服务开放承诺，扩大服务贸易领域开放。加大电信、证券、保险、管理咨询服务、知识产权服务、健康、文化、旅游等领域对外开放程度，先行先试更加便捷的登记准入方式和更加灵活的监管模式。实施离岸转手买卖业务外汇支付便利改革。支持本土企业积极承接软件开发、数据处理、检测维修等领域的离岸服务外包业务，应用大数据、区块链等技术解决产品交付与跨境结算信息采集问题。

三是实施快捷的运输服务。进一步开放运输服务市场。加快实施国际航空中转旅客及其行李通程联运措施。高标准对接国际多式联运规则，探索建立"一单制"的多式联运体系，鼓励多式联运企业在境外布局服务网络。

四是实施便利的人员往来服务。接受以电子格式提交的移民手续申请。建立外国人临时执业许可制度。完善充实过往资历认可机制，实施更加便利的商务人士短期入境制度。建立人才引进、就业和居留信息共享和联审联检制度。为高科技领域外国人才、外国技能型人才、符合产业发展方向的外国人才在出入境和外籍人士永久居留等方面实施更开放便利的政策措施。

（三）进一步深化金融服务业对外开放水平

我国的金融业开放水平离加入 WTO 时的承诺还有一些距离，虽然在 RCEP 及 CAI 中加大了金融开放的力度，并且有些规则表面上接近 CPTPP

标准，但是在具体实施中有较大差异，比如在金融监管的一致性和信息传输等方面，缺乏支付卡交易的电子支付等内容。因此，临港新片区在对标CPTPP金融服务规则方面的主要目标是，在 RCEP 及 CAI 加大金融开放力度承诺的基础之上，进一步扩大金融服务开放的领域，允许国外金融机构在国内开展新金融服务，并对新金融服务探索"沙盒监管"机制；在监管方面做到一视同仁，避免歧视性监管，不因公司的所有权结构或投资者的国籍而对其采用不同的监管措施；完善跨境人民币政策；进一步提高人民币跨境及离岸清算效率；给予外资金融机构与我国国有商业银行相似的待遇；缩减对外资银行和保险公司的注册牌照要求，并加速其审批流程，放宽其申请要求。

（四）进一步提高外商投资的开放度和透明度

CPTPP 各国实施以负面清单管理为核心的外资准入政策，且对外资不采取限制措施，承诺国民待遇及优惠待遇。临港新片区对标 CPTPP 的改革目标应该是在 RCEP 及 CAI 我国承诺的基础之上，以《外商投资法》和2020 年版《自由贸易试验区外商投资准入特别管理措施（负面清单）》为基础，努力在投资开放程度上达到 CPTPP 国家中上水平，探索实施高标准外资准入后国民待遇的实施路径。在保留管理措施前提下，探索部分外商投资禁止领域开放，取消部分领域外资准入限制，对征收给予公平合理的补偿。保障外资平等使用各种资源（争取使之可以与国有企业以近似的优惠条件使用金融等资源）。按照最终实际控制人实施外资管理，对最终实际控制人是我国居民的，不受外商投资负面清单限制，以有利于走出去的本国企业返国投资。

一是实施开放的投资管理制度。继续试行商事主体登记确认制，充分尊重市场主体的民事权利，对申请人提交的文件仅实行形式审查，尽可能精简审批事项、评估事项和下放审批权限。实施企业简易注销共享税务信息，注销时无需提供纸质清税证明。

二是深化行政审批制度改革。更加深入推进"证照分离"改革全覆盖试点，对涉企经营事项继续扩大审批改备案及告知承诺制应用范围。推进统一审批服务事项无差别受理、同标准办理，进一步提升政务服务便利化、标准化水平。加快建设智慧审批全生态体系，在受理、审核、审批环节开发全自动智能审核功能模块，完善政务辅助审批系统。

三是向中央申请在临港新片区修改或废除仅对境外投资者施加投资限制的特定法律法规，如《关于涉及外商投资企业股权出资的暂行规定》《关于外国投资者并购境内企业的规定》《外国投资者对上市公司战略投资管理办法》以及其他有关外商投资企业外汇经营、融资、投资总额、注册资本的管理规定。

（五）实施更高标准的知识产权保护

我国的知识产权保护标准与 CPTPP 规则相比还有不足，最主要的问题是我国对知识产权保护实行行政保护和司法保护的理念与 CPTPP 把一些侵犯知识产权行为定义为刑事犯罪的做法有冲突。不过，在 RCEP 中我国同意对具有商业规模的故意的著作权或相关权利盗版或商标侵权的情况适用刑事程序和刑罚。因此，临港新片区在知识产权保护方面对标 CPTPP 标准的目标应该是在我国当前以司法保护为主导、行政保护为支撑的知识产权保护体系的基础之上，努力履行我国在 RCEP 中关于知识产权保护的承诺，实现与 CPTPP 高标准规则近似的从严保护的知识产权保护体系。

临港新片区需要进一步推动知识产权创造、保护和运用水平。扩大知识产权保护的适用范围，建立局部外观设计保护制度，探索延长外观设计专利保护期限至 15 年。探索实行药品专利补偿机制。实施农药化学品实验数据保护制度。建立商标分类制度，商标注册制度，商标电子申请的处理、注册及维持制度。采取适当措施驳回、注销商标注册申请，禁止在相同及类似货物或服务中使用与驰名商标相同或相似的商标；驳回或注销根据法律法规属于恶意的商标申请或商标注册。推进使用非侵权计算机软件。对数字环境中侵犯著作权相关权利及商标的行为同时适用民事救济和刑事救济程序。进一步完善知识产权边境保护制度，将海关知识产权边境保护的适用范围从进出口扩展到过境产品。明确直接使用刑罚的商标和版权侵权行为。加强对侵犯商业秘密行为的刑事处罚。建立互联网版权保护安全港规则。允许境外企业或个人直接办理商标注册。优化知识产权保护协作机制和纠纷解决机制，继续强化知识产权行政保护、司法保护、海关保护之间的衔接，健全司法、仲裁、调解等知识产权多元化纠纷解决机制，更有效解决科技企业发展中面临的知识产权纠纷问题。

（六）积极探索数字贸易新规则

在数字贸易方面，CPTPP 包含电信服务与电子商务的内容，各项规则与新的美加墨自贸协定类似，强调电信业务的开放与数据的跨境自由流动。我国在增值电信服务和互联网等的互联互通等方面开放度不高，关于数字贸易和数据跨境流动的规则也不全面。因此，临港新片区在对接 CPTPP 数字贸易规则方面的目标应该是，在确保网络安全的基础之上，深化公共电信服务的对内对外开放和市场化竞争，实施国际通行的电子商务管理规则，把落实国内规制和借鉴国际经验结合起来，积极探索数据本地存储和数据跨境传输等新领域的规则制定。

为对标 CPTPP，主要建议有如下方面。在电信和信息服务方面，进一步开放国内增值电信业务，继续开放大数据、物联网、云计算、人工智能等与数字科技密切相关的增值电信业务，允许外资设立独资公司，通过先行先试积累总结经验，完善事中事后监管制度，加快推进增值电信业务的开放。提升主要电信供应商的服务透明度。推动实现普遍的公共电信共址服务。

在进一步促进数字贸易方面，完善本地数据存储制度。完善数据跨境传输机制，明确对电子传输内容不征收关税。明确电商平台制止商品假冒与盗版行为的责任。承认电子签名的法律效力，不对电子认证技术和电子交易实施模式的认可进行限制。在保护数据安全基础之上促进数据有序流动，完善数字贸易法律与监管体制，在自贸区试点数据安全有序开放，探索跨境数据流动规则的中国方案。完善数据监管体制，分类分级管理数据跨境流动，对数据传输主体的数据保护能力进行严格评估与监管，明确数据传输主体保护数据安全的权利和义务。探索允许访问境外学术类资料库。完善数字知识产权财产保护制度。采用合适的法律法规保护电子商务的消费者不受欺诈和误导行为的损害，保证电子商务用户个人信息受到保护。

（七）加快政府职能转变，完善公平竞争的市场规则

CPTPP 规则的一大特色是把国际经贸规则向边境延伸，主要内容是加强和提高公共政策的标准协同和政策的透明度。在这些方面我国与 CPTPP 标准还有些差距，比如国有企业的优惠待遇问题、劳工权益问题、中小企业发展问题等。因此，临港新片区对标 CPTPP 标准的目标应该是提高公共资源分配的公平性与透明度，进一步深化政府的"放管服"改革。

针对 CPTPP 的各项标准，临港新片区应努力做到对功能类国有企业适用政府采购管理。提高政府采购的透明度和效率，确保政府采购相关法律法规可被公开获取；努力使政府采购相关程序可被公开获取；尽可能通过电子方式更新相关信息并使其可被获取；努力使相关信息的英文版本可被获取。探索支持境外企业参与非敏感领域的政府采购制度。建立国有企业公共项目资金预算制度以应对 CPTPP 的禁止"非商业援助"条款。建立行政执法与司法部门反垄断执行、司法信息共享机制。建立环境保护社会参与机制。设立中小企业国际投资贸易促进委员会，向中小企业提供有利于其利用 RCEP 及 CAI 协议红利的信息，并给予支援。

还需要建立新型事中事后监管机制，深化"放管服"改革。完善以信用监管为核心、与负面清单管理方式相匹配的事中事后监管体制。对所有从事商业活动的实体适用我国统一的竞争法律和法规，而不考虑商业实体的所有权。完善失信主体信用修复机制，健全信用异议处理制度，保护各类信用主体的合法权益。

附表　相关经贸协定内容比较

规则领域	CPTPP	RCEP	CAI	中韩自贸协定	《国务院关于加快实施自由贸易区战略的若干意见》（2015）
货物的国民待遇和市场准入	◎	货物贸易	×	◎	货物贸易开放
原产地规则和原产地程序	◎	◎	×	◎	◎
纺织品和服装	◎	×	×	×	×
海关管理和贸易便利化	◎	◎	×	◎	◎
贸易救济	◎	◎	×	◎	◎
卫生和植物卫生措施	◎	◎	×	◎	◎
技术性贸易壁垒	◎	标准、技术法规和合格评定程序	◎	◎	◎
投资	◎	◎	◎	◎	放宽投资准入
跨境服务贸易	◎	◎	◎	◎	服务业开放
金融服务	◎	服务贸易附件一	◎	◎	◎
商务人员临时入境	◎	◎	◎	◎	◎
电信	◎	服务贸易附件二	◎	◎	◎
电子商务	◎	◎	×	◎	◎
政府采购	◎	◎	×	×	◎
竞争政策	◎	◎	×	◎	◎
国有企业和指定垄断	◎	×	◎	×	×
知识产权	◎	◎	×	◎	◎
劳工	◎	×	◎	×	×
环境	◎	×	◎	◎	◎
合作和能力建设	◎	◎	×	◎	◎
竞争力和商务便利化	◎	×	×	×	×

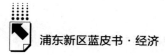
续表

规则领域	CPTPP	RCEP	CAI	中韩自贸协定	《国务院关于加快实施自由贸易区战略的若干意见》(2015)
发展	◎	×	×	×	×
中小企业	◎	◎	×	×	×
监管一致性	◎	×	×	×	×
透明度和反腐败	◎	×各章略有触及	◎	◎	透明度
争端解决	◎	◎	◎	◎	×

B.11
"三个制度创新试验区"的比较分析

唐 坚*

摘 要: 现阶段,我国正在抓紧建设"以国内大循环为主体、国内国际双循环相互促进"的新发展格局,以城市定向发展为主的新型城市创建是实现双循环的主要渠道。近年来,上海、浙江、深圳在经济、社会、文化、生态以及制度等方面的建设取得了良好成效。通过数十年的发展,上海、浙江、深圳都提出了不同的先进发展理念,明确了不同的发展任务,不仅因地制宜,更是首创,且在对应的领域具备良好的发展潜力,为新时代城市的定向发展提供了全新的理念及路径。本文通过对上海、浙江、深圳三地的发展成绩及近年来在制度创新、科技创新、数字化改革、制造业转型等方面的先进发展理念进行对比,归纳总结出了对高质量创建国家制度创新试验区有借鉴价值的内容,即始终坚持以制度创新为"主线"、进一步加大科技创新力度、积极推动数字化改革、不断深化推进制造业转型升级。

关键词: 先进发展理念 国家制度创新试验区 城市定向发展 制度创新

一 引言

2019 年 8 月 18 日,《中共中央国务院关于支持深圳建设中国特色社会

---

* 唐坚,博士,中共浦东新区区委党校研究员,主要研究方向为制度与管理科学、宏观经济学、政府经济学、区域经济与可持续发展等。

主义先行示范区的意见》发布，明确提出："到 2035 年，深圳高质量发展成为全国典范，城市综合经济竞争力世界领先，建成具有全球影响力的创新创业创意之都，成为我国建设社会主义现代化强国的城市范例。"2021 年 6 月 10 日，《中共中央国务院关于支持浙江高质量发展建设共同富裕示范区的意见》发布，明确提出："到 2035 年，浙江省高质量发展取得更大成就，基本实现共同富裕。"2021 年 7 月 15 日，《中共中央国务院关于支持浦东新区高水平改革开放打造社会主义现代化建设引领区的意见》发布，明确提出："上海在党和国家工作全局中具有十分重要的地位"，"支持浦东新区高水平改革开放、打造社会主义现代化建设引领区，引领带动上海'五个中心'建设"。新征程上，党和国家赋予了深圳、浙江、上海全新的历史使命。那么，为何"先行示范区""共同富裕示范区""现代化建设引领区"会花落深圳、浙江、上海三地呢？究其原因，主要是上海、浙江、深圳结合自身实际提出了先进的发展理念。所以，对比和总结上海、浙江、深圳三地的先进理念及成功经验，对国家制度创新试验区的创建有极其重要的借鉴作用。

二 上海、浙江、深圳三地发展成绩对比

（一）综合经济实力

"十三五"时期，上海综合经济实力明显增强，地区生产总值由 2016 年的 29887.02 亿元增长至 2020 年的 38700.58 亿元，经济总量处于世界城市前列。其中，非公有制经济增加值为 21219.01 亿元，较 2019 年增加 2.0%，占上海地区生产总值的 54.8%；公有制经济增加值为 17481.57 亿元，较 2019 年增加 1.3%。

"十三五"时期，浙江省生产总值分别于 2017 年、2019 年进入 5 万亿元、6 万亿元行列，2020 年生产总值高达 64613 亿元（约 9367 亿美元），超过 2019 年排在全球第 17 位的荷兰（9091 亿美元），占全国生产总值的

6.4%，排在广东、江苏、山东之后，稳居全国第四。按可比价计算，"十三五"时期浙江地区生产总值平均增速为6.5%，较全国平均水平高0.7个百分点。

"十三五"期间，深圳经济整体实力显著提升。2017年，深圳地区生产总值突破2万亿元；2018年，深圳地区生产总值达到2.5万亿元，排在亚洲城市前五位，是特区建立后的最好名次；2019年，深圳地区生产总值达到26927.33亿元，提前一年完成"十三五"目标。2020年，深圳地区生产总值超过2.7万亿元，达到27670.24亿元。"十三五"时期，深圳地区生产总值的年均增幅为7.5%。

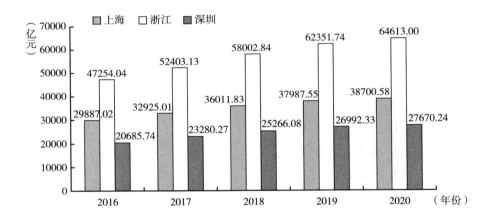

图1　2016～2020年上海、浙江、深圳地区生产总值

资料来源：上海市统计局、浙江省统计局、深圳市统计局。

综上，"十三五"期间，上海、浙江、深圳三地的地区生产总值都有较大幅度的增加，且其综合经济实力水平都排在全国前列。"十三五"时期，上海、浙江、深圳三地地区生产总值的年均增速分别为6.7%、8.1%、7.5%，由此可知，多年来上海、浙江、深圳三地的经济发展仍保持着强劲的势头。

（二）产业发展

2020 年，上海的工业总产值超过 3.7 万亿元，较上年增加 1.6%。规上工业总产值高达 34830.97 亿元，较上年增加 1.9%；其中，国有企业的总产值为 12904.24 亿元，较上年降低 1.3%。2020 年，包含新材料、新能源、新能源汽车、生物医药以及高端装备等在内的战略性新兴产业的总产值为 13930.66 亿元，较上年增加 8.9%，占全市规上工业总产值的 40%。

表1　2020 年上海市六个重点行业工业总产值及增幅

单位：亿元，%

指标	绝对值	较上年增长
六个重点行业工业总产值	23784.22	4.1
电子信息产品制造业	6466.23	5.3
汽车制造业	6735.07	9.3
石油化工及精细化工制造业	3488.97	0.5
精品钢材制造业	1120.40	−4.2
成套设备制造业	4556.95	0.6
生物医药制造业	1416.61	2.9

资料来源：上海市统计局。

近些年来，浙江全面推动数字经济"一号工程"，数字产业化和产业数字化建设成效明显。2020 年，数字经济核心产业增加值从 2016 年的 3911 亿元增长到 7020 亿元，排在全国第 4 位，占生产总值的比重从 8.6% 上升到 10.9%。目前，浙江全省共有 11.1 万台工业机器人在役，人工智能产业增加值在规上工业中所占比重为 3.9%。数字化赋能政府转型，大数据在防汛减灾、抗疫防疫、城市治理、惠民助企以及监管执法等领域发挥极大作用。此外，联合国大数据全球平台中国区域中心成功落地杭州。

图2 2016～2020年浙江省数字经济核心产业增加值及占地区生产总值比重

资料来源：浙江省统计局。

"十三五"时期，深圳产业转型效果明显，规上工业总产值排在全国城市第一位，现代服务业增加值在服务业中的占比、先进制造业增加值在规上工业中的占比都在70%以上。2020年，深圳战略性新兴产业的增加值为10272.72亿元，在地区生产总值中所占比重为37.1%，处在全国领先地位。"十三五"时期，深圳以打造"国际科技产业创新中心"为根本目标，将产业转型及供给侧改革作为发展主线，促进战略性新兴产业又好又快发展，已成为该产业的标杆城市及重要策源地。目前，深圳共有1.85万家国家级高新技术企业，该数值是"十二五"时期末的3倍，排在全国城市第二位，产值超百亿元的企业共有44家、超千亿元的企业有7家，人工智能、智能制造装备、新型显示器件等产业集群被选作首批国家级战略性新兴产业集群发展工程。

综上，近年来上海、浙江、深圳三地高度重视产业发展，然而各地的发展重点有所不同。上海、深圳在"十三五"时期积极推动战略性新兴产业发展，而浙江则致力于推进数字经济产业发展。

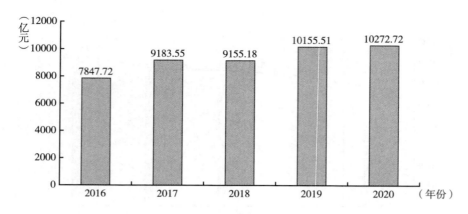

图 3　2016～2020 年深圳战略新兴产业增加值

资料来源：深圳市统计局。

（三）民生保障

2020 年，上海新增 57.04 万个就业岗位，"十三五"时期共新增 291.95 万个就业岗位。2020 年，全市引领帮扶 12546 人成功创业，其中包括 9414 名青年大学生。截至 2020 年底，上海城镇登记失业人员总数为 13.54 万人，失业率为 3.67%。"十三五"期间，上海致力于完善社会保障体系，且取得了良好成效。截至 2020 年底，上海共有 1616.67 万人参加城镇职工基本养老保险，共有 76.19 万人参加城乡居民基本养老保险；共有 1588.41 万人参加职工基本医疗保险，共有 355.99 万人参加城乡居民基本医疗保险。此外，目前上海共建有 320 家社区综合为老服务中心、1232 个社区老年助餐服务场所、729 家养老机构、16.12 万张床位，享受服务的老人在 41 万人以上。

"十三五"期间，浙江全省新增就业总人数达 606 万人。截至 2020 年底，全省就业人数从 2015 年的 3734 万人增长到 2020 年的 3920 万人，年均增长约 40 万人。城镇登记失业率由 2015 年的 2.93% 下降到 2020 年的 2.79%；城镇调查失业率保持在 4.5% 左右，2020 年第四季度是 4.3%，远低于全国平均水平。一方面，社会保障覆盖面进一步扩大。全省共有 5557 万人参加基本医疗保险、共有 4355 万人参加基本养老保险，参加工伤保险和失业保险的人数分别为 2547 万人、1688 万人。另一方面，低收入人群的获得感不断提高。"十三五"期间，浙江省最低生活保障标准平均每年上涨 8.9%，与居民收入年均增幅相比高 0.8 个百分点，最低工资标准从 1860 元上涨到 2010 元。

"十三五"时期，深圳在民生领域的支出占财政总支出的 60% 以上，民生支出由 1500 亿元增长至 3000 多亿元。就业形势整体趋于稳定，已基本建成覆盖全民的养老服务机制，社会保障能力进一步加强。基础教育学位数量增长超过 30%，公办幼儿园占比在 50% 以上，职业教育水平处于全国前列，高校数量增加到 15 所。"健康深圳"成绩显著，5 家医院获评广东省高水平医院，引入中国医学科学院肿瘤医院、阜外医院深圳医院等若干高水平医院，三甲医院总量增加近 1 倍。"一城一策""房住不炒"战略全面贯彻，全新的住房供应保障机制已经形成，共计建设筹集 44 万套公共住房，是"十二五"时期的 2.4 倍。

综上，"十三五"时期，上海、浙江在民生保障事业上致力于解决好群众就业、社保等方面的问题；而深圳则不断健全教育、医疗和养老服务体系。

三 上海、浙江、深圳三地先进发展理念对比

（一）制度创新方面的对比

自改革开放以来，上海坚持将制度创新摆在首要位置，以制度性安排破除发展过程中遭遇的各种困境。第一，整体改革。上海改革涉及经济、政治、文化、社会以及生态等众多领域，主要表现为以发展经济为主转向于以改革经济体制为主、其他领域改革同步进行的动态发展过程，在既往改革鲜有涉及的文化和政治等方面打开全新的改革空间。第二，系统安排。伴随着上海改革逐渐进入深水区，在推进改革的过程中，不仅重视基层智慧的发挥，还重视凸显战略导向和目标导向，对于那些比较重要的改革，制定相应的时间表和路线图，进一步提高改革的协调性以及系统性。第三，市场驱

动。在推进改革的过程中，充分发挥市场的决定性作用，准确把握市场和政府的界限。从国企改革方面来看，重视对社会资本的引入，不断提高国资的市场能力；从政府改革方面来看，重视对市场机制的引进，不断改善市场环境；从社会改革方面来看，重视发挥市场对于资源的配置作用。

"最多跑一次"已成为浙江制度创新最耀眼的"招牌"。现阶段，"最多跑一次"的作风、观念以及方法等已贯穿省域治理的各个方面。近年来，浙江将"一件事"改革作为深化"最多跑一次"改革的关键抓手，也作为"重要窗口"建设的主要途径。2019年以来，浙江坚持以企业及民众诉求为导向，将整体智治作为根本目标，将零散分布于各机构的办事事项整合成机关人员、企业及民众眼中的"一件事"，在很大程度上提高了政府机构、企业及民众办事的便利性。除此以外，浙江还在"一件事"改革的前提下，不断完善资源配置机制，在事中事后监管、公共服务供给以及市场要素分配等领域营造优良的治理环境，妥善解决好效率与公平相关的问题，使得改革成果能够惠及更多企业及民众。

2020年10月，《深圳建设中国特色社会主义先行示范区综合改革试点实施方案（2020～2025年）》正式发布，该方案明确提出"充分发挥前海蛇口自贸片区全面深化改革扩大开放试验田作用，形成更多可复制可推广的制度创新成果。"制度创新，不仅是前海承担的重大历史使命，还是将粤港澳大湾区打造成世界级湾区的重要举措。自2015年挂牌后，前海在制度创新方面已经推出645项成果，其中有165项在全市复制推广、82项在广东省复制推广、58项在全国复制推广，将前海的"试验田"作用发挥得淋漓尽致。例如：2020年，深圳在商事登记领域推出重大制度改革，建立依职权注销制度与除名制度，借此来解决"僵尸商事主体""失联商事主体"等问题。

从制度创新方面的对比来看，上海、浙江、深圳三地发力点有所不同。其中，上海致力于推动整体性的制度创新安排；浙江则是以点带面，以"最多跑一次"改革带动其他领域的制度创新；深圳则是将前海当成全市制度创新的"试验田"，以前海带动其他地区的创新。

（二）科技创新方面的对比

"十三五"期间，上海科技创新的主要任务是塑造良好的创新生态，激发释放全社会的创业创新活力。从大众创业角度来看，重视提升众创空间的能效，激励战略性新兴产业"领头羊"企业与其他符合要求的企业建立产业驱动型孵化器；扶持创业服务机构在境外收购、自建、合作建立跨国创业孵化平台，建设若干具备全球影响力的众创空间。从科技成果转移转化角度来看，设立免责机制，为科研机构和高等院校负责人"松绑"：科研机构和高等院校通过对外投资形式进行科技成果转化所发生的损失，对于已经明确履行相关义务的，不列入科研机构和高等院校对外投资保值增值考核范畴。

近年来，浙江致力于建设具有浙江特色的科技创新体制。坚持高水平创新型省份的战略定位，以科技自立自强作为根本出发点，积极打造生命健康、"互联网＋"、新材料等科创高地，建设具有明显浙江特色的全域科技创新机制，建设在全国有重大影响力的科创中心，为示范区建设提供源源不断的内核动力。加快部署"核心技术攻关千亿工程""基础研究十年行动工程"，大力推广"赛马制""揭榜挂帅"等攻关模式，加速实施"尖兵""尖峰""领航""领雁"等各项计划，尽可能在空白领域取得若干重大成果。推动"重大科研平台设施建设千亿工程"，聚集力量将杭州城西科创大走廊打造成创新策源地，建设综合型的科学中心，进一步加快建设环大罗山、甬江、G60、浙中等科创走廊，将之江实验室打造成国家实验室体系的重要组成部分，不断加速建设西湖、良渚、瓯江、湖畔以及甬江等省级实验室，推动浙江大学和西湖大学等成为国家战略科技支撑力量，培育和引进若干高质量新型研发机构，争取更多的重要科技基础设施项目列入国家规划范畴。积极推动"高新技术产业发展千亿工程"，高标准打造温州、宁波、杭州国家自主创新示范区，加快建设环杭州湾高新技术产业带，确保高新技术产业每年的增加值超千亿元。

近年来，深圳坚决贯彻创新驱动战略，接连出台《关于支持企业提升竞争力的若干措施》《关于促进科技创新的若干措施》《关于促进人才优先发展的若干措施》等政策，已形成具有深圳特色的科技政策体系，开始迈入政策领跑阶段。当前，深圳的科技创新主要体现在以下方面：第一，加强企业创新能力，主要包含推动发展新产业、利用新技术以及激发国企创新活力等；第二，积极探索科技管理制度变革，主要包含加快科技成果转化速度、资金管理体系改革、加速打造创新载体、建立高效的科研机制等；第三，改善创新环境，主要包含加大金融支持力度、大力发展众创空间、加大保护知识产权力度等；第四，增强对外合作，主要包含强化深港创新合作、统筹国外国内创新资源等。

从科技创新方面的对比来看，上海、浙江、深圳三地同样选择了差异化的创新路径。其中，上海致力于创建良好的创新生态，浙江全力建设具有浙江特色的科技创新体制，而深圳则通过科技政策改革来推动科技创新。

（三）数字化改革方面的对比

上海于 2020 年底发布了《关于全面推进上海城市数字化转型的意见》，为城市数字化建设指明了方向，为全面、有序、科学推动城市数字化转型提供了根本遵循。数字化转型属于全社会系统性变革，要创新数字化项目建设方式，则应搭建平台让更多的社会力量参与其中。例如，在建设数字化应用场景过程中尝试引入"最佳实践""赛马制"等体制；通过"揭榜挂帅"方式鼓励条件允许的企业参与开发"一网统管""一网通办"的算法和程序，摸索执行将效果与服务费相挂钩的激励体系。改革数据开发应用模式。例如，摸索创建公共数据授权运行体系，构建由多元主体构成的运行机制；在建设全国一体化大数据中心长三角国家枢纽节点的基础上，在全国范围内率先摸索创建包含经济产出效益（EUE）、有效算力效率（CUE）、电能使用效率（PUE）等众多指标的评价机制。除此以外，上海还大力扶持发展数字经济民营企业总部，激励外资在上海成立数字经济研发中心、功能型总部以及创新平台等。聚焦人工智能、大数据以及云计算等核心领域，着重培育若干高能级的市场主体，全力推进新生代互联网企业发展。

2021 年 2 月 18 日，《浙江省数字化改革总体方案》正式发布，浙江开始进入全面数字化改革阶段。对于数字化改革，浙江制定了"三步走"战略。首先，到2021年4月底前，数字化改革总门户正式投入使用；8月底前，5个系统综合应用全面上线运行；年底，初步建立起智能化、一体化公共数据平台，"整体智治、数字经济、数字政府、数字法治、数字社会"应用程序实现省市县全覆盖、全功能上线。其次，到2022年底，5个系统综合应用与数字化改革总门户实现良好运作，持续激发市场活力，不断提高发展动力，全面建成"掌上治理之省""掌上办公之省""掌上办事之省"。最后，到2025年底，以党建为引领的整体智治制度全面建成，建立成熟定型的制度体系、丰富完备的数字化改革理论体系；世界数字变革高地基本建成，数字化改革成为"重要窗口"建设的阶段性成果。

近几年内，深圳在"兴业、优政、惠民"方面不断发力，致力于建设由数字市民、数字经济与数字政府构成的"数字深圳"。深圳将数字政府建设作为主要抓手，在全国范围内首先采用"秒报""秒批"等全新智能办事方式，借助数据的效率指数和政府的辛苦指数，来提高企业及群众的幸福指数；建立集成化智慧决策指挥中枢，建设"会思考、能感知、有温度、可进化"的城市。例如，2020年新冠肺炎疫情的突如其来，深圳率先建立起自主申报平台，在全国率先上线"深i您"健康码，"智慧抗疫"效果明显。除此以外，数字经济已成为推进深圳社会经济高质量发展的"新引擎"，推动数据资源要素全面涌动，不断发展壮大数字经济市场，进一步提高"数字深圳"发展动力。比如，深圳于2020年8月在全球率先实现5G独立组网的全覆盖，为"数字深圳"建设提供了强有力的保障。

从数字化改革方面的对比来看，上海以"一网通办""一网统管"为基础推进全市的数字化转型；浙江致力于用5年的时间基本建成全球数字变革高地；而深圳则要打造由数字市民、数字经济和数字政府共同构成的"数字深圳"。

（四）制造业转型升级方面的对比

近年来，上海积极推动制造业数字化转型。一方面，加速区级数字化转型。目前，针对数字化转型工作，上海各区都已成立了相应的领导小组，同时还构建了市、区两级数字化办公室之间的定期交流协调体系。2021年5月，上海公布了首批7家市级示范区，统筹推进"一区一特"，精准定位优势、促进区域聚集。以"五个新城"建设为契机，加快规划、建设数字化先行区，面向未来，深度摸索实践"人—城—产"融合发展模式，全力推进地区内重点场景和优势产业的数字化转型赋能。金山区作为上海制造业的集中地，与12家企业和部门共同建设"上海湾区数字化转型赋能中心"，以为政府决策提供参考、破除企业数字化转型困境、促进企业交流合作为出发点，积极构筑线下应用平台与线上服务平台，促进治理、生活、经济数字化转型的各种案例和工具聚集于此，赋能数字化转型。另一方面，积极推进园区智慧化。截至2020年末，上海90%左右的工业产值都来自各级开发区，上海已基本实现制造业向产业园区聚集。当前，上海开发区主导产业的聚集度近85%，其中，市级开发区的聚集度为77.67%，国家级开发区的聚集度为92.41%。因此上海必须积极推进园区智慧化建设，其中，特色园区是上海培育新产业和新技术以及发展"五型经济"的关键阵地，在制造业转型中发挥着重大的推动与引领作用。

2017年，浙江全面率先进行传统制造业的升级和转型，致力于创造全新的竞争优势，积极探索改革，创建起由促进要素集约、促进企业聚集、建设产业集群组成的"工作闭环"，同时还构建起相对完善的工作机制、指标体系、评价机制以及政策体系等，传统制造业转型升级的"四梁八柱"已基本搭建。在推进传统制造业转型升级的过程中，浙江明确了四大突破口，即通过服务型制造来形成全新业态模式、通过智能化改建来加强行业竞争力、通过品质品牌塑造来提高产业价值链、通过"锻长板、补短板"来增强产业链韧性。比如：通过智能化改建来加强行业竞争力，截至2020年末，浙江全省共计建成263家数字化车间和12家未来工厂，现有11.1万台工业机器人在役；"1+N"工业互联网平台体系成功建立运行，共计建成210家工业互联网平台，有超过43万家企业实现"上云"。

2021年8月，深圳市工信局发布《深圳市推进工业互联网创新发展行动计划（2021～2023）》，其目标在于加速推动深圳制造业的数字化转型。对于制造业的数字化转型，深圳坚持以工业互联网为根本抓手，以满足制造业场景应用需求为发展目标，促进传统制造业与新型信息技术全面结合，为"先行示范区"及粤港澳大湾区的建设提供强大动能。根据行动计划，未来深圳将建设全国领先的新型基础设施，打造"宽窄融合、公专兼顾、云网结合"的基础设施，建设10个以上的标识解析二级节点，构建标识解析生态体系。此外，深圳还将建设3～5个国内领先的跨行业工业互联网平台，培育至少20个在全国具有重要影响力的专业型、行业级工业互联网平台。

从制造业转型升级方面的对比来看，浙江作为在全国首先提出进行传统制造业改造的省份，已基本形成了制造业转型的框架体系。上海和深圳作为后发地区，在被国家赋予重任以后，都选择了制造业数字化转型的道路。

四　以上海、浙江、深圳三地成功经验为榜样，高质量建设国家制度创新试验区

上海、浙江、深圳作为全面建设现代化国家的"领头羊"，不但在经济和社会发展上取得了显著成绩，还提出了大量先进的发展理念并贯彻落实。对于承担"社会主义现代化建设引领区"重任的浦东新区来说，应当以上海、浙江、深圳三地的成功经验为榜样，积极推动城市定向发展，高质量创建国家制度创新试验区。

（一）始终坚持以制度创新为主线

通过对比上海、浙江、深圳先进发展理念的成功实践可知，其取得耀眼成绩的原因正是制度创新发挥着巨大的作用。所以，在国家制度创新试验区创建过程中，浦东首先要做到的就是始终坚持以制度创新为主线。

首先，从开放角度来看，浦东应基于枢纽门户来打造新的开放高地。作为城市核心功能不可或缺的部分，枢纽门户在空间规划和发展规划的联通

上，存在大量的突破口及发力点。比如：仍处在园区经济状态的自贸区，应打破物理界线，渗透城区空间，从而进一步扩大覆盖范围；对于越来越多的海外人士及跨国投资，应创建高质量的国际社区与全球化城市环境，实现社区发展与城市方略甚至国家战略的完美融合；对城市快速路、轨道交通、铁路、港口以及机场等进行统筹管理，打造系统化交通枢纽，促进多网结合、铁空联运，将枢纽的带动和引领作用完全发挥出来。

其次，从城市建设角度来看，浦东应进一步加大对城市更新的探索力度。2015年以后，上海开始进行城市更新工作，试点范围主要涉及已建成的认定板块，采取的激励措施为提供各项公共要素。由于执行程度复杂，缺少监管、财税等方面的配套体系，相较于广州、深圳等城市，上海更新成功的案例并不多。此外，目前的确仍有大量的地区，由于环境质量不好、基础设施落后提出更新诉求，比如陆家嘴金融贸易区、东方路沿线、竹园地区以及新上海商业城等区域的商务楼宇；再如中环线（浦东段）沿线地区，急需推动地区全面转型。以"金色中环发展带"建设为例，浦东可以学习和参考国内外的成功做法，探索出一条具有浦东特色的城市更新道路。第一，参考深圳"就地平衡"理念，在保证空间质量以及环境承载力的前提下，加快御桥、新杨思等地的城市更新步伐，加大土地开发力度；第二，学习广州"三旧"思想，对城、厂、村进行统筹规划，促进三林环外区域更新；第三，借鉴东京"容积率转移"模式，在张江和金桥副中心地区科学统筹居住和商办等各项功能；第四，学习新加坡"优地、优用"经验，借助先进技术充分释放地下空间潜力，在沪东船厂区域更新过程中要展示出滨水空间的重大价值，在垂直空间范围内重新塑造"城—产—人"关系。

最后，从经济发展角度来看，浦东应不断提高经济密度。2020年4月9日，《中共中央国务院关于构建更加完善的要素市场化配置体制机制的意见》正式发布，明确提出要"深化产业用地市场化配置改革"。作为全国制度创新的"试验田"，浦东应积极探索土地市场化改革，切实提高土地的经济效益。其一，摸索实践农村集体经营性建设用地市场化，不断完善城乡建设用地市场体系；其二，采取转型、挖潜及提效等手段，保障新增土地的合理供应；其三，将全生命周期管理思想用于土地管理，加快城市更新步伐，进一步加大轨道交通站点、公共中心周边及产业园区的开发力度。

（二）进一步加大科技创新力度

通过对比上海、浙江、深圳在科技创新方面的先进理念发现，三地在科技创新方面都有自身独特的规划，由此可知科技创新对城市的定向发展有着重大的意义。所以，在浦东创建国家制度创新试验区时，应进一步加大科技创新力度。

一方面，营造以市场为导向的制度环境。首先，以标准化程序为蓝本，不断加快服务集成化变革的步伐，健全主动服务的制度体系，全面推动数字化政府建设，搭建科创项目服务平台，尽可能避免出现信息不对称的问题。其次，进一步完善知识产权支撑体系，创建快速维权通道，对于现阶段出现的有些科创政策与平行法或上位法互相矛盾的现象，应及时予以清理和整改；建立健全专利导航体制，为科技创新提供强有力的制度保障。最后，充分发挥知识产权法院等单位在知识产权保障方面的巨大作用，建构知识产权案件跨境合作机制，为解决涉外知识产权问题提供高质量的诉讼服务，不断加大对科研成果以及科技专利的保护力度，严惩剽窃、仿制以及假冒等不法行为，创建全面保护的法治氛围，撑起科技创新的"保护伞"。

另一方面，打造立体式科研体系。首先，浦东应重点解决好基础研究、核心技术两大问题，以科技创新的根本规律为前提，多领域发力营造科创生态系统；此外，政府部门还须不断加大对基础研究的资金投入力度，进一步增强城市科研水平。其次，建立完善的科研支持机制。对于该机制，应当以高水平实验室作为根本载体、以科技创新平台作为重要依托、以重大创新团队作为强力支撑。最后，提高产学研协同创新能级。浦东需要积极利用自身的地缘优势以及资源优势，充分结合国家制度创新试验区的客观现实，加速创新要素聚集与辐射，促进科研成果转化。

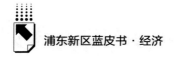

（三）积极推动数字化改革

通过上文对比分析发现，数字化改革是目前上海、浙江、深圳三地的重要任务之一。因此，在浦东创建国家制度创新试验区的过程中，应积极推动自身的数字化改革。

首先，始终秉持全方位赋能的基本原则，建立以数据为根本驱动力的数字城市基本架构。加速创建数字新技术体系和数据新要素机制，深度挖掘利用数字化隐藏的巨大能量，以数字维度赋能城市定向发展。将数据要素作为发展核心，产生全新的生产力以及治理力；将新技术大面积使用作为发展重点，不断提高城市创新能级。基于"统筹规划、共建共享"准则，打牢"数联、物联、智联"的数字城市根基。通过全方位的数字化转型，促进城市流程重造、规则再塑、功能再造、生态优化，形成新型生活生产模式以及发展道路。

其次，始终坚持推动系统化改革，促进生活、经济和治理的整体性数字化转型。强化系统集成、综合提升，促进经济、生活、治理三大领域互相作用、互相协同，系统推动整个城市的数字化转型。其一，从经济数字化转型方面来看，注重提高经济发展效率和质量，创造数字经济竞争全新优势。其二，从生活数字化转型方面来看，注重提升城市生活质量，致力于实现广大民众对于美好生活的追求，建设更加便捷、智能的数字化公共服务机制，重点处理好"数字鸿沟"现象，绘就"高质普惠、随处可见"的数字生活新图景。其三，从治理数字化转型方面来看，注重提高现代化治理水平，建设智能化、精细化、合理化的超大城市数字化治理新标杆。坚持党的引领，以数字赋能社会多元化治理，积极推动群团组织法治建设以及基层治理等各相关领域的数字化改革。

（四）不断深化推进制造业转型升级

制造业作为城市建设和发展的经济支撑，在城市定向发展中发挥着不可替代的重要作用，这一点充分体现在上海、浙江、深圳三地的发展实践中。所以，不断深化推进制造业转型升级同样是国家制度创新试验区创建的主要途径之一。

第一，制定合理的产业政策。产业发展与政策支持密切相关，产业的发展同样需由政策提供指引，不同产业在各个发展时期都应有与其相符的产业政策。首先，产业政策应契合产业发展目标，根据产业发展各个阶段的实际情况及时转变政策内容，有次序地达成阶段发展的目标。其次，产业政策应有效优化营商环境，推动企业参加产业政策的制定、执行以及评价等过程。政府机构应及时采集市场反馈信息，对政策执行情况展开客观性的调研、分析与评价，并及时进行调整。最后，参考与借鉴发达国家及国内先进城市的成功经验，促进产业政策深层创新，消除产业政策限制对产业发展的影响，以多样的政策激励形式推动产业高质量发展。

第二，全力推动产业集聚。浦东新区在产业集群发展领域已取得了显著成绩，六大硬核产业保持着高速发展。为了不断优化以战略性新兴产业为引领、以先进制造业为支撑、以现代服务业为主导的现代化产业体系，浦东还应该进一步建设各细分领域的产业集群，提升集聚能级，将规模优势全面发挥出来。首先，注重发挥各产业"领头羊"企业对于产业发展的引导作用，进而推动核心产业走上集群化发展的道路，构建全产业链中小企业创新联动发展的新格局。其次，在既定发展方向的前提下，在国内甚至世界范围内积极挖掘细分领域的"领头羊"企业，采取特殊激励措施，吸引其落户浦东，复制特斯拉的成功经验。最后，重视培育产业链生态，建立覆盖生产供应链、基础研发以及商业营销等所有环节的生态闭环，聚集高质量资源，实现交易成本的大幅下降。

第三，不断培育壮大新兴产业。现阶段，浦东已成为国内规模最大的战略性新兴产业聚集地，未来应当以前瞻性眼光来牢牢把握各种新兴产业在浦东发展壮大的机会，为实现浦东产业经济的高质量发展奠定扎实的基础。首先，应紧跟时代步伐，大力发展区块链、人工智能、短视频直播以及大数据等新兴产业，及时制定规划、出台相关政策、分步执行，确保自身在新兴产业领域的竞争优势。其次，以新兴产业助力传统产业发展，推进传统产业与新兴技术深度融合。借助新兴技术引导的新技术革命，加速模式与业务变革，比如，以大数据技术为支撑将公共数据盘活，进一步加大公共数据整合及开发的保障力度，建立深度学习开放应用平台与大数据开放共享平台，不断提升城市治理的智慧化和现代化水平。最后，构建"孵化企业—科技小巨人（培育）企业—瞪羚企业—独角兽企业—科创板上市企业"的梯度培育体系，建立覆盖科创型企业发展全过程的政策支持体制，在市场化选择体系的基础上，尝试构建集"投、贷、保、奖、补"于一体的财政投入机制，大力支持处于各发展阶段企业的前进。

五 结论

综上所述，在全面建设现代化国家的新征程上，上海、浙江、深圳三地先后被赋予"示范区""引领区"的历史重任。由此可见，深圳、浙江、上海不仅在社会经济发展方面走在了全国前列，其先进发展理念也拥有重大价值。新时代下，城市的定向发展应积极创新先进发展理念。本文在总结分析对比深圳、浙江、上海发展经验的基础上提出高质量创建国家制度创新试验区的先进发展理念，为未来城市定向发展提供参考与借鉴。

参考文献

本刊编辑部：《数字化改革：开启浙江改革新征程》，《今日科技》2021 年第 3 期。

杜金岷、吴非、杨贤宏：《深圳科技创新的典型经验及对广州的启示》，《城市观察》2020 年第 3 期。

刘陶、陈丽媛：《长三角一体化发展经验及其对长江中游城市群建设的启示》，《决策与信息》2021 年第 7 期。

罗翔：《资源·功能·治理——对浦东新区"十四五"高质量发展的思考》，《规划师》2020 年第 19 期。

滕堂伟：《上海制造业数字化转型经验及对粤港澳大湾区的启示》，《科技与金融》2021 年第 7 期。

吴在存：《全面推进北京城市数字化转型》，《北京观察》2021 年第 6 期。

浙江省统计局：《"十三五"时期浙江经济社会发展报告》，2021年1月27日。

中共上海市委理论学习中心组：《奋力创造新时代上海发展新成就》，光明网，2021年5月14日。

周振江、何悦、刘毅：《深圳科技创新政策体系的演进历程与效果分析》，《科技管理研究》2020年第3期。

"十三五"：《深圳交上靓丽答卷发展动力加快转换》，光明网，2021年3月9日。

《"27条"助推上海数字化转型》，《国际金融报》2021年9月6日。

《平均3天推出一项制度创新深圳前海：打造粤港澳大湾区制度创新高地》，证券时报网，2021年8月3日。

《清理"僵尸商事主体"，深圳创设除名制度和依职权注销制度》，《南方都市报》2020年11月5日。

《上海市科技创新"十三五"规划》。

《深圳将成为大湾区制造业数字化转型引擎》，深圳新闻网，2021年8月27日。

《数字化发展深圳心中有"数"》，《深圳商报》2021年3月8日。

《浙江高质量发展建设共同富裕示范区实施方案（2021—2025年）》，浙江新闻网，2021年7月19日。

《浙江建设全国首个国家传统制造业改造升级示范区》，中国新闻网，2021年9月9日。

《浙江以"最多跑一次"牵引全面深化改革走深走实》，浙江新闻，2020年6月23。

《中共中央国务院关于支持浦东新区高水平改革开放打造社会主义现代化建设引领区的意见》，新华网，2021年7月15日。

《中共中央国务院关于支持深圳建设中国特色社会主义先行示范区的意见》，新华网，2019年8月18日。

《中共中央国务院关于支持浙江高质量发展建设共同富裕示范区的意见》，新华网，2021年6月10日。

B.12
临港主城区人气聚集现状、问题及对策建议

于 辉[*]

摘　要： 近年来，临港通过人才政策、产业集群布局、企业降负、加强社会事业保障和商业运力保障等政策措施一定程度上聚集了人气，但仍存在局限性和不足。今后应适当扩大人才政策覆盖面，重视人才"周边政策"环境，超前合理配置商业设施，发展基本教育和医疗服务，建设宜居宜业城市环境。

关键词： 临港主城区　人气聚集　城市环境　产业布局

一　基本背景

地区人气是地区发展的基础。人口与经济活动向少数区域迁移集聚，背后起作用的是经济学客观规律，因为这种集聚可以更加有效地利用规模经济、集聚经济与范围经济（以下简称"集聚经济"）的积极效应（或"正外部性"）。人口与经济活动的集聚有利于提高交通通信等基础设施的利用效率和投资回报率，有利于形成人才与配套产业的集聚，有利于降低企业的管理、研发、生产与运输成本。地区人气受地区人口、商业、产业等因素影响。

＊　于辉，经济学博士，上海社会科学院经济研究所副研究员，主要研究方向为宏观经济、区域发展、产业与城市发展战略。

《中国（上海）自由贸易试验区临港新片区国土空间总体规划（2019～2035年）》将临港新片区做了全新划定。11个片区，其中主体部为9个片区，以生态走廊为界，包括主城区内4个片区和周边5个片区。

临港新片区主城区由滴水湖核心片区、综合产业片区、新兴产业片区（万祥、书院）、先进智造片区（泥城、芦潮港、蓝湾、平安）组成。

2014年临港开始实施以集聚人气、完善功能为核心的"聚人气"工程。根据临港新一轮规划，"十四五"期间临港主城区人口目标为75万人，2035年人口目标为147万人，目前人口为52.9万。未来临港主城区或将成为上海人口与经济活动集聚最重要的地区之一，并将为临港未来发展带来重大机遇与挑战。

二 近年来临港新城聚集人气政策及效果

（一）适度放宽国内外人才引进政策，真正对标国际、转型升级、安居乐业

2019年8月，《关于促进中国（上海）自由贸易试验区临港新片区高质量发展实施特殊支持政策的若干意见》正式发布。2019年11月20日，临港新片区管委会召开政策发布会，发布《中国（上海）自由贸易试验区临港新片区支持人才发展若干措施》等一系列人才政策。在临港新片区的人才政策体系中，包含了面向国际人才和国内人才各方面的政策，有一般的国内人才"居转户"、留学回国人员落户以及特殊人才引进落户等。

具体有赋予新片区管理机构人才引进重点机构推荐权、新片区特殊人才直接申报权、国内人才引进直接落户权和留学回国人员落户审批权。对新片区内教育、卫生等公益事业单位录用非上海生源应届普通高校毕业生直接落户打分时加3分。缩短新片区"居转户"年限。对符合一定工作年限并承诺落户后继续在新片区工作2年以上的人才，"居转户"年限由7年缩短为5年。其中，对符合新片区重点产业布局的用人单位的核心人才，"居转户"

年限由 7 年缩短为 3 年。对上海市居住证持证人在新片区工作并居住的，可予以专项加分。拓宽技能人才引进通道。加大人才培养培训扶持力度。实行更加灵活的用人机制。

实施海外高层次人才个税税赋差额补贴、境外人才可参加职业资格考试、境外人才备案后可在新片区执业、鼓励在读外籍留学生兼职创业、鼓励留学人员和海外人才创业、鼓励优秀外籍毕业生直接在新片区工作、实施紧缺急需留学类项目"直通车"制度、提高入外籍留学回国人员工作生活便利、提高高科技领域外国人才以及外国技能型人才和符合产业发展方向的外国人才及创新创业外国人才工作许可便利、实施科研创新领军人才及团队办理工作许可"绿色通道"、推荐纳入"上海科技创新职业清单"、外国人工作许可和外国人才签证加分、建立境外人才工作和创业绿色通道等方面的优惠政策。

政策的实施，极大地促进了新片区的人才吸引力和人才稳定性。直接落户各类人才 4119 人（含随调迁），办理外国人来华工作许可 59 人，外籍高层次人才取得永居证 4 人，获得 5 年居留许可外籍人才 40 人。定向微调住房限购政策，购房资格由居民家庭调整为个人，购房需缴纳个人所得税或社会保险金年限由 5 年缩短至 3 年，共发放符合政策的购房资格确认函 1130份。截至 2021 年 6 月底，新片区现有人才总量突破 8.2 万人，累计引进各类高层次人才 115 人，集聚海外人才 3000 多人。

（二）产业集群布局、企业降负集聚企业人气

发布了促进产业发展若干政策和集聚发展集成电路、人工智能、生物医药和航空航天四大重点产业的若干支持措施，推动临港新片区高端产业集聚发展。围绕重大项目和平台集聚、新一代信息基础设施布局、工业互联网建设、应用场景开放、高新技术企业认定、专利服务等制定了多条政策，包括：支持关键核心技术研发与产品突破，分阶段支持临床试验、临床研究，支持生物医药领域战略性新兴产业项目建设，支持企业规模化发展，支持企业取得生产批件与上市销售许可，支持产品委托生产，鼓励企业开拓市场，

支持取得专业资质认证，支持生物医药科创型、服务性平台建设，支持提供专业化服务，支持绿色发展及其他政策等。2020 年 9 月 9 日，进一步出台《临港新片区集聚发展生物医药产业政策》细化政策。通过优先布局前沿产业集群，已落地或签约项目总投资近 2500 亿元，前沿产业区人数达 3 万余人。

为企业降负，2020 年 7 月底，财政部、国家税务总局发布《关于中国（上海）自贸试验区临港新片区重点产业企业所得税政策的通知》，对新片区内从事集成电路、人工智能、生物医药、民用航空等关键领域核心环节相关产品（技术）业务，并开展实质性生产或研发活动的符合条件的法人企业，自设立之日起 5 年内减按 15% 的税率征收企业所得税。政策实现对四大产业的全产业链全覆盖，这当中有技术含量的企业都可以享受这个政策，非常有利于四大产业形成集聚，能够更加凸显新片区产业集群的效果，提升国际竞争力。重点产业 15% 企业所得税减免政策首批认定符合政策企业 37 家，减免税额 7610 万元；对 72 名海外人才累计补贴 855.7 万元个税差额。

（三）加强社会事业保障，集聚居住人气

新片区成立以来，支持基础教育学校和医疗卫生机构引进、培养优秀人才，制定并发布了《关于引进和培养基础教育人才的实施办法（试行）》《关于引进和培养医疗卫生人才的实施办法（试行）》等政策。同时，针对基础教育人才和医疗卫生人才，实施优惠落户及人才住房保障政策，以源源不断地吸引更多的人才。

教育方面，临港新片区逐步成为优质教育资源集聚区，上中、华师大、上师大、明珠、建平、冰厂田、耀华、世外等优质教育资源逐步集聚，义务教育阶段学校集团化办学覆盖率达 85.7%，上海市一级幼儿园占比为 71%，上海海洋大学、上海海事大学等位于临港的五所高校在校生人数接近 10 万。优质的教育资源受到本地居民的欢迎和好评，也对吸引外来人口起到强有力作用。

医疗方面，现有市六医院临港院区 1 家综合性医疗机构、5 个社区卫生

服务中心、4 个社区卫生服务分中心，另有 1 家民办一级东海老年护理院，初步建立了以三甲医院为龙头、社区卫生服务中心为基础的医疗服务体系。六院临港院区年接诊量超 70 万人次。

养老方面，现有公办养老院 4 家、民办养老机构 7 家、综合为老服务中心 11 个、长者照护之家 2 个、老年日间照护 14 个、老年助餐点 14 个。已建成标准化老年活动室 124 家，农村睦邻点 128 个，"就近、便捷、快乐"的老年教育服务体系基本形成。

（四）完善商业配套、优化交通组织，集聚旅游人气

商业方面，2020 年 5 月 7 日，上海自贸区临港新片区发布《中国（上海）自由贸易试验区临港新片区促进商业发展若干政策》，支持社区农贸市场、基本商业配套建设，支持引入各能级、高品质品牌商业。据调研统计，2020 年初，临港新片区商业设施总面积约 32.9 万平方米，其中主城区商业设施总面积约 15 万平方米。根据"十四五"期末临港新片区 100 万人口总量规划以及每年新增人口约 10 万人的速度，参照新加坡及日本相关城市人均商业面积约 1 平方米的标准，提出了"总量控制，适度超前，科学布局，循序渐进"的商业工作实施原则，确保"十四五"期间每年新增商业面积不低于 15 万平方米，"十四五"时期末商业面积总量超 100 万平方米。

交通组织方面，推进两港快线、沪通和沪乍杭铁路等规划建设，推动 G1503、S2 等路网布局，开通轨交 16 号线大站车等。主次干道车流量稳步提升，进出主城区车流量稳中有增。2019 年（新片区成立后）平均进主城区日车流量为 29250 辆次，2020 年（去除 1~6 月疫情阶段）平均进主城区日车流量为 31324 辆次，增加 7.1%。其中：申港大道车流量由 2018 年的 1.9 万辆次增长至 2020 年的 2.1 万辆次，早晚高峰部分路段车流饱和度超过 0.85，道路压力逐年上升；临港大道车流量由 2019 年的 9356 辆次，增长至 2020 年的 9850 辆次。停车设施总量不断增加。截至 2020 年底，新片区主城区范围内共有机动车停车泊位 12.8 万个，较 2019 年增加 52292 个。其中配建泊位 11.9 万个，较 2019 年增加 5000 个；路外公共停车场（库）共有 39 处，公共泊位

6447 个，较 2019 年增加 292 个，路内停车路段共有道路泊位 55 处 2571 个。

大客流保障能力不断提升。随着新片区旅游行业的不断发展，旅游内涵不断丰富，极端高峰停车需求保持高位。尽管受新冠疫情影响，2020 年进出主城区交通量仍然达到了 98 万辆，较上年增长约 27%。2020 年下半年海昌海洋公园周边停车达到 16 万车次，同比增长了 6%，新片区大客流保障能力不断提高①。

高速公路车流量增速较快。2020 年新片区范围内高速公路 G1503、S2 各收费站进出日均流量合计 13.3 万辆次，较 2019 年的 10.3 万辆次增长 29.1%，增速同比提高 18.6 个百分点。其中 S2 临港收费站，日均流量由 2018 年的 3.4 万辆次，增长至 2020 年的 4.4 万辆次，高峰时段收费站拥堵时有发生②。

轨交站点客流占比逐年提高，地面公交客流基本稳定。新片区范围内轨交客流占比持续增加。目前新片区主城区内运行有轨道交通 16 号线，区域内共设置站点 3 个。2018 年 16 号线客流总量为 19.02 万乘次，其中临港新片区内 3 处站点客流总量为 2.5 万乘次，占全线客流量的 14.69%；2019 年 16 号线客流总量为 20.8 万乘次，其中临港新片区内 3 处站点客流总量为 2.8 万乘次，占全线客流量的 13.46%；2020 年虽然受疫情影响，16 号线客流总量下降至 15.8 万乘次，但是临港新片区内 3 处站点客流总量约为 2.3 万乘次，约占全线客流量的 14.56%，占比保持上升趋势。

地面公交客流基本稳定。常规公交线路 69 条（较上年增加 4 条线路），定制班线约 10 条，公交站点有 887 个。受疫情影响，全市地面公交客流整体处于下降趋势，全市下降幅度为 24%，新片区日均客流量为 10.3 万乘次，较 2018 年的 11.1 万乘次仅下降 7.2%，在全市地面公交整体客流不佳的大环境下，新片区内公交客流总量基本保持稳定。③

各项政策举措的落地，使得临港地区整体人气有了一定程度的提升。

---

① 资料来源：《2020 年上海市综合交通运行年报》。
② 资料来源：上海市交通委指挥中心。
③ 资料来源：南汇三分公司、临港公交。

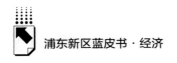
三　存在的主要问题

目前新片区主城区的空间形态对服务业的发展并不友好，为大马路、大街区、大绿地、大广场主导的布局。由于人口密度过低，公交、商业与生活服务发展不足，文化教育与医疗设施便捷性较差，缺少服务业发展所需要的商业氛围和人气。聚集人气目前存在以下主要问题。

（一）现行人才政策存在局限性影响聚集人气

1. 现行人才政策的局限性

目前临港新片区已经出台了许多人才计划和人才政策。这些人才计划与人才政策的共同特点，是由政府制定衡量人才的具体标准，经审查符合标准的人才可以享受规定的优惠，如安家补贴、投资配套奖励、提供专家住房或住房津贴、对子女入学的优惠等。这些人才计划对于吸收引进海内外人才发挥了重要作用。但是，在看到这些成绩的同时，我们也要看到，现行的各类人才政策，也存在一些固有的局限性。

首先，政府人才政策主要（也只能）基于对人才过去绩效的评估，但是无法识别与评估未来人才。因为无法用现行标准来衡量未来人才，未来人才只能由未来的科研或市场实践来检验。

其次，政府的人才政策需要一系列相关的"周边政策"的支持。这些周边政策往往超越了人才政策直接涉及的范围，却对人才政策的实施效果产生重要影响。这些周边政策，可以包括但不限于以下内容：

- 高校治理或公司治理、公平的发展机会；
- 公平竞争和法治的商务环境，尤其是有利于中小企业发展的商务环境；
- 可及的、质量较好的中小学教育与基本医疗等公共服务；
- 开放与自由流动的劳动力市场，开放、包容和鼓励创新的城市文化；

● 便捷宜居的城市交通和生活环境。

2. 开放的人才市场要以开放的劳动力市场为基础

近年来，临港新片区人才政策覆盖面逐步扩大。但是，目前的各类人才计划，都是由政府相关部门制定标准和各类待遇的，单位和个人按规定流程申报，需要政府审核批准。这些人才政策或人才计划的覆盖面终究有限。实际上，如果人才计划的覆盖面过于宽泛，适用范围就接近劳动力市场了。不少企业反映目前的人才政策对企业所需要的人才来说"用不上"。

要解决这个人才政策覆盖面的两难问题，一方面要适当放宽政府人才政策或人才计划的覆盖面，另一方面要促进和培育充分开放和自由流动的劳动力市场。

深圳从改革开放前一个小渔村发展成为今天的国际大都会，堪称中国发展的奇迹。根据七普数据，2020年深圳常住人口为1756万人，其中外来常住人口为1169万人，占66.57%，是我国外来人口比重最大的城市。在历史上上海也是一个移民城市。上海从1843年开埠以来，从当时约50万人口增长到1900年的约100万人口，再增长到1947年的540万人口，主要是大量移民迁入的结果。1947年，80%以上的上海居民出生在外地。正是大量移民迁入上海，造就了上海海纳百川、敢为人先的移民文化。

以上例子至少可以说明，一个国家或城市要成功地吸引与利用各类人才，不但需要一个开放的人才政策，还需要一个开放的劳动力市场作为人才政策的基础。只有依托这个基础，人才政策才能取得预期的效果。

（二）临港新片区及主城区商业设施不平衡影响聚集人气

1. 居住区和滴水湖周边商业发展不均衡

商业设施和人口基数密切相关，滴水湖周边（环二以内）以办公楼宇为主，已建成楼宇面积约100万平方米。但楼宇去化率较低，办公人口较少，商业设施也发展较慢。现有商业以满足节假日湖畔游客及少部分办公人口为主。此外，原核心地段楼宇及商铺多为散售，导致商业业态难以管控。相较于沿湖区域，竹柏路、方竹路、夏栎路等住宅小区较为集中的区域，商业设施推进较为顺利。存量商业物业开业面积基本饱和。

2. 高端业态和年轻业态发展不平衡

商业业态的布局和人口结构密切相关。根据 2020 年 5 月人才部门调研数据表明，临港新片区 1145 家"三地"在临港的企业共有从业人员 125574 人，消费主力人群较为年轻。此外，从消费能力进行分析，76% 的管理人员、研发人员年薪在 30 万元以下，82% 的技能人员年薪在 10 万元以下，薪酬水平与行业同比处于中等。因此，人口结构现状导致主城区商业市场中突出性价比的商家更有竞争优势。根据百联生活中心开业前的市场调研，主城区商业消费客单价以 100～150 元为主。通过市场调研，新天地二期在招商过程中也更加突出针对年轻消费群体的网红店铺。现有市场中高端品牌的缺位，一方面是市场选择的结果，另一方面也对高品质商业提出了要求。

3. 地区级商业和社区级商业发展不均衡

临港新片区成立前，针对大型地区级商业综合体建设的商业用地鲜有出让，商业设施布局以社区商业为主，没有地区级大型商业综合体。临港新片区成立后，分别出让了临港大道、申港大道等大块商业用地，目前均已开工建设爱琴海、蓝鲸、万达等大型商业综合体，同时出让了杞青路、云皓路等部分社区商业用地，用于进一步补充社区商业。

（三）教育、医疗资源的不足影响聚集人气

1. 教育资源还欠均衡

教育资源区域分布不均衡，优质资源的导入与实际需求还有距离。特级校（园）长、特级教师等高层次人才缺乏，学科带头人、骨干教师、高级教师占比相对较低。

2. 医疗资源有待提高

医疗资源总量还不足。除六院东院外，临港新片区尚无妇幼、口腔等专科机构，亦缺少区域性公共卫生服务设施。基层医疗服务人才不足。辖区内每万名常住人口全科医生数为 3.19 人，低于浦东新区 3.31 人、全市 3.62

人的平均水平。

3. 养老体系尚需优化

养老床位总量和服务供给能力还不足，尤其是公建基本床位还有缺口。区域内优质养老机构及专业管理人员数量和能力有待提升，养老设施分布还不够均衡。

四 对策建议

（一）适当扩大人才政策覆盖面，重视人才"周边政策"环境

1. 适当扩大现行人才政策的覆盖面，使更多的企业能用得上

要适当扩大现行人才政策的覆盖面，使之能更多地覆盖科研与经济社会发展需要的各类人才，更好地满足社会对人才的需要。对于各类人才来说，他们需要解决的问题主要是就业机会、购房与子女教育等方面的市民待遇。

2. 引进人才的主体从各级政府逐渐转向企业事业单位等用人单位，减少各级政府对引进人才的直接资助与运作计划

政府应在落户政策、签证与移民政策、工作许可政策、社会保障与公共服务政策等方面加以引导，以法规的形式，加强吸引和培养人才的工作，但是要慎用政府人才计划。目前政府各部门的人才计划繁多，但是与人才相关的法规很不健全，需要在认真调研实际情况和学习借鉴国外成功经验的基础上加以发展完善。人才相关政策法规的制定与实施要从半公开半透明逐渐向全公开、全透明转型。

可以采取政府财政拨款或购买服务的形式资助用人单位（如高校、科研机构、园区、企业等），由用人单位招聘、使用与考核人才。允许用人单位根据自身的实际需要决定培养与引进人才的具体办法，在人才工作中发挥更大的自主性和创造性；不但要重视引进人才，也要重视发现、培养和留住人才。减少政府直接运作的人才计划也有利于海外人才参与双边合作交流的后顾之忧和政治法律风险。

3. 重视人才政策的"周边政策"环境

一个城市能否有效吸引各类人才，不但与该城市的人才政策有关，而且与该城市人才政策的"周边政策"高度相关。

要增强吸引人才与留住人才的能力，进一步建设与完善人才政策的"周边政策"环境。超前发展基本教育和医疗服务，建设宜居宜业的城市环境，更好地满足人才的住房与其他生活需要。值得注意的是，近年来尽管上海出台了各类人才计划与人才政策，但是上海青年人才流动率较高，不少人流向长三角其他城市。今后临港新片区应该成为上海引进和培养各类青年人才的重点地区，成为重视人才政策与人才"周边政策"的典范。

（二）进一步完善商业设施配套，更好满足现实需要

1. 主城区商业设施应顺应商业和文旅体育结合新趋势，突出主题商业

随着商业业态的不断更新发展，商业和文旅体育的结合已成为新趋势，在现有及在建的标准商业综合体的基础上，根据主城区文旅项目积聚的特点，更注重突出文旅融合。营造目的地消费的商业氛围。例如，在冰雪之星项目中将打造北欧风情商业街，在星空之境商业综合体中打造潜水及其他运动主题的商业，在滴水湖下沉式广场打造年轻娱乐主题的商业业态。

2. 激励商业设施提早和合理配置

人口基数的增加是个渐进的过程，是商业设施的运营商或单家店铺都要充分评估的重要维度。为做好商业设施的提早配置、合理配置，临港新片区于 2020 年 4 月出台了《临港新片区促进商业发展若干政策》，在人口基数尚且不足的区域，如商业综合体在规定时间内快速实现开业运营的，给予一定程度的扶持；此外，扶持的力度和商户的品牌积聚度、知名度挂钩，着力提升商业品牌度。商业扶持政策主要针对商业综合体的运营单位或业主单位，杜绝"靠补贴过日子"的商户。

3. 做好商业统筹，鼓励多元生态

临港新片区设立后，随着主城区居住人口的快速增加，临港商业设施的

营业数据不断攀升。以港城新天地为例，疫情趋好后，从 2020 年 7 月起，销售数据不断攀升；一期二期营业坪效较 2019 年有较大提升。此外，随着人口结构的不断调整，商业业态也在逐步更新换代中。随着商业业态的不断丰富，导致部分商户感受"冰火两重天"。例如，合兴发等网红餐饮的坪效开创其全市连锁店铺中的新高，但也导致了个别同类港式餐厅的转型发展，相关业态在逐步调整升级中。为做好商业业态统筹、商业信息互通、商业行业自律等工作，应继续发挥"临港新片区商业联盟"平台作用，通过联盟这一平台，建立政企交流平台，共享市调数据，统筹业态分布，鼓励多元生态，实现共生共赢。

（三）进一步提升文旅配套服务

1. 整合区域资源，丰富旅游产品

整合区域资源，丰富旅游产品供给。此外，通过与区域内商圈、酒店、民宿、餐饮等行业开展紧密联动，延伸消费场景，提升消费水平。

2. 加强配套保障，不断提升体验

弥补静态交通统筹、夜间文旅项目缺位等相关问题，增加夜间文旅项目。

开展文旅配套设施及旅游服务满意度市场调研，深入广泛调研游客在食、住、行、游、购、娱等方面的使用期望需求和意见建议。根据调研分析结果，从空间布局、市场定位、供给能力、接待服务、运营管理等方面提出有针对性的提升方案，切实提升旅游服务品质。

3. 加强文旅联动，塑造区域品牌

积极塑造并打响滴水湖文体活动品牌。一方面积极培育原创 IP 品牌，根据临港新片区资源优势和区域特色，积极培育元旦烟花秀、迎新跑、跨年音乐会阳光音乐节等主题鲜明、内容丰富的原创活动；同时，注重导入优质文体品牌资源，按照"政府引导、市场运作"的模式，与上海国际电影节、上海国际艺术节、环法自行车赛等品牌活动开展多元深度合作；全年举办 10 项重点文化活动和体育赛事，此外共计举办约 60 场各类文体活动。

（四）超前发展基本教育和医疗服务，建设宜居宜业城市环境

1. 引进和集聚优质均衡教育资源

一是引进优质教育资源。优质教育资源的引进和聚集对提升人气具有立竿见影的效果。应争取更多、更优质的教育资源落地新片区。基础教育资源引进方面，积极推进与上海交大、华师大、上师大、上中东等优质教育集团合作办学，建设"家门口"的优质学校。推进上中东高中部、华师大二附中临港分校等项目，发挥市实验性、示范性高中的引领作用。引进优质校外教育资源，开办临港青少年活动中心，新增一所老年大学。国际化教育资源引入方面，围绕产业发展需求，规划布局高水平中外合作办学机构，如引入国外先进职业教育发展体系和优质办学资源，引进和培育国际一流、满足高层次人才子女教育需求的国际教育机构。

二是打造教育人才高地。师资是教育的核心，有好老师才能吸引更旺的人气。注重现有师资的培养，同时加大对外来优秀师资的引进。与华师大、上师大等建立战略合作，开展师资培训和科研能力提升等合作。充分利用新片区人才引进、培养及人才落户加分等优惠政策，面向全国引进优秀教育人才，探索建立新片区教师招聘"直通车"等制度，拓展优秀师资来源，打造"优秀教师蓄水池"。对引进到新片区的特级校长、特级教师、正高级教师、学科带头人等给予安家补助，对发挥引领作用的优秀教育工作者给予奖励。

三是应建尽建，加快教育设施建设。教育设施规划方面，按照"应建尽建适度超前"的原则，加快推进公建配套学校与住宅同步规划同步建设、同步竣工、同步交付。加快推进上中东校高中部等13所学校续建项目以及10所新开工学校的推进，确保按期交付。同时，以上中东为试点，探索推进智慧校园建设，积极打造基础教育"未来学校"。

2. 在医疗资源引进、高品质诊疗上下功夫

一是引进优质医疗资源。积极对接市级优质医疗资源，与上海中医药大学、岳阳医院达成初步合作意向，争取早日落地1家市级中医医疗机构。推

进复弘、熙康等社会办医疗机构签约落地，促进公立医院与社会办医共同发展。探索公立医院与社会医疗机构开展技术、品牌、管理等多种形式的合作，在保证公立医院公益性的前提下，最大限度挖掘优质社会医疗资源潜力。

二是激发医疗健康活力。针对医疗卫生人才实施优惠落户及人才住房保障政策，引进具有国际化教育背景、专科能力一流的医学人才以及国医大师等，实现名医生、名教授多点择业。支持医疗机构提升医疗服务能级，积极发展国际医疗服务，鼓励医疗机构与生物医药产业联动，促进医学科技创新和成果转化。

3. 增强养老供给和服务

一是完善养老服务设施。推动养老服务设施全覆盖、成体系、均衡化布局，打造"15分钟养老服务圈"，实现"居有所医，居有所养"。增加社区综合为老服务中心布点，完善社区托养、助餐、居家上门等各类服务供给，推动实现社区养老与卫生服务设施综合就近设置。

二是加快服务体系建设。鼓励专业化运营主体参与机构养老服务，引进高品质养老机构，培育养老服务新模式、新业态，推动居家、社区及机构养老服务协调发展。探索养老机构和医疗卫生服务机构开通双向转介通道，探索建设医养、康养、智养相互融合的养老体系。鼓励结合商业设施规划，建设集老年用品、康养健身、文娱体验等于一体的银发消费综合体。积极发展辅具租赁、老年旅游、智慧养老等养老产业，推动打造老龄乐活示范区，构建多层次养老服务体系。

B.13
后　记

　　《上海浦东经济发展报告（2022）》以"聚焦打造社会主义现代化建设引领区"为主题，通过资料整理、实地调研、数据分析和客观评判，从宏观与微观、定性与定量多个角度反映浦东新区社会主义现代化引领区建设的现状。全书将 12 篇报告按内容分为总报告、分报告和专题篇，分别对 2021年浦东新区经济发展的现状及发展趋势进行分析阐述，对制度型开放体系建设、全球资源配置、政府服务和管理、科技成果转化等社会主义现代化引领区建设的重点领域以及产业数字化转型、人工智能应用以及浦东现代化引领区建设的辐射作用、生态环境等专题进行了具体探讨。

　　《上海浦东经济发展报告》是由上海社会科学院经济研究所与中共浦东新区区委党校的合作成果，作者主要由上海社会科学院经济研究所青年科研人员和浦东新区区委党校的青年教师组成。自 2012 年合作以来，双方共同努力，不仅使《上海浦东经济发展报告》的质量和社会影响力有了显著提升，也培养了一批青年科研、教师队伍。《上海浦东经济发展报告（2022）》编撰团队主要由年轻的科研人员和教师组成，他们的积极性和扎实的理论基础，为报告撰写提供了重要支撑，但也在深耕浦东、观察分析能力等方面存在不足。

　　值此《上海浦东经济发展报告（2022）》付梓之际，我们要真诚感谢上海社会科学院领导和浦东新区领导对本书的指导、关心和帮助；感谢上海社会科学院经济研究所所长沈开艳研究员对本书的悉心指导和大力支持；感谢浦东新区区委研究室、区政府研究室和区发改委等相关单位为本蓝皮书提供的资料支持。中共浦东新区区委党校胡云华副教授、瞿晓燕老师以及上海社会科学院经济研究所徐昂、王佳、李泽众等三位助理研究员参与了本书的组稿、联系、统稿等事务性工作，在此一并感谢。

高国忠　雷新军

2021 年 11 月 1 日

Abstract

2021 is the 31st anniversary of Pudong's opening up, and Pudong shoulders new tasks and embarks on a new journey. According to the "Opinions of the Central Committee of the Communist Party of China and the State Council on Supporting the High-Level Reform and Opening up of Pudong New Area to Build a Leading Area for Socialist Modernization" issued on July 15, 2021, the Pudong's development goals for the next thirty years have been established. Based on this, the 2022 Pudong Economic Development Report focus on the new mission of building a leading area for socialist modernization, and is divided into 2 specialized columns with 12 reports to analyze the development prospects of key areas, regions or industries in Pudong.

Based on the macroeconomic background of the obvious recovery of the global economy and the sound domestic economy, the general report believes that the economic growth trend of Pudong in 2021 generally shows the characteristics of high and stable growth, gradually shifting from "restorative growth" to "endogenous growth." It is estimated that Pudong's economic development will achieve a steady growth trend in 2022. The growth of the secondary and tertiary industries is expected to continue to show a "two-wheel drive" and "go together" development trend, and new progress will be made in high-quality economic development.

The "sub-report" column contains five reports, which conduct research on establishment of an institutional open system, global resource allocation, government services and management, the transformation of scientific and technological achievements, and the creation of an international financial center core area. The report proposes that the Lin-Gang Special Area needs to benchmark the high standard rules of CPTPP, and build it into a free trade park with international competitiveness. The report points out that it is necessary for Pudong to utilize and develop the existing Rules, technology, platform and pricing resources. According to the report, Pudong should concentrate on constructing digital government, credit government, rule-of-law government, service-oriented government and rule-of-virtue government. The report points out that Pudong's scientific and technological innovation achievements have a significant spillover effect on the Yangtze River Delta. However, the absorption effect of external scientific and technological innovation achievements is relatively weak. The report also points out that Pudong should make every effort to build a high-level system opening base, enhance the function level of global resource allocation, and further enhance the efficiency of financial services.

The " special subjects" column consists of six reports, which analyze the elderly care industry, artificial intelligence, integrated development of the Yangtze River Delta, ecological environment, system innovation, and the popularity of Lin-gang Special Area. The report puts forward some suggestions for the elderly care industry on reconstructing the development and management mechanism in the digital era, accelerating the construction of intelligent infrastructure and others. The report emphasizes that Pudong should strive to become a global model for the global artificial intelligence industry and artificial intelligence applications in the development of basic artificial intelligence research and application. The report recommends that Pudong should start with reform and opening up, innovation drive, global resource allocation and urban governance, so as to lead the area to drive the integrated development of the Yangtze River Delta. The report emphatically puts forward that Pudong New Area will build a harmonious and beautiful ecological environment through measures such as optimizing the environmental governance system, circular development economic system, and public ecological literacy. The report Pudong should namely always adhere to the system innovation as the " main line ", further strengthen scientific and technological innovation, actively promote digital reform, deepening the transformation and upgrading of manufacturing industry. The report states that Lin-gang Special Area should improve talent policies, commercial supporting

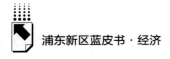

facilities, cultural and tourism supporting services, basic education and medical services.

Keywords: Urban Development; Leading Area of Socialist Modernization Construction; High-quality Development

Contents

I General Report

Abstract: With the spread of COVID −19 vaccination, the global economy clearly recovered and grew in 2021. The domestic economy also showed strong growth. According to relevant data, in 2021, the economic growth rate of Pudong New Area is significantly higher than last year's record low. It is inferred from various factors that in 2022, faced with a macro environment of risks, challenges and opportunities, centering on the new core mission of building the leading area for socialist modernization, Pudong New Area will further accelerate the pace of high-level reform and opening-up. It is expected that the economy of Pudong New Area will achieve steady growth and make new progress in high-quality economic development.

Keywords: Pudong's Economy; Reform and Opening Up; Leading Area Predictive Analysis

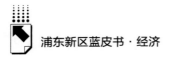
II   Topical Reports

B . 2   Study on improving Ecological Environment in
Pudong under High-quality Development   *Nan Jianfei* / 027

Abstract：Building a harmonious and beautiful ecological environment is an important part of the construction of ecological civilization in Pudong which is called the leading area of socialist modernization in the new era, the fundamental support for improving the modernization level of urban governance and urban soft power, and a solid foundation for strengthening Pudong's high-quality development and sustainable development. This paper expounds the background significance of building a harmonious and beautiful ecological environment in Pudong, analyzes the current situation and problems of building a harmonious and beautiful ecological environment in Pudong, and emphatically puts forward countermeasures and suggestions for building a harmonious and beautiful ecological environment in Pudong, mainly involving: implementing the 14th five year plan for ecological environment protection, focusing on double carbon, accelerating the construction of ecological environment governance system Establish and improve the green and low-carbon circular development economic system and significantly improve the public ecological environment literacy in Pudong New District, so as to provide an important reference for the high-quality development and sustainable development of Pudong, the leading area of socialist modernization on the new journey.

Keywords：Ecological Environment；Pudong New District；High-quality Development

B . 3   The Situation and Trend of Global Resource

Allocation in Pudong

Guo Haisheng , Zhang Guoliang and Zheng Chen / 038

Abstract: Rules, technology, platform and pricing resources are important resources in global resources. To Pudong New Area should be built into a highland of global resources allocation it is necessary to utilize and develop the existing Rules, technology, platform and pricing resources. From four aspects mentioned above, this research summarizes the present situation of global resources allocation, and sort out the problems existing in Pudong's global resources allocation from domestic comparative analysis, and presents the development trend of global resources allocation in Pudong New Area, and finally gives some suggestions.

Keywords: Global   Resources   Allocation; Pudong   New   Area; Technology; Pricing

B . 4   The Exploration about the Service and Management

Innovation of Pudong Government   *Li Shuangjin* / 067

Abstract: The service and management innovation of government is the key guarantee of Pudong's leading district construction. Pudong has accumulated a lot of successful experience and practice in service and management innovation of government. In the future, Pudong should insist on the principals of global character, systematic integration and people-centered philosophy. Pudong should concentrate on constructing digital government, credit government, rule-of-law government, service-oriented government and rule-of-virtue government.

Keywords: Service and Management Innovation of Government; Systematic Integration; Digital Government; Rule-of-Law Government

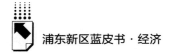

B.5　Problems and Countermeasures of Transformation
of Scientific and Technological Achievements in Pudong

Zhang Bochao / 085

Abstract：Making every effort to strengthen the innovation engine，create a
new highland of independent innovation，and accelerate the transformation of
scientific and technological achievements into real productive forces is the main
direction of scientific and technological innovation in Pudong New Area in the
future. This report finds that Pudong has strong financial guarantee and basic
conditions for the transformation of scientific and technological achievements. At
present，its scientific and technological innovation achievements have a significant
spillover effect on the Yangtze River Delta，However，the absorption effect of
external scientific and technological innovation achievements is relatively weak. In
view of the above phenomena and problems，on the basis of fully learning from the
beneficial experience of the transformation of global scientific and technological
innovation achievements，this paper puts forward countermeasures and suggestions
to promote the transformation of scientific and technological achievements in
Pudong，mainly including：Comprehensively Strengthening the technological
innovation ability and achievement transformation carrying capacity of enterprises；
Create a platform system for the transformation of scientific and technological
achievements at both ends of the link；Promote the formation of high-quality
science and technology supply guided by market demand in Colleges and
universities；Build a technology transfer talent team with unique Pudong
characteristics.

Keywords：Pudong；Transformation of Scientific and Technological
Achievements；Changjiang Delta；Invention Patent

B.6 Progress and Prospect of Building Pudong into

Core Area of Shanghai International Financial Center

Wu You / 099

Abstract: Firstly, This paper introduced the development status of Shanghai international financial center and four advantages of Pudong development, including location advantage, elements advantage, industry advantage and system advantage. And then we determined the function positioning and strategic significance for Pudong to build the core area of Shanghai international financial center. Secondly, this paper summarized the development status of Pudong from five aspects, including the agglomeration trend of financial institutions, the leading role of free trade zone, the construction of financial service platform in Yangtze River Delta, the efficiency of financial servicing the real economy and the agglomeration of financial talents. Thirdly, we think Pudong should make every effort to build a high-level system opening base, enhance the function level of global resource allocation, and further enhance the efficiency of financial services to the real economy to help Shanghai build an international financial center in the future.

Keywords: Pudong; Shanghai International Financial Center; Level of Global Resource Allocation

Ⅲ Special Topics

B.7 Research on the Digital Transformation of Elderly

Care Industry in Pudong *Pei Wenqian* / 117

Abstract: By analyzing the current situation of the development and digital transformation of the elderly care industry in Pudong New Area, this article studies and discusses the problems and institutional bottlenecks faced by Pudong New Area in the process of digital transformation of the elderly care industry. In view of the obstacles of government enterprise cooperation mechanism, low development

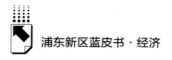
efficiency of smart elderly care projects, low development and utilization rate of elderly care big data resources, lack of talents in the elderly care industry, etc. , this article puts forward some suggestions on reconstructing the development and management mechanism of the elderly care industry in the digital era, accelerating the construction of intelligent infrastructure, enhancing the innovation power of market players, improving the management system of elderly care big data transaction, and strengthening the construction of talent team in the elderly care industry.

Keywords: Pudong New Area; Elderly Care Industry; Digital Transformation; Smart Elderly Care

B. 8 Analysis of the Leading Role of Artificial Intelligence in the Construction of Pudong's Pioneer Area for Socialist Modernization *Wang Chang*, *Xu Quanyong* / 137

Abstract: Modernization is a comprehensive system based on economic, social, spiritual and cultural aspects. Combing the classic literature of Marxism, we can get the conclusion that the transformation of labor tools is the key point to promoting the modernization of social productive forces and thus social modernization. The development of big data and artificial intelligence is bringing new labor tools for human society under the contemporary technological revolution. Therefore, the construction of Pudong New Area's Pioneer Area for Socialist Modernization must give full play to the advantages of Pudong's information industry. Pudong is aiming at a global model for the global artificial intelligence industry and artificial intelligence applications in the development of artificial intelligence grassroots research and application, so as to promote the comprehensive modernization such as economic, social and cultural aspects.

Keywords: Modernization; Artificial Intelligence; Pioneer Area for Socialist Modernization; Pudong New Area

B.9 Analysis on the effect of Pudong building into pioneer area

for socialist modernization on the integrated development

of the Yangtze River Delta   *Li Peixin*, *Li Lixia* / 151

Abstract: As a pioneer of reform and opening up and a leader in innovative development, an important mission of Pudong in the new era is to promote the integrated development of the Yangtze River Delta by building a pioneer area for socialist modernization. This paper analyzes the economic development achievements of Pudong since its development and opening up and its economic status in the Yangtze River Delta region, and sorts out the main practices of Pudong to promote the integrated development of the Yangtze River Delta region. On this basis, we put forward policy recommendations for Pudong to drive the integrated development of the Yangtze River Delta.

Keywords: Pudong New Area; Leading Area in Socialist Modernization; Integration of the Yangtze River Delta

B.10 Research on the Construction of Institutional Open System

in Lin'gang Special Area by Benchmarking with the

Highest International Standards   *Wang Jia* / 167

Abstract: This chapter aims to sum up the achievements of institution innovation in the China (Shanghai) Pilot Free Trade Zone Lin-Gang Special Area in the past two years. Then compare it with the high-standard economic and trade rules of CPTPP to find out the gap between the economic and trade rules of the Lin-Gang Special Area and the CPTPP standard. In order to accumulate experience and chips for promoting all-round high-level opening in deeper and wider fields and greater efforts, as well as for China's accession to the CPTPP negotiations in the future, the Lin-Gang Special Area needs to benchmark the high standard rules of CPTPP, try first, increase the pressure test, and build it into a free trade park

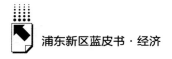

with international competitiveness.

Keywords：Lin'gang Special Area；CPTPP；"Five Freedoms and One Convenience" System

B.11　Comparative Analysis of 'Three Experimental Zones' for Institutional Innovation　*Tang Jian* / 193

Abstract：At the present stage, China is speeding up to build a new development pattern of "with the domestic circulation as the main body and the domestic and international double circulation mutually promoting". The creation of new cities with urban oriented development is the main channel to realize the "double cycle". In recent years, Shanghai, Zhejiang and Shenzhen have made good results in their economic, social, cultural, ecological and institutional construction. Through decades of development, Shanghai, Zhejiang and Shenzhen have put forward different advanced development concepts and defined different development tasks, not only taking measures to local conditions, but also the initiative, and have good development potential in the corresponding fields, providing a new concept and path for the directional development of cities in the new era. This paper on Shanghai, Zhejiang, Shenzhen and in recent years in system innovation, scientific and technological innovation, digital reform, manufacturing transformation, summarizes the high quality to create national system innovation pilot area, namely always adhere to the system innovation as the "main line", further strengthen scientific and technological innovation, actively promote digital reform, deepening the transformation and upgrading of manufacturing industry.

Keywords：Advanced Development Concept；The National System Innovation Pilot Zone；Urban-Oriented Development；Institutional Innovation

B. 12   The Problem Situation and Policy Advice of the Popularity

of Lin'gang New City Center   *Yu Hui* / 212

Abstract: In the future, Lin-gang Special Area may become one of the most important areas for the gathering of popularity in Shanghai, and will bring major opportunities and challenges to the future development of Lin-gang Special Area. In recent years, Lin-gang Special Area has promoted the attraction of talents at home and abroad, enterprise popularity, residential popularity and tourism popularity through policies and measures such as talent policy, industrial cluster layout, lightening the burden for enterprises, strengthening social security and commercial transportation capacity guarantee, which has gathered popularity to some extent, but there are still limitations and deficiencies. In the future, we should appropriately expand the coverage of talent policies, pay attention to the "surrounding policy" environment for talents, reasonably allocate commercial facilities in advance, develop basic education and medical services, and build a livable and professional urban environment.

Keywords: Lin'gang Special Area; Popularity Gathering; City Environment; Industrial Layout

皮 书

智库成果出版与传播平台

❖ 皮书定义 ❖

皮书是对中国与世界发展状况和热点问题进行年度监测，以专业的角度、专家的视野和实证研究方法，针对某一领域或区域现状与发展态势展开分析和预测，具备前沿性、原创性、实证性、连续性、时效性等特点的公开出版物，由一系列权威研究报告组成。

❖ 皮书作者 ❖

皮书系列报告作者以国内外一流研究机构、知名高校等重点智库的研究人员为主，多为相关领域一流专家学者，他们的观点代表了当下学界对中国与世界的现实和未来最高水平的解读与分析。截至 2021 年底，皮书研创机构逾千家，报告作者累计超过 10 万人。

❖ 皮书荣誉 ❖

皮书作为中国社会科学院基础理论研究与应用对策研究融合发展的代表性成果，不仅是哲学社会科学工作者服务中国特色社会主义现代化建设的重要成果，更是助力中国特色新型智库建设、构建中国特色哲学社会科学"三大体系"的重要平台。皮书系列先后被列入"十二五""十三五"国家重点出版规划项目；2013~2022 年，重点皮书列入中国社会科学院国家哲学社会科学创新工程项目。

权威报告·连续出版·独家资源

皮书数据库
ANNUAL REPORT(YEARBOOK)
DATABASE

分析解读当下中国发展变迁的高端智库平台

所获荣誉

- 2020年，入选全国新闻出版深度融合发展创新案例
- 2019年，入选国家新闻出版署数字出版精品遴选推荐计划
- 2016年，入选"十三五"国家重点电子出版物出版规划骨干工程
- 2013年，荣获"中国出版政府奖·网络出版物奖"提名奖
- 连续多年荣获中国数字出版博览会"数字出版·优秀品牌"奖

皮书数据库　　　"社科数托邦"
微信公众号

成为会员

　　登录网址www.pishu.com.cn访问皮书数据库网站或下载皮书数据库APP，通过手机号码验证或邮箱验证即可成为皮书数据库会员。

会员福利

- 已注册用户购书后可免费获赠100元皮书数据库充值卡。刮开充值卡涂层获取充值密码，登录并进入"会员中心"—"在线充值"—"充值卡充值"，充值成功即可购买和查看数据库内容。
- 会员福利最终解释权归社会科学文献出版社所有。

数据库服务热线：400-008-6695
数据库服务QQ：2475522410
数据库服务邮箱：database@ssap.cn
图书销售热线：010-59367070/7028
图书服务QQ：1265056568
图书服务邮箱：duzhe@ssap.cn

社会科学文献出版社 皮书系列
SOCIAL SCIENCES ACADEMIC PRESS (CHINA)

卡号：843648513198
密码：

S 基本子库
UB DATABASE

中国社会发展数据库（下设 12 个专题子库）

紧扣人口、政治、外交、法律、教育、医疗卫生、资源环境等 12 个社会发展领域的前沿和热点，全面整合专业著作、智库报告、学术资讯、调研数据等类型资源，帮助用户追踪中国社会发展动态、研究社会发展战略与政策、了解社会热点问题、分析社会发展趋势。

中国经济发展数据库（下设 12 专题子库）

内容涵盖宏观经济、产业经济、工业经济、农业经济、财政金融、房地产经济、城市经济、商业贸易等 12 个重点经济领域，为把握经济运行态势、洞察经济发展规律、研判经济发展趋势、进行经济调控决策提供参考和依据。

中国行业发展数据库（下设 17 个专题子库）

以中国国民经济行业分类为依据，覆盖金融业、旅游业、交通运输业、能源矿产业、制造业等 100 多个行业，跟踪分析国民经济相关行业市场运行状况和政策导向，汇集行业发展前沿资讯，为投资、从业及各种经济决策提供理论支撑和实践指导。

中国区域发展数据库（下设 4 个专题子库）

对中国特定区域内的经济、社会、文化等领域现状与发展情况进行深度分析和预测，涉及省级行政区、城市群、城市、农村等不同维度，研究层级至县及县以下行政区，为学者研究地方经济社会宏观态势、经验模式、发展案例提供支撑，为地方政府决策提供参考。

中国文化传媒数据库（下设 18 个专题子库）

内容覆盖文化产业、新闻传播、电影娱乐、文学艺术、群众文化、图书情报等 18 个重点研究领域，聚焦文化传媒领域发展前沿、热点话题、行业实践，服务用户的教学科研、文化投资、企业规划等需要。

世界经济与国际关系数据库（下设 6 个专题子库）

整合世界经济、国际政治、世界文化与科技、全球性问题、国际组织与国际法、区域研究 6 大领域研究成果，对世界经济形势、国际形势进行连续性深度分析，对年度热点问题进行专题解读，为研判全球发展趋势提供事实和数据支持。

法律声明